혐한의 계보

嫌韓の系譜
혐한의 계보

노윤선 지음

글항아리

머리말

올해는 광복절 74주년, 삼일절 100주년, 간토대지진 조선인 대학살 사건 96주기를 맞은 해다. 이런 가운데 한일 관계는 급박하게 돌아가고 있다.

이 책은 혐한嫌韓에 대한 인식에서 시작해 혐한 담론의 출현과 정치화되고 있는 혐한까지 그 계보를 그리고 있다. 현재 일본은 국내 혹은 국제 정치의 도구로 혐한을 활용하고 있다. 이 책은 이러한 눈앞의 현실을 살피는 가운데 그 기저에 있는 뿌리 깊은 혐한까지 캐내려 한다. 혐한의 사고방식은 무엇이고, 어디서 왔는지, 더욱이 일본 내 문화와 결합되면서 어떻게 거부감 없이 국민에게 주입되어왔는지 그 메커니즘을 정확히 파악해보려 한다.

이렇듯 혐한의 큰 줄기를 따라간다는 뜻에서 책 제목은 '혐한의 계보'라 했다. 물론 혐한의 내용을 빠짐없이 담을 순 없기에, 문학작품을 사회과학적 현상과 결부시켜 혐한의 맥락을 해석하는 게 주목표다. 일본의 혐한은 정치계와 문화계가 매우 밀접하게 영항을 주고받아온 만큼 그 본질을 파악하려면 혐한 문학 연구가 필수다.

이 책은 최근에 나타난 한일 관계를 넘어 지난 몇 년간 연구해 온 내용을 담고 있다. 1부는 최근의 현황과 관련해서 전체적인 지형도를 그린 것이고, 2부는 박사학위 논문을 근간으로 했다. 특히 학위 논문은 일본의 혐한과 혐한 문학에 대한 연구를 진행하면서 기존에 나온 작품들에 대해서도 새로운 접근 방식과 분석이 필요하다고 여겨 이를 총체적으로 정리하려 했다. 작은 연구지만 앞으로의 한일 관계를 고찰하는 데 있어 하나의 시각을 제시해줄 수 있으면 좋겠다.

여기까지 오는 데 많은 도움을 주신 정병호 교수님과 호사카 유지 교수님께 감사 인사를 드린다. 나의 가족에게도 더없는 감사를……

차례

머리말 004

제1부

   1장 혐오란 무엇인가 011

      보편적 본능에서 사회구조적 문제로 | 혐오 감정과 일본이라는 특수성
      피차별 부락민, 혐오의 기원 | 일본 현대사에서 극우의 전개
      1990년대 이후의 혐한

   2장 혐한과 미디어 자본주의 047

제2부

   1장 혐한, 우리가 모르는 것은 무엇인가 061

     1. 혐한, 어디까지 왔나
     2. 혐한 문학, 무엇을 알아야 하나

   2장 일본인의 혐한에 대한 생각 077

     1. 혐한에 대한 인식
        일본 출판물의 혐한 열풍과 혐한 반성 | 일본 지식인의 진단과 인식
        일본 정부 및 정치계의 움직임

     2. 혐한에 대한 일본의 접근 방법
     3. 글로벌 시대에 등장한 '혐한'

3장 1991년 8월 14일 일본군 '위안부' 증언 119

1. 혐한의 등장
   일본군 '위안부'의 이슈화 | 식민 지배와 전쟁 피해의 청산 문제
   일본군 '위안부'에 대한 비인도적인 태도 | 혐한 담론 출현 경위

2. 일본의 일본군 '위안부' 담론
   고마니즘과 컨버전스 문화 | 일본의 강제연행 담론 | 일본의 성노예 담론

4장 가족애를 통한 애국정신의 강화와 정치화하는 혐한 165

1. 가족애와 애국정신 및 전쟁 가해 책임의 희석
   『반딧불이의 무덤』의 가족애와 전쟁 가해 책임의 희석
   『요코 이야기』의 가족애와 조선인에 대한 인식
   『영원한 제로』의 가족애와 애국정신 및 전쟁 가해 책임 희석

2. 『해적이라 불린 사나이』 속
   자긍심 고취를 위한 서사시와 민족주의의 폐해
   일본인의 자긍심 고취를 위한 서사시
   『해적이라 불린 사나이』와 『영원한 제로』 주인공의 만남 | 민족주의의 폐해

3. 정치화하는 혐한과 『개구리의 낙원』
   과거 역사에 대한 책임 희석 | 재일한국인에 대한 편견과 선입견
   재일한국인에 대한 적대감 | 재일한국인에 대한 추방 의지
   전쟁 가능은 국가 존속의 필요조건

5장 지진을 통해 바라본 혐한 255

1. 동일본 대지진 이후 사회적인 구호로 나타난 혐한
   간토대지진 이후 조선인 학살 | 동일본 대지진 이후 혐한의 양상
   반복되는 증오의 피라미드

2. 혐한을 배경으로 한 『초록과 빨강』
   재일한국인관 | 혐한 시위 | 혐한 반대 운동

주註 287
참고문헌 292

嫌韓の系譜

제1부

1장

혐오란
무엇인가

경제 보복 조치 이후 한일 관계는 최악의 상황을 이어가고 있다. 2019년 7월 1일 일본 경제산업성이 수출물자 관리 방안의 일환으로 반도체·디스플레이 가공에 쓰이는 소재부품인 고순도 불화수소·포토 레지스트·플루오린 폴리이미드 3종을 특별 관리하겠다고 선언하면서 사태는 시작되었다. 한국의 핵심 수출품인 반도체를 겨냥한 이런 갑작스러운 조치에 전 국민이 영문도 모른 채 당황했으며 이어지는 언론 보도를 통해 그 맥락이 밝혀졌다. 일본의 보복 조치는 2018년 10월 한국 대법원이 일제강점기 일본 기업의 산업 노역에 동원된 강제징용 피해자에 대한 일본 기업의 배상 판결을 내린 것이 시발점이 됐다. 일본 정부는 이에 강력히 반발했으며 대법원의 판결이 1965년 한일 국가조약의 위반이라고 주장했다. 또한 한국이 2015년 일본군 '위안부' 합의도 어겼으며, 전략물자 관리를 허술하게 하는 등 국가 간의 약속을 지키지 않아 신뢰할 수 없다며 반발했다.

이에 대해 한국 정부는 삼권분립이 철저히 지켜지는 한국의 경우 대법원 판결에 대해 정부가 왈가왈부할 수 없다는 입장을 견지했고, 배상 책임이 있는 일본 기업이 한국 대법원의 판결을 이행하기를 거부하자 그들 기업의 한국 내 자산을 매각하는 방식으로 배상을 실현하겠다고 공표했다. 이어 양국의 외교 라인에서 물밑 협상이 진행되었던 것으로 보인다. 이를 통해 한국은 한국 기업과 일본 기업이 공동으로 이 문제를 해결하자는 방안을 제시했지만 일본은 이를 거부했다. 그런 뒤 한국 내 일본 기업 자산을 매각할 경우 그에 상응하는 조치를 취하겠다고 수위 높은 발언을 한 뒤 정부 각 부처에서 한국에 타격을 입힐 방안을 모색한 후 7월의 경제 보복이 표출된 것이라고 정리할 수 있다.

하지만 이후 상황은 일본 정부의 생각대로 전개되지 않았다. 소재부품 수출 제한이라는 급소 타격 방식에 이어 한국을 수출우대국인 화이트리스트에서 제외하는 초강수를 뒀지만 우리 정부 또한 한일 군사정보보호협정GSOMIA을 연장하지 않고 일본을 화이트리스트에서 제외하겠다는 조치를 취함으로써 강공법으로 맞섰다. 이 과정에서 소재부품산업의 탈일본화와 일본 여행을 가지 않고 일본 제품을 사지 않겠다는 시민들의 자발적 불매운동, 혐한 이슈 등이 연이어 터져나왔다.

그간 사회문화적 영역에 머물러 있던 혐한은 이제 우익 정부의 명백한 정치적 수단으로 업그레이드되는 상황이다. 먼저 매스미디어가 '혐한'의 전면에 나섰다는 점이 과거와 가장 큰 차이를 만들어내고 있다. 혐한 방송으로 국내에서 큰 화제를 불러일으킨 DHC 텔레비전을 비롯해 공중파 방송에서도 패널들을 동원해 한국을 펌하하고 한국인을 조롱하는 발언을 수시로 만들어내고 있다. 이러한 '혐한 방송'이 공중파 아침 토크 프로그램에 들불처럼 번져나가는 가장 큰 이유는 시청률이 잘 나오기 때문이다. 어디를 틀어도 한국을 왜곡하는 혐한 방송이 나오니 시청자들도 이에 세뇌당할 수밖에 없다. "친한파, 지한파들도 '질렸다'며 '한국 졸업'을 선언"[1]한다는 이야기도 들려온다.

최근에는 '혐한 비즈니스'라는 말도 등장했다. 방송의 시청률 경쟁이 이뤄지는 한편에서는 우익 잡지들이 '한국 특집'을 마련해 본격적인 혐한론을 펼치고 있다. 일본의 시사주간지 『주간 포스트』는 2019년 9월 13일자에서 '한국은 필요 없어'라는 특집을 마련했다. 재일 언론인 유재순이 "인지도도 없고 판매 부수 10만 부가채 넘지 못하던 삼류 신문 『산케이』가 한국 때리기, 즉 혐한 기사로 일약 전국구 신문사로 업그레이드되고, 『주간 신초』 『주간 포스트』 같은 시사주간지는 혐한 기사만 실으면 5만~10만 부까지 판매 부수가 늘어났습니다"[2]라고 최근 인터뷰에서 밝히고 있듯이 출판물의 혐한은 명백히 자본의 논리를 따르고 있다. 서점에 가면 혐한 도서 코너가 있으며, 혐한 내용의 단행본도 저자에게 인지도가 있으면 그 내용과 상관없이 1만 부 이상의 판매고를 올리는 것이 현실이다.

이러한 매스미디어는 사회의 우경화를 부추긴다. 외부의 적을 상정해 국민의 관심을 돌림으로써 내부의 사안에 대해선 문제를 느끼지 못하게 만든다. 현재 일본은 언론 자유지수에서 세계적으로 순위가 많이 떨어져 있다. 그만큼 언론이 정부의 입맛에 맞는 뉴스를 보도하며, 정책을 감시하고 비판하는 역할은 하지 못하고 있다.

여기에 더해 '적의 적은 친구'라는 논리를 통한 사태 악화가 덧칠해진다. 즉 일본의 극우 세력은 한국 내의 새로운 친일 세력을 활용하고 있다. 일본군 '위안부', 독도 등 한일 간 역사 이슈 전반에 대한 왜곡·선동의 주장을 담은 『반일 종족주의』가 일본어로 번역돼 아마존재팬에서 종합 베스트셀러 1위에 오른 것이다. 제목부터 한국을 조롱하고 거부하는 여타의 책과는 달리 이런 유의 책은 마치 한국인에게 내재된 어떤 민족 성향이 있는 것처럼 받아들여지기 때문에 한국을 알고자 하거나 비판적 관심을 갖고 있는 일반 대중에게 광범위하게 읽힐 수 있다. 교묘한 논리와 선택적 논거 제시로 일관한 이 책의 역사 인식에 휘둘려 과연 얼마나 많은 일본인이 왜곡된 역사 인식을 갖게 될 것인지를 생각하면 두려울 정도다.

오늘날 거세진 혐한을 이해하기 위해서는 처음부터 차근차근 이 문제를 짚어봐야 할 것이다. 이를 위해 우선 혐오라는 감정이 발생하는 보편적, 특수적 맥락을 분간하여 살펴볼 필요가 있다.

우리는 '혐오'가 시대정신인 시기를 통과하고 있다. 보통 시대정신은 긍정적이고 진취적인 가치와 어울리게 마련이지만, 지금은 부정적인 감정이 광범위하게 퍼져 있다. 정치 혐오, 여성 혐오, 외국인 혐오, 계층적 혐오, 노인층 혐오, 또래 집단이나 직장 내부의 혐오 등 끝도 없는 혐오 대열에 둘러싸여 있기 때문이다. 왜 부정적 감정이 해소되지 못하고 혐오라는 칼끝으로 버려지는 것일까. 이것은 비단 우리만의 문제가 아니라 전 세계가 마찬가지이며 가까운 일본과 타이완만 해도 혐한 정서가 갈수록 확대되고 있다. 혐오 감정은 현대사회가 풀어야 할 난제 중의 난제로 자리 잡고 있다.

보편적 본능에서 사회구조적 문제로

'혐오'라는 것은 무엇이고 왜 발생하는 것일까. 혐오嫌惡란 싫어하고 미워한다는 사전적 의미를 갖는다. 즉 혐오는 일단 감정인 것이다. 그리고 여기서 한발 더 나아가 "어떠한 것에 대한 공포, 불결함 따위 때문에 기피하는 감정으로, 그 기피하는 정도가 단순히 가까이하기 싫어하는 정도를 넘은 감정"[3]이라고 정의되어 있다. 즉 혐오는 강렬한 싫음과 강렬한 기피가 결합된 정서일 것이다. 인간은 누구나 나와 닮은 것에는 호감을 느끼는 반면, 다른 것에는 낯설어하고 불안함을 느낀다는 점으로 미루어 혐오의 대상은 나와 다른 것일 가능성이 높다. 다른 인종, 다른 성별이 그러하다. 그렇게 보면 혐오는 어떤 것이 나에게 해로움을 끼칠 것이라 판단하여 그것을 배척하는 감정이며, 사회적 행위로도 연결될 수 있는 감정이다.

이런 혐오는 인간 본성에 기반한다. 진화심리학자들은 역겨움에 의한 혐오를 인간의 사회적 적응의 한 종류로 파악한다. 신체를 질병으로부터 보호하는 역할을 한다는 것이다. 예를 들어 부패하고 상한 식품을 보면 혐오의 감정이 돋는 것은 그것을 먹으면 배탈이 나거나 식중독에 걸리기 때문에 장기간 이를 학습해온 인간의 유전자가 당연한 반응으로 혐오를 이끌어낸다고 이해할 수 있다.

학자들에 따라 혐오는 다양하게 살펴지고 있다. 철학자 윤지영은 혐오와 분노를 구분한다. 그에 따르면 혐오는 보수적인 파토스로 "주류적 도덕 규칙과 가치체계 및 그것을 바탕으로 하는 습성과 통념적 행동 패턴들을 재생산"[4]한다. 이러한 혐오의 파토스는 명확한 대상도 없는 공포를 해소해줄 가시적인 대상을 찾아 이를 모든 위기의 원흉으로 규정한다. 그 후 이러한 공포의 대상을 적출해냄으로써 자신의 유쾌함과 안정성, 항상성의 보존 논리를 회복하고, 결국 이러한 혐오 대상의 규정을 통해 현실을 교착 상태로 되돌려놓고자 한다.

반면 분노는 혐오와 다르다. 분노는 "시대적, 문화적 습성들과 상식, 통념들에 대한 내면화 방식 자체에 대한 문제 제기의 추동력"으로서 혁명적 파토스에 가깝다. 가령 남성중심사회에서 여성의 분노는 남성들의 자연화된 집단 에토스를 떠받치는 이항대립을 해체하려는 혁명적 파토스다. 따라서 분노는 혐오가 구축한 교

혐한의 계보

착 상태를 해체하는 역할을 한다.

이러한 정의는 혐오 감정과 분노 감정이 갖는 본질적 차이를 어느 정도 이해할 수 있게 해준다. 그러나 분노와 혐오의 방정식이 이렇게 이항대립으로만 고정되는 것은 아니다. 개인적인 혐오가 온라인 공간에서 모이고 쌓여 공적 담론으로 진화하고 이것이 분노의 형태로 다시 표출될 수 있기 때문이다. "개인적 혐오 단계에서는 아직 자기 확신이 없고, 또한 상대를 제압하거나 핍박할 힘도 없지만 동조자들이 모여 하나의 집단을 이루면 혐오 감정은 분노로 돌변한다. 이들은 뚜렷한 근거도 없는 감정의 조각들을 모아 공론의 장을 형성하고 혐오를 정당화한다. 공론화를 거쳤다는 것은 혐오의 가해자들에게 큰 무기가 된다. 사적 감정을 집단의 공적 감정인 것처럼 행세하기 위한 근거를 확보"[5]해주기 때문이다. 이를 보면 감정과 개인의 테두리 안에 머무를 때의 혐오와 그것을 벗어날 때의 혐오의 질적 전화를 새삼 곱씹게 된다.

철학적, 사회학적 시선을 넘어 인류학적 시선으로 봤을 때 혐오의 문제는 좀더 광범위해진다. 수 세기 동안 힌두교의 카스트 제도를 유지했던 사회는 상류층 사람들에게 낮은 계급이나 불가촉천민과의 접촉에서 혐오와 능욕을 느끼도록 교육했다. 미국 남부의 광신도들 또한 흑인들에 대해 이와 유사한 본능적 혐오를 가졌다. 다른 인종과의 교접과 출산을 금지하고 간이식당, 수영장, 식수대를 분리하여 차별을 둔 짐 크로 법Jim Crow Law은 어떤 식으로든 흑인들의 신체와 접촉하는 것에 대해 지배적인 백인층이 가졌던 강한 본능적 혐오를 표현한 것이다.

법철학자 마사 누스바움은 서구의 자유주의 철학 전통이 인간의 '근본악'이라는 차원을 놓쳤다고 비판한다. "밀과 콩트가 놓친 것은 바로 실제적 악real evil이다. 이것은 단순히 타인에 대한 부주의나 무시 또는 두려움에 기반한 불신이 아니라 타인을 폄하하고 모욕을 주고자 하는 강한 욕망이 담긴 잔인하고 추한 의도적 행동이다."6 이러한 경향은 집단 내 증오나 집단에 대한 차별의 핵심을 이룬다. 콩트와 밀은 이를 간과했다. 오늘날 그들이 지녔던 인간성과 도덕적 진보에 대한 약한 믿음을 유지하는 것은 불가능하다. 반면 인도의 시인 라빈드라나드 타고르는 이에 대해 좀더 깊은 통찰을 보였다. 그렇기에 타고르의 고향인 산티니케탄의 학교에서는 집단을 구분하는 데 있어 무엇보다 음악이나 춤과 같은 신체적 의식의 공유가 결정적인 역할을 했다.

칸트는 악행의 뿌리가 어떤 사회적 구조보다 인간 존재에 깊이 내재해 있다고 보는 입장이다. 사실상 그 뿌리는 인간 삶의 고유한 본성 자체에 뿌리박혀 있다. 칸트에 따르면 우리의 동물적 본성은 기본적으로 중립적이다. 즉 동물적 존재라는 사실이 도덕적 문제의 주된 원인은 아니라는 것이다. 사실 인간도 동물이라는 이유로 대부분의 악행을 비호하는 것은 손쉬운 변명에 불과하다. 칸트는 우리 내면의 비가시적 적敵이라고 할 수 있는 악은 인간 고유의 것이며, 이는 인간 존재가 집단 내에 있을 때 경쟁적인 자기애의 성향으로 모습을 드러낸다고 주장했다. 사람들이 잘 먹고, 잘

자고, 나아가 여타 행복의 선결 조건을 충분히 갖춘다 하더라도, 여전히 인간은 서로에게 악행을 저지를 수 있고, 타인의 권리를 침해할 수 있다는 게 칸트의 입장이다. 인간의 악행은 특정한 사회적 교육에서 비롯되는 것이 아니며, 설사 최상의 교육을 제공한다 해도 얼마든지 벌어질 수 있다. 따라서 누스바움은 집단 혐오, 낙인찍기, 배제와 같은 문제의 주된 원인은 오직 인간 삶의 고유한 구조 안에서 찾아야 한다고 결론 내린다.[7]

그렇다면 이러한 인간의 근본악 속의 혐오 감정은 역사적으로 어떻게 투사되어왔고, 그 구조는 구체적으로 어떠한 모습일까. 위계 짓기는 인간 진화의 모든 과정에서 빠짐없이 살펴질 정도로 보편적이다. 권력자들은 흔히 역겨움을 불러일으키는 동물적 특성들(점액질과 같은 끈끈함, 끈적거림, 악취, 썩어가는 것들, 신체에서 나오는 액체나 배설물 등)을 미국의 흑인들, 여성, 하층 계급, 유대인, 게이 등 특정한 인간 집단에게 귀속시켰다. 그러고는 그들과 접촉하지 않는 이유로 이러한 혐오스러운 특징들을 들었다. '투사적 혐오'는 유아적 나르시시즘을 유발하는 것과 똑같은 불안에서 비롯된다. 혐오에 관한 뛰어난 실험 연구자인 폴 로진에 따르면, 혐오가 하나의 대상에서 다른 대상으로 옮겨갈 때 이는 철저히 비이성적인 과정을 거친다. 즉 논리적이거나 인과적인 과정으로 이해할 수 없다는 말이다. 로진은 이것이 "마술적 사고magical thinking"의 형태를 가진다고 말한다. 이러한 마술적 사고는 자아에 대한 거짓된 인식과 결합하여 세계와 사회를 나와 나 아닌 것으로 의도적으로 분할한다. 지배 집단은 이렇게 말한다. '이 집단은 동물과 같기 때문에 거리를 유지해야 한다. 물론 우리는 그들과 어떤 공통점도 갖고 있지 않다.'

혐오는 비정상적인 스트레스를 받아 심리적으로 작동되거나 독재적인 정치 통제에 대한 사회적인 반응이 결코 아니다. 오히려 민주주의가 발달된 사회에서도 지극히 일상적으로 발생한다. 투사적 혐오는 작동 방식에 있어서도 두 개의 다른 환경 속에 분리된 두 자아를 만들어 행동하는 이중화처럼 극단적이지도 않다. 혐오는 일상의 심장부에서 작동한다. 이는 하나의 환경과 하나의 자아만을 요구하며, 자아가 공포를 느끼고 거부하려는 특성들을 지녔다고 머릿속에서 덧씌운 하위 계층을 만들어냄으로써 분할된 일상세계의 공간을 이룬다. 그렇기에 이것은 이중화보다 훨씬 더 보편적이며 일상적이다. 따라서 투사적 혐오라는 것이 악에 점령당한 사회뿐만 아니라 지극히 품위 있는 사회까지도 얼마든지 위협할 수 있다는 경각심이 요구된다.[8]

혐오 감정과 일본이라는 특수성

국가 간의 혐오 역시 오랜 역사를 지니고 있다. 국경을 맞대고 영토 전쟁을 벌일 때도, 정치적으로 거래할 때도 이웃 국가들은 서로를 혐오했다. 실제로 국가 간 대립의 상당 부분은 이웃 나라 간

혐한의 계보

에 일어나고 있다. 러시아와 우크라이나, 독일/영국과 프랑스, 인도와 파키스탄, 일본과 중국 등 그 예는 셀 수 없이 많다. 지도상에서 사이좋게 붙어 있는 나라는 국경, 민족, 자원 및 그 밖의 이유로 다투는 '경쟁국'인 경우가 많다. 멀리 떨어진 '나라'는 객관적으로 볼 수 있으면서도 이웃 나라 간, 특히 영토 문제나 역사 인식 등이 관련되면 감정을 배제하고 냉정하게 보기 어렵기 때문이다.

동아시아에서는 중국이 세계의 중심이었다. 정치 및 조세제도는 물론이고 문화적으로 아시아 모든 국가에 지대한 영향을 미쳤다. 중국에 조공을 바치고 책봉을 받아 왕조를 유지했다. 아편전쟁에서 중국의 패배는 일본에게 매우 큰 충격을 주었다. 에도 막부 말기 페리호의 내항으로 강제로 개국한 후, 동아시아의 중국, 한국, 베트남, 일본 중에서 일본은 제일 먼저 근대화에 성공했을 뿐 아니라 한발 더 나아가 한국과 중국을 침략하기 시작했다. 침략을 당한 한국이나 중국 입장에서는 영원히 잊을 수 없는 굴욕이었다. 일본은 청일전쟁과 러일전쟁에서 승리를 거두며 더욱 기세등등해졌다. 1910년에는 조선을 합병하고, 1932년에는 만주국을 세웠다. 1937년부터는 중일전쟁, 1941년부터는 세계를 상대로 전쟁을 벌였지만 결국 패한다.

피차별 부락민, 혐오의 기원

이런 간략한 역사에서 알 수 있듯 일본은 20세기 초반 동아시아의 최강국이었다. 어느 정도 수준에 오르자 세계를 시야에 두게 되었으며 미국 같은 최강대국과도 힘을 겨루고자 했다. 이런 상황에서 한국과 중국 등은 저 밑에 있는 존재들이었다. 그리고 세계적인 제국이 불가능해 보이지도 않았다. 이런 환경적 여건은 일본 엘리트들의 "상류를 지향하는 사회문화적 가치관"을 부추겼다. 그것은 태평양전쟁 때 진주만을 공격하면서 최고조에 달했다. 상류 지향적 가치관은 하류층을 비천하게 보는 태도를 형성케 한다.

타인을 비천하게 취급하는 태도는 일본 사회에서 낯선 것이 아니었다. 일본에는 피차별 부락 1000년의 역사가 있다. 물론 민주주의 사회가 도래하기 전 어느 나라든 차별받는 계층이 존재했으나 일본은 유독 그들을 몰아내고 경계 짓는 전통이 강했다. 간략하게나마 이 피차별 부락의 역사를 훑어봄으로써 일본인들이 아주 오래전부터 '혐오'를 자신의 정체성 정치의 수단으로 써왔다는 점을 알 수 있다.

고대에는 다른 종류의 집단 사이에 전쟁이 있었고 승리한 집단은 약한 집단을 정치적으로 지배했으며, 양자 사이에는 격렬한 계급투쟁이 발생했다. 전쟁의 산물인 노예는 대부분 정복당한 민족이다. 또한 한사韓士, 당사唐士 등은 인종적인 혐오감으로 배척을 당했기 때문에 자신들만의 부락을 만들 수밖에 없었다. 그리고 다

혐한의 계보

른 종족에 대한 혐오감은 쉽게 없어지지 않기 때문에 피정복 계급을 착취하여 자신들의 욕구를 채우고자 강제적으로 천한 일을 시켰을 것이다. 세월이 흘러 사회가 진화하면 다른 종족에 대한 반감도 소멸된다. 이때 다른 종족 출신을 구별할 방법이 없어지면 인위적으로 만들어진 강한 천시 관념이 종족적 반감을 대신하게 된다.

일본에서 피차별 부락민의 역사는 다른 종족에 대한 반감과 종교적인 감정에 기초해서 특정 직업을 천시하게 된 제1기와, 법과 제도적으로 특정 직업을 천시하고 그 종사자들을 학대한 제2기, 그러한 천시와 학대가 사회적인 미신으로 공고하게 자리 잡은 제3기로 나눌 수 있다. 제1기는 부락의 발생기부터 형성기에 이르는 기간이고, 전국시대가 끝날 때부터 제2기가 시작된다고 볼 수 있다. 제2기는 실제로 피차별 부락 제도의 암흑 시대로 부락민은 도쿠가와德川 시대의 봉건 치하에서 엄청난 학대를 받고 괴로워한다. 그리고 메이지 4년(1871)부터 제3기가 시작된다.[9]

메이지 유신 이후에도 피차별 부락민에 대한 천시와 학대가 사회적인 미신으로 공고하게 자리 잡았다는 점은 인상적이다. 구체적으로 어떤 차별이 가해졌을까. 다카하시 사다키의 연구서에는 메이지 3년(1870) 12월에 와카야마和歌山번이 선포한 단속령의 내용이 제시된다.[10]

에타가 최근 풍기가 문란하여 이따금 무례한 행동을 하므로 에타에게 별지 조항대로 대응시킬 것.

·시내는 물론 거리에 있을지라도 통행할 때는 옆으로 비켜 왕래하
는 사람에게 절대로 무례한 짓을 하지 말 것.

·해가 떠 있을 때를 제외하고는 시내는 물론 시 외곽에서 배회하
지 말 것. 또한 길거리도 야간에 함부로 다니지 말 것.

·시내에서 먹고 마시지 말 것.

·우천 시 밖에 나갈 때는 갓, 쓰개를 사용하지 말 것.

·신발은 짚신 외에는 신지 말 것.

위에서 보듯 이들 불가촉천민은 에타穢多, 히닌非人 등으로 불렸
다. 일본에는 고대부터 총 28종의 천민이 있었고 그 수도 수백만
을 헤아렸다. 직업적으로 보면 도축인, 가죽 세공인 및 가와라모
노가 에타의 기원이라고 한다. 도축인은 원래 수렵인이었기 때문
에 짐승을 도살해서 고기를 처리하는 일을 했다. 소와 말을 죽이
는 일이 금지된 뒤에는 소와 말은 죽을 때까지 길렀고 폐사한 짐
승은 도축인에게 넘겼으며 도축인은 그 짐승의 가죽을 벗기고 고
기를 먹었다. 도축인은 이카이猪飼(고대의 부민 중 하나로 멧돼지[돼
지]를 키우는 것을 직업으로 한 사람)나 에토리餌取(소와 말을 도살하
여 매사냥에 이용하는 매의 먹이를 만들던 사람)나 사냥꾼이 되었으
며, 어떤 사람은 가죽 세공인이 되었다. 양부신도兩部神道[11]가 생겨
난 이후, 신도에서는 육식을 꺼린다는 사상이 왕성해지면서 도축
인은 더할 나위 없는 혐오의 대상이 되었다.

메이지 시기에 오면 히닌, 아마리베, 슈쿠, 에타, 온보 등 몇몇 부류만 남았고 나머지는 평민들 속으로 동화되었다. 그 수는 40만 명 정도였다. 메이지 4년이 되면 이들도 똑같은 인간이라며 해방시켜야 한다는 논의가 일어나게 된다. 부락민들의 특수한 천업 단체로서의 법제상 지위를 폐지하고 평민으로 복속시키는 것은 납세와 병역의 의무를 부과하기 위해서도 필요한 일이었다. 그리고 그해 초가을 해방령이 내려지자 고대 노예제와 흡사한 잔혹한 제도에서 해방된 에타와 히닌들은 러시아의 농노들보다 더 기뻐하며 눈물을 흘렸다. 하지만 한 줄 법령은 옛날부터 굳어진 전통을 깨뜨리기에는 역부족이었다. 법령은 천민들을 정치적으로 해방시켰지만 사회적, 경제적으로는 해방시키지 못했던 것이다. 천민들 가운데 가장 마지막까지 남은 존재들은 에타였다. 다카하시 사다키는 그 이유가 "에타가 더럽혀진 사람이라는 차별적인 관념과 '에타穢多'라는 무정한 문자에 휘둘렸기 때문"이라고 분석한다.

혐오라는 감정과 관련하여 일본의 이런 역사가 중요한 것은 구체적인 '에타'와 '히닌'은 사라졌지만 그들을 천시하는 감정적 관습은 쉽게 사라질 수 없기 때문이다. 시마자키 도손島崎藤村의 장편소설 『파계破戒』는 피차별 부락 출신의 초등학교 교사가 자신의 출생 때문에 괴로워하다 이를 고백하고 난 뒤 주위의 편견과 다투는 모습을 그리고 있다. 주인공 세가와 우시마쓰瀨川丑松가 신분을 감추면서 느끼는 마음의 고통이 읽는 사람의 가슴에 사무친다.

역사가 긴 만큼 이들을 부르는 '멸칭蔑稱'의 관습도 다양하고 뿌

리 깊다. '에타' 자체가 멸칭이지만 여기에 '도奴 혹은 도土'를 붙여 도에타라고 부르기도 했다. 감옥을 지키는 사람을 일컫는 반타로의 약자인 '반타'로 부르기도 했으며, 갓타이보시癩病患者(나병 환자), 누슷토보시(도둑)에 붙는 어미 '~보시'를 붙여 엣타보시라고 하기도 했다. '엣타노하치'라고 부른 것은 거지를 의미하는 '하치'와의 합성어다. 은밀하게 은어를 사용하기도 했는데 경멸을 드러내기 위해서였다. 아홉, 여덟, 넷이라는 호칭은 일반인이 완전한 열 또는 다섯인 데 반해 부락민은 하나나 둘이 모자란 불구자라는 의미다. 도나이(열이 아니다+ない)라는 호칭도 그런 의도에서 나온 말이다. '넷'은 즉 부락민이 도축에 종사하기 때문에 네발짐승과 동의어로 사용된 말이다. 사람을 멸시하는 것도 이쯤 되면 그 잔인함의 동기가 저속하고 야만스럽다는 것 외에 더 말을 잇기가 어렵다.[12]

해방령이 내려진 이후에도 한참 동안 부락민에 대한 차별 대우는 다양한 배척 형태로 나타난다. 공중목욕탕, 이발소 등에서 차별을 하거나 물건을 사용하지 못하게 하는 경우도 있다. 또한 부락민이 진주가미鎭守神(지역이나 건물을 지켜주는 신)의 후손으로 들어가는 것을 거부했으며, 동일 후손으로 인정하더라도 제례에 참례하지 못하게 하거나 신위를 실은 가마를 메지 못하게 했다. 중생衆生을 제도한다는 승려도 편견이 상당히 심해서 부락민이 주체가 되는 장례나 법회에는 참례를 거부했으며, 참례하더라도 다과茶菓에는 손을 대지 않았다. 교육계에서도 심한 폐단이 있었는데 차별

혐한의 계보

적인 언동을 전혀 꺼리지 않았다. 사범학교나 기타 관립, 공립, 사립학교의 입학시험 때 출신지를 이유로 합격 결정을 주저했을 뿐 아니라 부락민이라는 이유만으로 입학을 거절하기도 했다. 청년단, 처녀단, 기타 단체에서도 배척했고, 실제 사회에서는 더욱 많은 장벽이 있다. 무정하고 엄격하게 거절하는 이런 태도는 미국의 이민 배척에 비할 바가 아니었다고 다카하시는 말한다. 부락민이 택지를 구입할 때나 집을 빌릴 때도 이를 거절하거나 또는 과도한 저당물을 요구했다.

오늘날 일본 사회가 보여주는 혐한, 혐중, 재일외국인 차별 등을 이해하기 위해서는 이런 역사를 반드시 알고 있어야 한다. 2000년대부터 두드러지기 시작한 혐한 담론 속에서 '불결하다' '저능하다' '추하다' '범죄가 많다' 등의 생물학적 인종주의와 '사회복지 특권을 받고 있다' '일본 문화를 파괴한다' 등과 같이 재일코리안을 대상으로 한 문화적 인종주의가 동시에 관찰[13]되는 것과 밀접한 역사적 관계가 있다고 본다. 또한 일본 사회가 변화가 느리거나 변화를 거부하는 보수성이 강한 사회라는 점을 감안하면 잘못된 과거 전통에 대한 집착도 쉽사리 사라지지 않을 것이라는 점을 알 수 있다.

일본 현대사에서 극우의 전개

지금까지의 논의가 일본 사회의 특수한 사정에 기반한다면, 세계

보편적인 현상으로서 국가 간의 혐오를 부추기는 현상도 있다. 바로 '극우의 세계관'이다. 어느 사회든지 보수와 우익은 광범위하게 존재한다. 보통 사회학에서는 보수주의가 "현 사회체제를 그대로 유지하려는 입장"을 의미한다고 본다. 따라서 이것은 그리 문제가 되지 않는 세력이다. 문제는 '극우'에 있다. '극좌'든 '극우'든 사유가 납작해질 정도로 한쪽 모서리에 치우친 생각은 당연히 위험할 수밖에 없다. 유대인을 악마화하여 홀로코스트를 자행한 나치의 파시즘, 우익 사상과 종교적 절대주의가 결합하여 공산주의에 대한 공포를 퍼뜨리고 반지성주의를 부추긴 미국의 매카시즘 등은 역사적 극우반달리즘의 대표적인 사례라 할 수 있다.

일본은 어떤가. 아베 신조 총리가 일본이 보편적 가치, 민주주의, 기본적인 인권과 법치 원칙에 충실한 국가임을 반복하여 공언하고 있음에도 불구하고, 아베 정권의 모든 인사는 사실상 일본회의日本會議라는 조직에 속해 있다. 일본회의는 우익 단체로서 신보수주의와 신국가주의, 역사수정주의를 결합한 보수주의를 주장한다.[14] 일본회의는 사실상 보편적 기준으로 보면 극단주의와 극우주의로 분류될 수 있는 단체다. 현재 일본은 이러한 극우주의 세력이 사회의 다수 세력으로 급성장하고 있다. 그래서 극우주의는 일본에서 일각이 아닌 전체의 문제가 되고 있다.

일본 극우파의 역사는 자민당, 극우 단체, 야쿠자의 세 꼭짓점이 만나 정치적 목표를 달성하는 지난 수십 년의 과정에서 점점 강화되었다. 패전 이후 5년간 거의 미 군정의 지배 아래 살았던 일본은 1950년 경찰예비대 창설, 1952년 보안대 설치, 1954년 자위대 발족 등으로 보수 우익의 목소리가 사회 전반으로 올라오기 시작했다. 1960년대 초반으로 오면 당시 일본은 안보 파동의 여파로 좌익에 대한 위기감이 고조되었고, 자민당을 비롯한 우익은 물리력을 가진 조직폭력단과 자연스럽게 결탁하게 되었다. 이때 야쿠자와 우익, 자민당 3자를 막후에서 연결시키는 데 힘쓴 인물이 친한파인 고다마 요시오兒玉譽士夫다.[15] 그는 1965년 한일국교정상화 교섭에서도 막후에서 깊이 관여한 것으로 알려져 있다. 이들 친한파는 일본에 우호적인 한국의 정권과 기업을 통해 아시아에서 일본의 영향력을 다시 끌어올리려는 움직임을 보였다. 그러는 와중에 사회적으로 우익 단체들이 우후죽순 결성되었다. 그 중심에 『신편 일본사新編日本史』 편찬 운동(1985~1986)을 벌인 '일본을 지키는 국민회의'가 있었다. 이들은 천황에 기반한 국가주의를 추구하는 1890년의 '교육칙어' 전문을 게재하고, 태평양전쟁을 대동아전쟁으로 기술하면서, 독도 또한 다케시마라고 칭하는『신편 일본사』를 내놓는다. 고등학교 역사 교과서인 이 책은 "일본의 전쟁은 자위전쟁이었다" "도쿄 재판은 미국의 강요에 의한 것이었다" "난징 대학살은 조작된 것이다"와 같은 과거의 과오를 부정하는 주장으로 가득했다. 이 단체와 '일본을 지키는 모임'(1974년 결성)이 합쳐져서 1997년에 탄생한 것이 요즘 한창 도마에 오른 '일본회의'다.

이런 분위기 속에서 1980년대 후반에 이르면 일본의 우익 단체는 전국 1000개 단체에 12만 명 회원을 보유하게 된다. 일본 우익의 특징은 '행동우익'이라는 데 있다. 말이 행동이지 이들은 고위급 정치인을 향한 테러를 통해 사회에 메시지를 내고 자신들의 존재감을 드러내왔다. 1960년 아사누마 이네지로淺沼稻次郎 일본 사회당 당수가 텔레비전으로 생중계되는 연설회에서 극우 성향의 청년 야마구치 오토야山口 二矢의 칼에 찔려 살해당하는 충격적인 사건이 발생했다. 암살자 야마구치는 1943년생으로 당시 18세였다. 육상자위대원인 아버지 밑에서 엄격한 애국 교육을 받고 자라난 그는 애국당 총재 아카오 빈의 연설에 감화받아 그해 애국당에 입당해 소년 우익운동가로 활동했는데, 주로 좌파 집회 해산과 우파 집회를 보호하는 정치 깡패 역할이었으며 입당 후 반년간 무려 열 번이나 검거되었다. 결국 뜻을 이루고 현장 체포된 그는 그해 11월 감방 벽에 치약으로 '칠생보국, 천황 폐하 만세七生報國 天皇陛下萬歲'라고 쓰고 목을 매 자살했다.[16]

우익 단체의 테러는 주로 민감한 역사적·정치적 발언을 한 이들에게 가해졌다. 1988년 모토지마 히토시本島等 나가사키 시장은 시의회 발언을 통해 "천황에게 전쟁의 책임이 있다. 종전을 좀 더 빨리 결단했으면 오키나와 전투의 옥쇄, 히로시마·나가사키의 원폭 투하는 없었을 것"이라고 주장했다. 그는 1990년 1월 세이키주쿠正氣塾라는 우익 단체 간부로부터 권총 피격을 당했으나 목숨은 건졌다. 1992년 3월엔 또 다른 사건이 벌어졌다. 일본 도치기현 아시카가시에서 가네마루 신 자민당 부총재가 한 청년이 쏜 38구경 권총 3발의 저격을 받았다. 하지만 총알이 모두 빗나가 가네마루는 무사할 수 있었다. 청년은 우국성화회라는 극우 단체의 멤버였다. 당시 일본 경찰은 이 청년이 가네마루의 친북한 노선에 대한 반발 때문에 사건을 저지른 것으로 보인다고 밝혔다.[17]

이렇듯 일본의 우익 단체들은 자신들이 국체國體 내지는 국수國粹라고 여기는 것이 훼손되었다고 생각되면 여지없이 행동에 나서는 모습을 보여왔다. 이것은 양심의 목소리, 반성적인 역사 인식, 합리적·논리적 세계 인식 등을 가로막는 사회의 큰 장애물이었다. 대부분 나라의 극우들은 적을 외부에 상정한다. 미국이라는 큰 형 밑에서 속국 의식을 갖고 경제 성장을 해온 전후 일본에게 가장 큰 외부의 적은 공산주의 북한이었다. 20세기 후반부터 시작해 불과 얼마 전까지만 해도 북한이라는 외부의 적은 견고하게 자리잡고 있었다. 핵실험 하는 나라 북한 위협론을 통해 일본의 역대 정부는 내부를 단속해왔다고 해도 과언이 아니다. 그런데 트럼프 정부에 들어서면서 이 외부의 적이 흐릿해지기 시작했다. 북미 대화, 남북 대화가 급속하게 이뤄지고 이른바 '재팬 패싱' 논란이 불거지면서 아베 행정부의 발등에 불이 떨어진 것이다. 개헌을 통한 군사대국화 등 명백한 우경화 노선을 걷고 있는 아베에게 동아시아의 군사적 긴장감은 반드시 유지되어야 할 필수 조건이었기 때문이다. 일본의 많은 지식인은 한국에 대한 아베 행정부의 경제 보복 조치가 이 외부의 적을 유지하기 위한 전략이라고 인정하는 분위기다.

1990년대 이후의 혐한

혐한이란 단어가 일본의 잡지와 신문에 처음으로 등장한 1992년 이래 일본 내 혐한 기류는 두 차례 크게 폭발하면서 세력을 넓혔고 일본 사회에 저변화되어왔다. 첫 번째는 2002년 한일 월드컵 공동 개최 이후 시작되었다. 한국 축구가 4강에 올라가고 일본이 16강에서 탈락되었을 때 인터넷을 중심으로 그 분노가 결집되었다. "한국이 일본의 월드컵 단독 개최를 하지 못하게 로비를 벌였다" "한국인들은 매너가 없다" "심판을 매수했다"는 등의 비난이 도배를 했다. 이후 2채널을 중심으로 혐한 발언을 하는 이들이 활동하기 시작했고, 2005년 야마노 샤린山野車輪의 『만화 혐한류マンガ嫌韓流』라는 결과물을 만들어내게 되었다. 일본의 대표적 혐한물 출판사인 신유샤晋遊舍에서 출간된 이 만화는 원래 인터넷 게시판에서 연재되던 것이 큰 인기를 끌어 출판이 결정된 것인데 예약 판매만으로 10만 부를 넘겼고 발매 1주일 만에 20만 부, 2010년에는 시리즈 도합 100만 부가 넘는 실적을 올렸다. 이 만화엔 다음과 같은 주장이 담겨 있다. "한국의 2002년 월드컵 4강 진출은 심판의 오심 때문이었다" "한일합병 조약은 합법적이었으며, 일제강점기에는 일본인과 조선인이 평화롭게 공존했다. 전후 일본인이 한반도에 남겨놓은 자산과 한일기본협정 당시 배상 문제가 끝났기 때문에 일본은 더 이상 한국에게 사죄와 보상을 할 필요가 없다" "한국은 검도와 유도 등 일본의 문화를 모방하여 자국을 종주

국이라 우기고 있다" "일본의 애니메이션 등을 모방하고 있다" "한글 전용은 한국인들의 지나친 한글 우월주의 때문에 채택되었을 뿐 실제로는 국한문 혼용보다 불편하며, 한국인들이 한자를 배우지 않기 때문에 옛 사료를 읽을 수 없어 한일 간의 역사를 제대로 인식하지 못하는 것이다" "재일코리안은 정치적으로 부당한 대우를 받고 있지 않으며, 그들이 참정권을 갖는 것은 부당하다" "한국이 독도를 국제법상 부당하게 점유하고 있다" 등이다.

이처럼 인터넷을 중심으로 불붙은 2000년대 초반의 혐한은 '불안형 내셔널리즘'으로 파악되어왔다. '사회 유동화'가 불가피한 고도소비사회에서는 적응을 잘한 사람도 못 한 사람도 모두 '불안'을 느끼게 되며, 그 불안을 진정시키고 자신을 납득시키기 위해 가상의 적이나 악인을 찾아내야만 한다. 다카하라 모토아키高原基彰는 바로 이 점이 일본 젊은이들의 내셔널리즘을 불러일으키는 원인이라 보고, 고도성장기에 국민이 균등한 행복을 공유했던 시기의 내셔널리즘과는 구별하여 '불안형 내셔널리즘'이라고 명명했다.[18]

인터넷을 중심으로 퍼진 이러한 불안형 내셔널리즘은 곧 현실로 흘러넘쳤다. 2005년 3월 16일, 일본 시마네현은 1905년 2월 22일 독도를 일본 제국 시마네현으로 편입·고시한 것을 기념하기 위해 '다케시마의 날'을 제정했다. 2005년 1월 14일, 시마네현 의원들은 2월 22일을 다케시마의 날로 정하는 조례안을 제정하여 2월 23일에 현 의회에 상정해 3월 16일 가결했다. 구체적인 조례 내용은 다음과 같다.

1조: 현민, 시정촌 및 현이 일체가 돼 다케시마의 영토권 조기 확립을 목표로 하는 운동을 추진, 다케시마 문제에 대한 국민 여론을 계발하기 위해 다케시마의 날을 정한다.

2조: 다케시마의 날은 2월 22일로 한다.

3조: 현은 다케시마의 날의 취지에 어울리는 대책을 추진하기 위해 필요한 시책을 강구하기 위해 노력한다.

이에 반발하여 한국은 마산시 주도로 같은 해 3월 18일 '대마도의 날'을 제정한다. 그리고 일본 지자체와의 행사를 줄줄이 취소하며 항의했다. 이윽고 2006년 4월 25일 노무현 대통령은 '한일 관계에 대한 특별 담화문'을 내놓으면서 독도는 명백히 한국의 땅이라는 사실을 강하게 천명했다. 이후 한국 정부는 독도 문제에 대해 영토 수호의 입장에서 강하게 행보했으며 이는 이명박 정부 내내 지속되었다. 그리고 2012년 이명박 대통령이 한국 대통령으로선 처음으로 직접 독도 땅을 밟으면서 일본 언론에 대서특필되었다. 이를 계기로 삼아 『만화 혐한류』 이후 한일 양국의 문화 교류와 한류의 확산으로 잦아들었던 혐한이 다시 고개를 들었다. 이번엔 반응이 매우 격렬했는데 그럴 만한 배경이 있었다.

이명박 전 대통령은 2012년 8월 14일 충북 청원군을 방문한 자리에서 독도 방문에 대해서 어떻게 생각하느냐고 묻는 기자의 질문에 "일왕이 한국을 방문하고 싶다면 우선 지난 일제강점기 때 일본이 저질렀던 악행과 만행에 대해서 진심으로 반성해야 한다.

일왕이 독립투사들 앞에서 고개를 숙여서 사죄한다면 일왕 방한 訪韓도 가능할 것이다"라고 답변했다. 이어서 "통석의 염念 어쩌고 이런 단어 하나 찾아서 올 거면 올 필요 없다"고 덧붙였다. '통석의 염'은 다름 아닌 전 일왕 아키히토가 1990년대에 일본을 방문한 노태우 대통령에게 과거사와 관련해서 했던 표현이다.

일본의 다케시마의 날 제정을 두고 2006년 노무현 전 대통령이 대일對日 독트린을 선언하여 일본에 대해서 강경하게 나왔던 적은 있지만 대한민국 대통령이 관료나 수상이 아닌 일왕을 직접 겨냥하여 사죄하라는 발언을 한 것은 사상 처음 있는 일이었다. 이어 8월 15일 광복절에는 일본군 '위안부' 문제가 인권에 반했던 악행이라는 점을 지적하면서 며칠 사이 세 번에 걸쳐 일본에 대한 외교적 공세를 가했다.

일본으로선 충격적인 일이었다. 이에 대해 "지금부터 한국을 적국으로 간주하겠다"는 등 단교도 불사하겠다는 기운이 감돌았다. 이 때문에 독도 문제에 별 관심이 없거나 한국에 우호적인 일본인들도 이 발언에 대해선 격분한 사람이 아주 많았다. 이 사건의 여파로 한국을 찾는 일본 관광객이 60퍼센트나 감소했다. 당시 아베 총리는 이 대통령의 발언에 대해 "상궤常軌를 벗어났다"면서 천황이 방한할 환경이 아닌 상태에서 이 대통령의 발언은 "너무도 예의를 잃었다"고 밝혔다. 일본 공산당까지 헌법상 정치적 권한이 없는 일왕에게까지 사과를 요구한 것은 이상한 일이라고 논평을 냈다.

혐한은 기름을 부은 듯 들끓었다. 인터넷에서는 이명박 대통령의 발언이 여러 형태로 왜곡·과장되어 돌기 시작했다. 예를 들면 아래와 같다.

일왕은 한국민에게 진심으로 도게자土下座[19]를 하고 싶다면 오라, 중죄인에 상응하여 손발을 묶고 머리를 밟아 지면에 짓뭉개면서 사과하도록 만들겠다. 중죄인이 도게자도 하지 않고, 말만으로 사과한다면 장난 같은 이야기다. 그런 바보 같은 이야기는 통하지 않는다. 그러므로 입국은 허용될 수 없다.[20]

이런 식의 과장이 2채널을 중심으로 널리 퍼지면서 혐한의 양상은 과격해지기 시작했다. 일부 넷우익의 인터넷 유희에서 거리의 시위로 확산되기 시작한 것이다. 이런 과격한 정국을 중심에서 이끌어간 단체가 바로 '재특회'다. 재일 특권을 허용하지 않는 시민 모임在日特權を許さない市民の會을 줄여서 재특회라 부르는데 이 단체는 한국을 싫어하고 무시하는 것이야말로 애국이라고 생각하는 극우 민족주의 성향의 단체로 2007년 1월 20일에 발족했다. 회칙을 보면 "본 회의 사무소를 회장의 집에 둔다本會の事務所を會長宅に置く"라고 할 만큼 독특한 정신세계를 보여준다.

재특회는 일본 우익들에게조차 "수준이 떨어진다" "오히려 악영향을 준다"며 배척당하고 있으나 회원이 9000명을 넘은 2009년 이후 엄청난 활약상을 보여줬다. 2012년 당시 한류 배우로 인기를 구가하던 김태희를 일본 내에서 몰아내는 시위를 주도했으며, 주일 한국대사관 앞 화단에 '독도는 일본 영토'라고 쓰인 말뚝을 박고 도망가기도 했다. "한국인을 죽이자" "강간하자" 등 워낙 과격하고 패륜적인 구호를 외치며 시내를 활보했다. 재일한국인이 일본 사회에서 특권을 가지고 있다고 주장하는 재특회는 2013년부터 지금까지 거리에서 1000건이 넘는 헤이트 스피치(혐오 발언)를 한국인을 향해 퍼붓고 있다. 일본 경찰은 재특회를 저지하기는커녕 '표현의 자유'를 이유로 오히려 보호하고, 인종 차별과 민족 차별을 규제하는 '차별금지법'은 여당의 반대로 1년 넘게 일본 국회에 발이 묶여 있는 상황에서 "난징대학살이 아니라 일본 내 코리아타운 대학살을 실행합시다!"라는 선동 문구도 등장하는 등 아무도 이들을 막을 수 없는 듯했다. 그때 오토코구미라는 반反 재특회 결사대가 등장했다. 이들의 활약상은 이일하 감독의 「카운터스」(2017)라는 다큐멘터리 영화로 제작돼 상영되기도 했다.

'카운터스'는 민족주의와 배외주의에 물든 혐한 시위를 막기 위해 거리로 나온 일본의 양심적인 행동주의 시민들이다. 이들은 재특회의 시위가 열린다는 소식이 들리면 SNS를 통해 이 사실을 알려 자발적으로 시위 장소에 모여 혐한 시위 반대 서명 운동부터 재특회와의 물리적 충돌까지 각자 자기만의 방식으로 다양하게 반혐한 활동을 벌이고 있다. 그중 혐한 시위를 육체적으로 봉쇄하는 '무력 제압 부대'가 바로 오토코구미다. 전직 야쿠자(일본의 조직폭력배)이자 재특회 회원으로서 혐한 시위에 직접 참가해본 경험이 있는 다카하시는 혐한 시위대와 인종 혐오주의자를 응징하기 위해 기상천외한 전략으로 돌진하는 카운터스의 행동대 오토코구미를 만든다. 오토코구미는 재특회가 헤이트 스피치를 내뱉으면 진지한 자세로 욕설로 그대로 되돌려주는 미러링 방식을 사용하고, 재특회 시위대 앞에 무작정 드러누워 도로를 점거하기도 한다. 혐한 시위가 예정된 장소에 잠복했다가 시위 참가자를 발견하면 웃통을 벗어 용 문신을 보여주며 겁박에 가까운 '설득'을 행한다.

지금까지의 사회운동에서 볼 수 없었던 저돌적인 저항 방식과 모히칸 헤어스타일부터 용 문신에 이르기까지 눈에 띄는 외모 때문에 오토코구미는 전담 경찰이 붙을 정도로 요주의 단체로 찍힌다. 전국 각지에서 일어나는 혐한 시위를 막기 위해 원정을 다니느라 생계가 쪼들리고, 재특회 회원들의 비방 때문에 회사에서 해고를 당하기도 한다. 심지어 카운터스 안에서도 과격한 폭력 단체라는 비난을 듣고, 재특회 회원과의 몸싸움 때문에 경찰에 연행까지 된다.

이러한 오토코구미의 활약을 비롯해 카운터스의 반재특회 집회 덕분에 재특회의 거리 혐한 시위는 점차 약해지다가 2014년부터 힘을 잃었다. 그러나 이것은 재특회의 무리한 방식이 힘을 잃은 것이지 일본 사회의 우경화와 혐한의 정서가 희석되었다는 뜻은 아니다. 『거리로 나온 넷우익』과 『일본 '우익'의 현대사』로 잘 알려진 야스다 고이치는 이에 대해 "이제 일본 사회는 재특회가 필요하지 않을 만큼 충분히 극우화됐다"고 진단한 바 있다.

혐한의 계보

2018년 10월 징용피해자 대법원 판결 이후 "한국이 싫다. 일본이 캘리포니아 근처로 이주했으면 좋겠다"라는 일본 정부 관계자의 망발이 언론에 소개되면서 혐한은 되살아났다. 여기에 기름을 부은 것은 방탄소년단 티셔츠 사태다. 방탄소년단의 멤버 지민이 나가사키에 투하된 원폭 이미지와 해방을 맞아 만세를 부르는 사람들의 모습이 박힌 티셔츠를 입었다는 것이다. 이 티셔츠에는 해당 이미지와 함께 "Patriotism" "Our History" "Liberation" 등의 글자가 쓰여 있었다. 2017년 월드투어 기간 중에 입었던 이 옷은 2018년 유튜브 프리미엄 다큐멘터리 시리즈인 「번 더 스테이지」 방영분에 2초 정도 등장했다. 이와 관련 2018년 11월 8일 밤 TV 아사히는 공식 사이트에 방탄 출연 취소를 알리는 공지를 띄웠다.

이 사태는 『뉴욕타임스』와 CNN, 『가디언』, BBC, 알자지라 등 해외 언론을 통해 일파만파 퍼져나갔다. 월드투어와 유엔 연설 이후 치솟은 방탄소년단의 위상을 증명하기라도 하듯 전 세계 유력 매체들이 "원폭 티셔츠atom bomb shirt"라는 자극적인 타이틀을 달고 실시간 기사를 내보냈다. TV 아사히의 공지는 여러모로 논란을 불러일으켰다. 공연팀과 장비가 모두 일본에 도착한 상황에서 이튿날 방송을 앞두고 일방적으로 출연 취소를 통보한 무례함, 그리고 통상적으로 사용하는 "제작상의 문제" 같은 외교적 표현 없이 "티셔츠 디자인" 때문이라며 정확히 원인을 거론한 점 등이 이례적이었다.[21] 이런 결정이 있기까지 방송사에 전화를 걸어 협박을 하는 등 재특회의 사쿠라이 마코토가 배후에 있었던 것으로 드러났다.

이것이 눈길을 끄는 이유는 과거 혐한이 일본군 '위안부' 문제나 자이니치에 초점을 두었던 반면, 이제는 혐한이 케이팝을 겨냥하기 시작했다는 점이다. 일본 극우 세력이 볼 때 젊은이들이 케이팝에 빠져드는 것은 지독히도 바람직하지 않은 일이었다.[22]

정치권부터 문화판까지 반한국 정서가 무르익자 '혐한'의 선두에 앞서 언급한 '일본회의日本會議'가 나타나기 시작했다. 일본회의는 하치만궁, 메이지신궁, 아사쿠사지, 불소호넘회, 세계진광문명교단, 수양단 등 1970년대 중반 우파 종교단체를 중심으로 한 '일본을 지키는 모임'과 1981년 결성된 보수계 문화인 조직 '일본을 지키는 국민회의'가 통합돼 1997년에 설립됐다. 약 3만8000명의 회원과 243개 지부, 약 1700명의 지방의회 의원이 활동하고 있으며 일본 최대 우익 단체, 아베 정권을 조종하는 거대 세력으로 불리기도 한다. 그도 그럴 것이 일본 국회의원의 80퍼센트와 아베 신조 총리 내각의 80퍼센트가 이 단체 소속으로 알려졌다. 2017년 집계에 따르면 이 단체를 지원하는 국회의원 조직인 '일본회의 국회의원 간담회' 소속 국회의원은 280명이며, 아베 총리는 특별고문이다. 아베 총리의 정책적 성향에 큰 영향을 미친 일본회의는 현재 일본 최대의 보수계 단체다. 일본회의는 정계, 재계, 사법, 교육, 종교 등의 보수계 단체 및 개인과 연계된 우익 및 보수단체의 결합체이자, 우익의 내셔널 센터로 기능하고 있으며, 보수계 단체 및 우익 성향 단체 간의 연락기관 역할도 하고 있다.[23]

혐한의 계보

이들은 '아름다운 일본의 재건과 자부심 있는 나라 만들기'라는 슬로건 아래 남계男系에 의한 황위의 안정적인 상속을 목적으로 한 황실 전범 개정, 일본 헌법 제9조 통칭 '평화헌법' 폐기 및 자위대의 존재를 헌법에 명기함으로써 확실하게 전쟁이 가능한 국가로 전환할 법적 근본 확보, 반일 발언을 하는 외국인 추방, 외국계 이민자(귀화인)의 사후 활동 감시, 외국인 지방 참정권 반대, 우생보호법 개정, 인권 기관 설치법 반대, 자치 기본 조례 제정 반대 등을 주장하고 있다. 교육 분야에서는 학교 교과서에 있어서 '반국가적' 서술의 시정, 일본의 역사를 모욕적으로 단죄하려는 자학사관 교육의 시정, 학교에서 국기 게양·국가 제창 추진, 애국심, 공공예절 교육 등을 담은 '신교육 기본법'의 제정, 국기국가법의 제정 등을 주장하고 역사 분야에서는 대동아전쟁은 미국과 영국 등에 의한 경제 봉쇄에 저항한 자위적 전쟁임을 명시, 총리의 야스쿠니 신사 참배 실현, 야스쿠니 신사를 대체할 '국립 추도 시설' 건설 반대 등을 외치며 일본식 성 풍속을 복고하고, 부부별성 법안 반대, 페미니즘 운동 저지, 소수자 혐오 성향, 젠더 프리 교육의 시정 등 전방위적으로 과거 봉건시대의 가치들로 중무장한 집단이라 할 수 있다.

아베 정권은 이러한 '일본회의'의 활동을 공식적으로 지지하고 있다. 게다가 2019년 9월 초에 조각된 아베 신조의 5차 내각에서는 각료의 우익적 성격이 한층 더 강화된 것으로 분석된다. 이를 기반으로 아베 정부는 헌법 개정을 통한 전쟁할 수 있는 국가 만들기, 경제위기 극복과정에서의 국민 희생 강요 등을 강력하게 추진해나갈 것으로 판단된다. 『투쟁의 장으로서의 고대사』를 펴낸 일본 와세다대 이성시 교수는 2019년 9월 중순 한 인터뷰에서 최근 한일 간의 갈등에 대해 다음과 같은 의견을 밝힌 바 있다.

"최근 일본 미디어의 한·일 관계 보도에선 식민 지배에 대한 깊은 반성이 없음은 물론, 근대 일본의 국민국가 형성 과정에서 만들어낸 한국인과 중국인 차별이 노골적으로 되살아나는 느낌이다. 쓰다 소기치津田左右吉의 중국과 한국에 대한 그로테스크한 인식은 근대 일본인에게 널리 공유된 인식으로 볼 수 있다. 최근 두 나라 국력이 일본에 근접하거나 넘어서면서 과거의 멸시감에 매달리는 것이 아닌가라는 생각도 든다. 유럽 극우 정당의 대두에서 보듯, 경제적 불안이 국민(민족) 의식의 고양으로 이어지는 현상이 나타나고 있다. 일본에서도 한국·북한·중국에 대한 비판이 현 정권 안정의 토대가 되고 있다고 본다."[24]

또한 일본의 우경화에 대한 제대로 된 분석을 위해서는 역사적, 안보적 수준을 넘어, 일본 정체성에 대한 좀더 다양한 세력의 사상적, 대중적, 문화적 논의를 살펴보는 것이 필요하다는 견해도 있다. 가령 『고사기』와 『일본서기』 등에 나오는 진구 황후의 삼한 정벌 신화 등 고대사를 통해 우월의식을 내면화하려는 작업이 한편에 있다.[25] 이는 조선이 삼한 이래로 일본의 번국蕃國이므로 정벌은 당연하다는 요시다 쇼인吉田松陰류의 정한론의 바탕이 되기도 했다. 이것은 일부의 주장이 아닌 에도 말기의 통념이 되었고 사이고 다카모리西鄕隆盛, 이타가키 다이스케板垣退助, 후쿠자와 유키치福澤諭吉, 기도 다카요시木戶孝允 등에게로 계승되어 조선 침략의 사상적 명분을 제공했다.

이러한 고대사적·신화적 일본 이미지는 아베가 제시하는 "아름다운 나라 일본"의 일부다. 그는 일본이라는 정체성을 미적으로 회상시킨다는 점에서 과거 미시마 유키오와 같은 우익 작가들이 작품 속 세계관과 연속성을 갖는다. 또한 아베는 자본주의 체제의 불평등과 불황을 "아베노믹스"라는 양적 완화와 같은 방식으로 해결하겠다며 보수 리버럴의 "더 나은 미래"를 보여주고자 했다. 그리고 일본의 재무장은, 경제는 성장했는데도 일본의 비정상성이 운위되는 것은 바로 국방력 결여에 있음을 확인하고 이것을 '노멀라이징normalizing'한다는 점에서 정당한 폭력의 권위를 독점한 근대 국민국가로서의 일본 민족(네이션)의 완성도 해결해주는 것처럼 보인다.[26]

2장

**혐한과
미디어 자본주의**

아침에 눈을 뜰 때부터 밤에 눈을 감을 때까지 우리는 미디어에 둘러싸여 있다. 그만큼 세상은 복잡하고 전해야 할 소식도 많다. 미디어에 기대하는 게 많은 우리는 현대사회의 (매스)미디어 체계가 대중민주주의와 문화적 다양성, 이에 기초한 사회적 관용과 숙의의 문화를 확장시킬 것이라고 믿어왔다. 미디어를 국가권력과 정치 집단에 대한 감시자이자 견제자이며 미디어가 시민의 여론을 공적 영역에 진입시키고 공권력의 민주적인 행사를 유도할 수 있을 것이라고 보았다. 반대로 지배 집단은 미디어를 아주 효과적인 대중 조작과 선전선동의 수단으로 이용해왔다. 국가권력과 지배 집단은 필요에 따라 언제든지 대중 조작과 선전선동의 미디어를 키워내거나 지원할 수 있었다. 자본가들은 미디어를 가장 큰 돈벌이 수단으로 생각한다. 실제로 미디어 장사는 엄청난 부와 권력을 가져다줬다.[1]

그러나 미디어를 가장 강력하게 추동시키는 힘은 권력보다는 자본이다. 일본의 와이드 쇼 방송들이 혐한 프로그램을 쏟아내는 모습을 보면 그런 확신을 갖게 된다. 상업적 매스미디어는 정보를 수동적으로 받기만 하고, 의사 조작이 쉬우며 몰개성적인 대중을 대상으로 한다. 그들은 소비자의 관심을 최대로 끌어내기 위해 항상 일반적이면서 특이한 소재를 찾아내야 한다.[2]

2019년 7월 이후 일본 공중파 미디어가 찾아낸 자극적인 소재가 바로 혐한이다. 아침이나 저녁의 황금시간대에 편성된 여러 와이드 쇼에서는 한국과 일본의 경제전쟁 관련 특집을 마련해 대대적으로 보도했다. 여러 주제가 올라오지만 대부분 한국에 비판적이며 일본에 유리한 말을 해주는 이들을 패널로 앉혀놓고 두어 시간 수다를 떠는 방식이다. 전문가라고 할 수 없는 사람들이 나와서 주관적 편견과 잘못된 역사 인식, 의도적인 폄하 발언으로 가득 채우는 이들 방송은 패널과 사회자가 한국을 우스운 꼴로 빚으면서 결과적으로는 혐한 인식을 강화하는 역할을 하고 있다.

가장 대표적인 것은 일본 화장품 브랜드 DHC가 운영하고 있는 자회사 DHC텔레비전의 혐한 방송이다. 공중파는 아니지만 유튜브 구독자 수가 40만 명이 넘는데 오너 자체가 극우 성향의 인물이고 출연하는 이들이 대표적인 혐한 인사들이다. 아베 신조 총리가 2시간가량 출연할 정도로 일본의 우익 방송들 중에서 큰 비중을 차지하고 있다. 이런 DHC텔레비전이 2019년 7월 일본의 경제 보복 조치 이후 경색된 양국의 국면에서 K-POP의 대표 그룹 방탄소년단까지 비하하는 등 혐한 방송을 거세게 이어가 논란이 되었다. 이에 화장품 불매운동이 벌어지고 국내 언론에는 그 발언들이 연이어 보도되었다. 논란이 이어지자 한국 지사가 사과를 했지만 본사 측에서는 "본사와 상의도 없이 멋대로 사과했다"는 태도를 보였다. 과거 DHC텔레비전은 자신들이 제작한 한 프로그램에서 오키나와 미군 기지 반대 시위에 한국인이 개입되어 있다는 발언을 하며 친북 인사라고 비난한 바 있다. 한국이 왜 오키나와 문제에 관여하느냐는 사회자의 질문에 그는 "한국에도 북한을 너무나 사랑하는 사람이 있다. 박근혜 반대 시위하는 것들"이라고 대답했다. 그는 한국인들이 일본 돈 5만 엔을 받고 시위에 나온 자들이라며 구급차를 막는 등 테러리스트와 같은 행동을 한다고 비난을 이어나갔다. 하지만 배후로 지목된 재일교포 신순옥씨는 "허위 정보로 인권 침해를 당했다"며 한국의 방송통신심의위원회와 같은 일본의 BPO에 신고를 했다. 이에 대해 BPO 위원들은 만장일치로 "명예 훼손과 인권 침해가 있었다"고 결론냈으며 특히 "인종과 민족 등에 대한 존중과 배려가 결여됐다"고도 했다. BPO가 만장일치로 인권 침해를 규정한 것은 창설 이래 세 번뿐이었다. 그만큼 높은 수준의 경고인데, BPO가 민간 기구여서 법적 강제력은 없지만 이 결정은 상당한 영향력으로 받아들여져왔다. 그러나 DHC텔레비전은 여전히 해당 프로그램을 삭제하지 않았고 계속된 혐오 표현에 정작 신고자가 이민을 가야 했다.[3] 2019년 8월 말 일본 다케다 구니히코武田邦彦 주부中部 대학 교수는 DHC텔레비전에 출연해 "한국 여성이 일본에 오면 일본 남성들이 폭행해야 한다"고 발언했다. 그는 과거에도 "역사 문제가 있다고 해서 한일 군사정보보호협정을 안 한다는 건 정신적으로 이상하다" "중국과 한국은 생활이 어렵거나 남녀 관계가 잘 안 풀린다거나 그런 불만이 많은 나라다" 등의 발언을 하기도 했다.

일본의 시민운동가 오에다 유스케는 "DHC텔레비전이 한국에서 많이 언급되는데 유튜브 방송이라 영향력이 제한적"이고 오히려 "지상파에서 아침부터 오후까지 매일 한국을 비판하는 그런 방송을 내보내고 있습니다. 특히나 와이드 쇼라는 일본 특유의 프로그램 장르가 있는데, 지난번에도 모 방송국 시사 프로그램에서 잠깐 언급됐지만, 전 주한 일본 대사와 같은 한국에 비판적인 그런 인사를 대거 출연시키고 전문가들 아닌 사람들이 그 사람의 얘기를 듣고 한국을 비판하는 그런 방송을 매일같이 내보내고 있습니다. DHC 텔레비전이 한국에서 거론되는데 그 영향력을 볼 때는 지상파 방송이 훨씬 더 큽니다"라고 밝히기도 했다.[4]

사실 일본 사회에서 혐한을 부추겨온 것은 출판물이었다. 공중파 방송에서는 혐한이 드물었다. 하지만 2019년 7월 이후 혐한을 주도한 것은 공중파 방송이다. 그 이유는 한국 때리기가 가장 잘 먹히고 시청률을 높이기 때문이다. 경향신문 일본 특파원의 칼럼을 보면 일본의 한 민간 방송사 관계자의 말이 인용되어 있다. "시청률 때문이죠. 매번 시청률 그래프를 봐요. 시청률이 뚜렷하게 떨어지기 전까지는 계속하는 거죠."[5] 물론 기꺼이 시청하는 층이 형성되어 있기 때문에 가능한 것이다. 정부의 입김이 강하게 작용하는 일본 방송의 구조도 한몫하고 있다.

발언의 수준도 코미디 예능 프로그램 수준으로 일관하고 있다. 한 공중파 방송에 출연한 일본의 방송 엔터테이너 기타노 다케시는 한국 정치인의 얼굴이 나온 사진을 두고 "저 동과(호박 종류) 좀 어떻게 안 되나. 삶아 먹으면 맛있겠다"라고 하는가 하면 일본군 '위안부' 동상에 대해서는 "가슴이 처졌다"라는 말을 서슴없이 내뱉었다. 재일교포 작가이자 사회활동가인 신옥숙씨는 "일본 매스컴뿐만 아니라 생활 전반에서 한국 때리기가 이뤄지고 있다"고 전했다. 그는 "인터넷상 비속어에서 시작해 댓글, 전철 내 광고, 잡지, TV 와이드쇼, 책, 선거 때는 표현의 자유가 보장되기 때문에 한국인과 재일교포를 깎아내리기 위해 출마한 후보들의 헤이트 스피치 등이 있다"고 말했다. 이어서 "잊어선 안 되는 것은 혐한뿐만 아니라 일본에서는 북한도 한국도 재일교포도 구별하지 않는다는 점이다. 그런데 이들을 때리는 것은 오락이다. 계속해서 때리고 또 때리며 너무나 즐거워하고 있다. 그것이 일본인들의 자존심을 높인다. 뭔가 뉴스가 발생하면 그건 재일교포 아니면 한국인에 의한 것이라는 식이다. 헤이트 크라임hate crime(증오범죄)도 일어나고 있다"라고 덧붙였다.[6]

『문재인이라는 재앙』『한국인으로 태어나지 않아 다행이야』 등의 혐한 서적을 펴낸 바 있는 무토 마사토시武藤正敏 전 주한 일본 대사는 2019년 7월 이후 거의 모든 방송에 출연해 한국 비판의 얼굴 마담 역할을 하고 있다. 9월 초 일본 요미우리TV의 방송에서 그는 "영화 「1987」은 검찰 개혁에 대한 국민적 지지를 얻기 위해서 정치적 의도를 가지고 만들어진 영화라고 본다"고 말했다. 하지만 영화 「1987」은 2017년 12월 29일에 개봉된 영화로 문 대통령과는 무관하다. 이 영화는 박근혜 정권하에서 문화계 블랙리스트가 불이익을 받게 될까봐 극비리로 진행된 영화라는 사실을 모를 리 없는 무토 전 대사가 가짜 뉴스를 퍼뜨린 셈이다. 그가 방송에 출연해 발언하는 것은 "최악의 한일 관계를 개선하는 방법은 문재인 대통령을 교체하는 것 하나밖에 없다" "문 대통령의 지지층은 모두 과격파다" "한국은 재판관에도 상당히 좌익 색채를 띤 사람이 많다" 등 문재인 정권에 대한 비판과 색깔론이 대다수를 이룬다.

이런 공중파의 지원 사격에 힘을 입어서일까. 일본의 잡지들은 한국을 마음껏 조롱하는 특집을 꾸리고 있다. 출판사 쇼가쿠칸 小學館이 펴내는 주간지 『주간 포스트』는 9월 2일자에 '한국 따위 필요 없다'는 제목의 특집 기사를 실었다. 이 기사에는 "혐한이 아닌 단한斷韓(한국과의 인연을 끊는다)이다" "귀찮은 이웃에게 안녕" "삼성의 스마트폰과 LG의 TV도 못 만들게 된다"는 등 원색적 비난의 표현이 담겼다. 또 "한국인 10명 중 1명은 치료가 필요할 정도로 분노 조절이 안 된다. 분노를 억누르지 못하는 한국인이라는 병"이라는 내용도 포함됐다. 이와 함께 "지소미아 파기로 서울이 김정은에게 점령당하는 악몽" "도쿄 올림픽 보이콧으로 일본의 메달 수가 두 자릿수 증가한다" 등의 내용도 있었다.[8]

이런 흐름은 2019년 연말까지 끊이지 않고 계속되고 있다. '트집 잡는 국가 한국'을 특집으로 다룬 우익 월간지 『윌』의 12월호 표지에는 일본의 원전 오염수 방류를 우려하는 한국 정부를 겨냥해 "문재인, 너야말로 오염수다"라는 제목을 달았다. 이를 소개한 백원근 책과사회연구소 대표는 한국과 한국인을 욕하는 책이나 잡지가 돈벌이가 된다는 이유로 끝없이 재생산되는 '혐한 비즈니스'를 강 건너 불구경하듯 해서는 안 된다고 지적하고 나섰다. "전에는 이름 없는 소형 출판사나 우익 잡지가 기반이던 혐한 출판물들은 이제 고단샤 같은 일본을 대표하는 대형 출판사에서 단행본으로 펴내 당당히 베스트셀러에 올라갈 만큼 확산하는 흐름이다. 『한국이라는 병』 『한국 대파멸 입문』 『문재인이라는 재액災厄』 『망상대국 한국을 비웃다』 『대혐한시대』 『유교에 지배된 한국인과 중국인의 비극』 등 팔리고 있는 단행본은 제목만으로도 충격적이다."9

이외에도 각종 혐한물이 유튜브나 인터넷 매체 등 온라인 미디어를 통해 넘쳐나고 있다. 경제 보복 이후 대표적인 혐한 베이스캠프인 일본의 2채널 동아시아 뉴스 속보 게시판에는 연일 한국 관련 뉴스가 올라온다. 최선영 이화여대 에코크리에이티브협동과정 특임교수는 "실시간 댓글이 많이 달리는 게시물을 클릭해보았다. 한국 관련 주제가 인터넷에서 고조되는 양상을 분석한 일본 『뉴스포스트 세븐』의 기사였다. 이 기사는 '그동안 한국은 인터넷 오락거리이자 야유 대상으로 '혐한'으로 소비되어왔으나 혐한의 양상은 '거한拒韓'(한국 거부)에서 '애한哀韓'(불쌍한 한국)으로, 이제는 '치한嗤韓'(한국 조롱)으로 변모했다'고 설명한다. 그리고 경제 보복 이후 진정한 승자는 높은 페이지 뷰를 기록한 '웹 미디어'였다고 꼬집었다'고 한겨레에 기고하기도 했다.[10]

이와 관련하여 우리가 주목해볼 것은 '미디어화mediatization'라는 개념이다. 2000년대 중반 이후 등장한 이 용어는 가히 '미디어적 전환the mediatic turn'이라는 말을 만들 정도로 전 세계인의 삶에 큰 반향을 일으키고 있는 것으로 인식된다. "미디어화는 간단히 말해 사회의 거의 모든 제도와 실천의 영역에 걸쳐 미디어가 영향력을 확대하면서 장기적인 사회 변동을 추동하고 있다는 것을 의미"[11]한다. 그중에서도 '정치의 미디어화'가 급격히 진행되고 있으며 이에 대한 연구도 가장 많다. 이것은 정치에 미디어화가 큰 영향을 미친다는 것인데, 오늘날 미디어는 자신이 보도하는 내용에 대해 더 많은 통제를 획득하고 결과적으로 권력을 행사하게 되었다고 본다. 그것은 단계적이다. 먼저 '확장'이 있다. 이는 미디어가 인간의 커뮤니케이션 능력을 시간과 공간의 차원에서 확장해준다는 의미다. 그다음은 대체다. 예전에는 사람들이 얼굴을 맞대고 소통했지만 이제는 그것을 미디어가 대체해준다. 인터넷 뱅킹이 은행 방문을 줄여주는 것처럼 말이다. 세 번째는 융합인데, 미디어가 행위의 융합을 촉진시킨다는 이론이다. 면대면 커뮤니케이션이 매개 커뮤니케이션과 결합한 결과 미디어는 일상생활의 전면에 침투하게 된다는 것이다. 넷째는 '적응'이다. 미디어 외의 다른 영역의 행위자들은 자신들의 행위가 미디어의 포맷, 관행에 어울리도록 미디어에 적응해야 한다는 것을 말한다. 이러한 미디어화는 미디어 테크놀로지에 의해 급속하게 가속 페달을 밟는데 여기엔 컬트적 숭배 대상으로서 집단 심리에 대한 큰 영향력을 갖춘 셀러브리티, 그들이 출연하는 각종 리얼리티 프로그램, 유튜브의 실시간 방송 등이 그러하다.

위의 이론에 따르면 한국 때리기를 통한 일본 사회의 우경화와 군국주의화는 미디어화의 덕을 톡톡히 보는 셈이다. 사람들은 온·오프라인에서 24시간 내내 생산되는 혐한 콘텐츠에 무방비로 노출되고 있다. 오늘날 여론이 받아들이는 '사회적 사실'이란 실제로 있었던 일 '그 자체'를 의미하지 않는다. 사회적 사실은 미디어에 의해 구성되는 것이다. "미디어는 오히려 실제 사회의 중심에 대한 접근과는 다소 무관하거나 무관심하고, 단지 마치 사회적 판단을 위한 프레임처럼 미디어화 과정에서 기능적으로 작동할 뿐이며 그 과정은 철저한 '매개된 중심의 신화'로 재강화되고 있다."[13]

헌법 개정을 통한 전쟁할 수 있는 국가 만들기, 도쿄 올림픽의 성공 개최를 통한 우익의 단단한 기반 다지기, 이러한 정치적 이슈를 통해 경제적 위기라는 약점을 돌파하고자 하는 아베 내각의 한국 때리기는 계속될 전망이다. 그 과정에서 미디어는 한국에 대하여 일본의 앞길을 막는 걸림돌 이미지, 바짓가랑이를 붙들고 늘어지는 떼쓰는 어린이 이미지, 고마움을 모르는 이기적인 이미지 등을 계속 생산해나갈 것이다.

아베 내각의 국수적 행보는 전방위적이다. 특히 젊은 세대를 겨냥해서 지원금을 제정하거나 특정 소재에 응모하도록 하여 웹툰 등의 소재와 표현에 영향을 미치려는 것이나, 야스쿠니 신사 등의 행사에 어린이들을 동원해 '전통'이라는 이름으로 과거의 군국주의를 미화하는 그림을 그리도록 하는 것 등은 일본의 역사수정주의적 노력이 얼마나 치밀하고 열정적인지를 깨닫게 한다.

嫌韓の系譜

제2부

1장

**혐한,
우리가 모르는 것은
무엇인가**

1.
혐한, 어디까지 왔나

혐한嫌韓은 한국 혹은 한국인을 싫어하는 것을 뜻하며, 한국(한국인)에 대해 혐오 발언하는 행위나 감정을 포함해 일컫는 말이다. 헤이트 스피치, 즉 혐오 발언이란 용어는 미국에서 처음 등장했으며, 전 지구화가 이뤄진 1990년대에 본격적으로 사용되기 시작했다. 미국에서는 1980년대부터 인종차별과 폭행이 사회적인 문제가 되었으며, 이를 개선하고자 1985년에 혐오 범죄 통계법Hate Crime Statics Act of 1990이 발의되었다. 바로 이 법안에서 혐오 범죄라는 용어가 유래했다. 혐오 발언은 특정 그룹에 대한 편견과 폭력을 부추기는 차별적 발언인데, 공공장소에서 행하는 구두 연설, 문자 언어를 통해 이뤄지는 출판물 등 가리키는 범위가 다양하다. 한국(인)을 향해서 혐오 발언을 하는 것을 가리키는 '혐한'이라는 말이 국내에 널리 알려진 것은 2000년대 들어서지만, 일본에서 이 용어가 등장한 것은 그보다 훨씬 빠른 1992년『분게이슌주文藝春秋』3월호에서다.[1]

『2018년도 국가이미지 조사 보고서』를 보면 일본의 혐한이 어떤 수준인지 가늠할 수 있다. 문화체육관광부 해외문화홍보원에서 2018년 10월 온라인 설문조사를 실시한 것으로, 한국을 포함해 16개국 8000명에게 한국에 대한 인식을 물었다. 한국을 제외한 15개국 중 한국의 이미지를 가장 부정적으로 생각하는 나라는 일본으로 나타났다. 일본인의 한국(인)에 대한 인식을 항목별로 살펴보면 "한국에 대한 관심도"의 경우 '전혀 관심 없다 18.4퍼센트, 별로 관심 없다 25.0퍼센트, 보통 36.4퍼센트, 다소 관심 있다 15.6퍼센트, 매우 관심 있다 4.6퍼센트'다. 긍정률이 20.2퍼센트(인도네시아의 경우 93.2퍼센트)인 데 반해 부정률은 43.4퍼센트(인도네시아의 경우 1.0퍼센트)로 높은 수치를 나타냈다. "한국인에 대한 호감도" 역시 '매우 비호감 18퍼센트, 비호감 22.2퍼센트, 보통 39.0퍼센트, 호감 17.6퍼센트, 매우 호감 3.2퍼센트'로 긍정률이 20.8퍼센트(인도의 경우 88.6퍼센트)인 데 반해 부정률은 40.2퍼센트(인도의 경우 1.8퍼센트)로 두 배를 차지했다. "한국에 대한 전반적인 이미지"는 '매우 부정적 21.0퍼센트, 다소 부정적 22.4퍼센트, 보통 36.6퍼센트, 다소 긍정적 17.0퍼센트, 매우 긍정적 3.0퍼센트'로 20.0퍼센트를 차지하고 있는 긍정률(인도네시아의 경우 96.4퍼센트)에 비해 부정률이 43.4퍼센트(인도네시아의 경우 0.4퍼센트)를 차지했는데, 앞서 언급한 세 항목의 수치가 비슷한 비율로 나타나는 것을 알 수 있다.

이와 같은 일본인의 한국(인)에 대한 부정적인 인식은 다음 항목에서 큰 차이를 보이고 있다. "향후 3년 내 한국 방문 의향"은 '절대 방문 안 함 41.0퍼센트, 방문 안 함 21.8퍼센트, 보통 21.0퍼센트, 방문할 것 11.6퍼센트, 반드시 방문함 4.6퍼센트'로 16.2퍼센트를 차지하는 긍정률(인도네시아의 경우 89.6퍼센트)에 비해 부정률이 62.8퍼센트(인도네시아의 경우 0.4퍼센트)로 세 배 이상을 기록했던 것이다. 한국(인)에 대해 가장 높은 긍정률을 보인 인도네시아 및 인도의 수치와 비교하면 그 차이는 확연히 두드러진다.

조사에서 발표한 한국을 가장 부정적으로 평가한 나라는 일본이 43.4퍼센트, 중국이 11.2퍼센트, 미국이 6.8퍼센트, 영국이 6.6퍼센트 순으로 나타났다. 한국에 대한 일본인의 호감도를 분야별로 살펴봤을 때, 정치외교(2.30) 〈 안보(2.39) 〈 사회(2.49) 〈 경제(2.88) 〈 스포츠(2.93) 〈 문화유산(2.97) 〈 현대문화(3.04)(단위는 5점 척도 평균임) 순이었다. 최근 이슈가 되고 있는 일본군 '위안부'와 북핵 문제, 재일코리안 배척 등의 영향으로 정치외교, 안보, 경제, 사회 부문에서 낮은 호감도를 보이는 것이다. 한국과 인접한 일본은 남북관계뿐만 아니라 역사 문제에서도 밀접한 관련이 있는 만큼 다른 국가들에 비해 호감도가 훨씬 떨어져 있다.

이처럼 일본인의 한국(인)에 대한 부정적인 인식은 역사 문제와도 밀접한 관련이 있는 만큼 한일 간의 주요 역사적 국면마다 표면화되었다. 대표적인 것으로 간토대지진 때 조선인 6661명 대학살,[2] 일본의 버블경제 붕괴 후의 혐한을 들 수 있다. 그 외에도 현대사회에서 일본인이 한국(인)에 대해 부정적 인식을 가질 만한 요인은 다양할 것이다. 1990년대 이후 혐한과 관련해 주요 사건을 정리하면 다음과 같다.

<표 1> 1990년대 이후 혐한 관련 주요 사건

연도	주요 사건
1990	·세계화와 더불어 인터넷 발달 ·일본 혁신 정당의 몰락 시작 ·일본 자민당 내의 온건 보수 세력 축소와 강경 보수 세력 등장
1991	·김학순 일본군 '위안부' 피해 증언 이후 일간지에 혐한 담론 등장
1995	·아시아여성기금 설치 ·일본군 '위안부' 피해자들에게 위로금과 총리 명의의 사죄 편지 전달
1998	·김대중 전 대통령 일본 문화 개방
2000	·일본 넷우익의 시작 ·잃어버린 10년→일본 사회의 양극화 심화→인터넷을 통한 사회 불안 표출
2002	·FIFA 월드컵 한국/일본전 혐한 의식 자극
2005	·고이즈미 총리의 야스쿠니 신사 참배 ·『만화 혐한류』를 시초로 혐한 출판물이 우후죽순으로 등장. 『만화 혐한류』에서 비난과 혐오의 대상은 '한류'가 아닌 '한국과 한국인'임(지금까지 출판된 혐한 출판물의 80퍼센트 이상이 2005년 이후 출간) ·2005년 11월 19일자 『뉴욕타임스』에서 혐한 출판물이 베스트셀러에 오르는 일본의 상황을 비중 있게 다룸(→혐한은 국제적 관심을 끄는 현상임) ·드라마 『겨울연가』에 의한 한류가 사회적 반향을 일으킴 ·독도 영유권 및 역사교과서 왜곡 문제 부상→한일 관계 경색 국면(일본에서 대중문화 한류가 전례 없는 관심을 받던 때에 한국에서는 일본에 항의하는 과격한 반일 시위가 벌어짐)
2008	·베이징 올림픽 기간에는 혐중이 대세였으나, 한국인과 중국인을 뭉뚱그려 토인이라고 멸시하는 혐한이 나타남
2009	·만화 『진격의 거인』이 대히트를 기록. 작은 왕국을 일본으로 생각한 독자가 많음. 자신들의 소왕국을 침략한 거인으로 한국과 중국을 떠올림. 단행본으로 출판되어 2015년까지 시리즈 합계 4000만 부의 판매고를 기록

연도	주요 사건
2010	·반한류 풍조가 넷우익을 중심으로 일어남 ·한국을 노골적으로 견제하기 시작. 일본 유명 가전업체의 이익을 다 합쳐도 삼성 전자의 이익에 미치지 못했으며, 세계 2위의 경제대국 자리를 중국한테 내줌
2011	·3·11 후쿠시마 원전 사고(동일본 대지진) ·일본의 잃어버린 20년으로 인한 경제성장률의 저하로 중산층의 몰락과 함께 이웃 국가들과의 비교로 상대적 박탈감이 혐한으로 분출 ·우익 계열 방송사인 후지TV의 한류 드라마 위주 편성과 반대 시위
2012	·일본 내각부 여론조사에서 한국인에 대한 호감도가 62퍼센트→39퍼센트로 추락 ·이명박 전 대통령의 일왕 사과 요구와 독도 방문 ·한국의 '반일 뉴스'에 대한 주목도가 크게 높아짐 ·세계 3대 신용평가회사 피치가 한국의 신용등급을 일본보다 높은 AA-로 상향 조정함 ·이 당시만 해도 일본의 혐한 시위 구호는 대체로 특정 사안에 대해 반대하는 것이었음 ·아베 정권 재집권(2012.12.26~2014.12.24)
2013	·박근혜 전 대통령 삼일절 연설에서 '천 년의 역사'→'천 년의 원한'으로 일본 언론 기사화 ·혐한 시위 증가와 민족주의 심화 ·상반기 경상수지 흑자 규모에서 한국이 최초로 일본을 추월함 ·2월 9일 재특회 주최 도쿄 신주쿠 한인 타운에서 열린 시위에서 '한국인은 바퀴벌 레다. 죽어라' '(한국인은) 해충이니까 살충제로 없애주겠다'는 구호가 등장함. 6월 3일 시위에서 '위안부는 실제로 존재했는가'라는 구호가 등장함. 6월 16일 시위에서 '쓰레기는 휴지통에, 한국인은 조선에' '5만인의 매춘부는 한국으로 가라'는 구호가 등장함 ·일본 출판계의 불황과 동시에 2013~2014년 헤이트 출판물 1차 붐이 일어남 ·혐한 시위를 막기 위해 거리로 나온 '카운터스'가 SNS로 결성됨 ·아베 정권의 참의원 선거 승리와 도쿄 올림픽 유치 성공 ·한인 타운을 찾는 일본인이 급격히 줄기 시작함

연도	주요 사건
2014	·8월 『한국인이 쓴 치한론』이 혐한 출판 붐의 불씨를 다시 댕김(발행 3주 만에 10만 부 돌파) ·9월 일본의 베스트셀러 1위는 『대혐한시대』(사쿠라이 마코토 전 재특회 회장 지음) ·혐한 출판물이 69권으로 역대 최대치를 기록하면서 혐한 붐이 절정에 달함 ·혐한 시위 계속 증가(2012년 237건, 2013년 347건, 2014년 378건) ·'혐오 연설과 배외주의에 가담하지 않는 출판 관계자 모임'이 출판업계에서 조직됨 ·아베 신조 3차 내각 성립(2014.12.24.~2017.11.1) ·10월 세월호 보도 관련 가토 다쓰야 『산케이신문』 전 서울지국장에 대한 한국 법원의 기소를 일본 언론에서 이슈화함
2015	·6월 22일 한일수교 50주년 ·한국 거주 일본인의 숫자: 3만7000명 (지난 10년간 최저치 기록) ·『만화 혐한류』 등 혐한 출판물이 하나의 소프트 콘텐츠로 진화해 자리 잡음 ·3월 26일 주일한국문화원 방화 시도(도쿄 신주쿠구 소재) ·5월 일본인이 한국인 척 아키히토 일왕의 둘째 손녀 가코 공주를 협박하는 글을 일본의 온라인 커뮤니티인 '2채널'에 게재 ·6월 공중파 후지TV가 한국 여학생의 발언을 조작 ·7월 28일 『진격의 거인』 작가 이사야마 하지메가 실사화 영화의 기자회견과 촬영을 군함도에서 함 ·한국을 방문하는 일본 여행객이 절반 수준으로 떨어짐(2012년 352만 명→2015년 184만 명) ·한글능력검증시험을 보는 응시자 9916명에 불과(1만 명을 밑돈 것은 10년 만에 처음) ·12월 17일 서울중앙지법은 박근혜 전 대통령에 대한 명예훼손 혐의로 기소된 가토에게 무죄 판결
2016	·일본의 대표적 한인 타운인 신주쿠 신오쿠보의 한인 상점 수가 320곳으로 40퍼센트 감소(2012년에는 500곳 이상 영업) ·한인 상점의 매출액은 전성기에 비해 절반 수준으로 줄었으며, 폐업이 속출함 ·5월 GMO 리서치 결과: 혐한 행동을 보이는 연령대는 20~30대가 50~60대보다 3배 많다고 함

연도	주요 사건
2017	·문재인 정부 출범으로 촉발된 혐한 서적 2차 출간 붐 ·우경화 성향을 보이는 도쿄도지사인 고이케 유리코를 통해 또 다른 혐한 분위기 확산 ·일본 출판계의 여전한 불황으로 자극적인 소재를 활용함으로써 즉각적인 판매율로 이어지는 혐한 서적이 2차 출간 붐을 나타냄 ·'혐한운동가'라는 말이 일본의 10대 유행어로 등장 ·5월 문재인 정부 출범 이후 유화적인 대북 정책들이 혐한 정서를 더욱 자극 ·아베 정권의 4차 내각 성립과 장기 집권 확정(2017.11.1~) / 역대급 수준의 장기 집권과 선거 연승을 기록함 ·'2017 한일 국민 상호인식 조사' 결과: "한국에 부정적인 인상을 갖고 있다"의 답변율이 2013년 37.3퍼센트에서 2017년 48.6퍼센트로 상승함

일본은 2019년 현재 국내총생산GDP이 여전히 세계 3위를 기록하는 국가이고, 1억2700만 명의 인구와 기술력을 보유한 나라임에도 불구하고, 경제성장률 하락으로 인해 잃어버린 20년을 지나오고 있다. 이러한 일본의 대내외적인 경제 상황과 혐한의 관련성은 다음과 같이 나타났다.

일본은 이웃 국가인 한국과 중국에 비해 경제성장률의 상대적 저하로 한국에 대한 견제의식과 위기의식이 생겼고 민족주의에 우익적인 양상이 더해졌으며, 이에 대해 일본 정부는 방관하거나 동조해왔다. 특히 젊은 층일수록 혐한 인구 비율이 높고 인터넷을 통해 혐한 관련 정보를 가장 많이 얻고 있다. 위의 표를 통해 한류와 혐한이 서로 힘겨루기를 하듯 공존해온 것을 알 수 있으며, 혐한을 촉발시키는 요인은 정치·경제·사회·문화·역사 등 전방위적으로 발생하고 있다.

혐한은 일본의 자국 내 상황으로 인해 앞으로 더 악화될 전망이다. 일본 정부는 이즈모出雲호와 같은 대형 헬기 탑재 호위함을 항공모함으로 개조할 방침을 밝히는 등 이제는 수비용이 아닌 공격용 전략 무기들로 국방력을 강화하고 있다. '이즈모'는 1937년 중일전쟁이 발발했을 때 일본제국 해군 제3함대에 속해 중국 상하이 포격을 지원했던 장갑순양함의 이름이다. 또한 이즈모는 일본이 독도 영유권을 주장하며 독도의 행정구역이라 주장하는 시마네현 동부의 옛 명칭이기도 하다. 따라서 호위함에 이즈모라는 이름을 붙인 일본의 의도가 '군국주의의 부활'과 무관하다고 할 순 없는 것이다.

이 같은 일본의 공격적인 군사력 강화는 이웃 국가들에게 위협을 가함과 동시에 경각심을 일깨워왔다. 또한 일본의 부총리 겸 재무상인 아소 다로麻生太郎는 한국의 강제징용 피해 소송에서 배상 명령을 받은 일본 기업의 자산 압류와 관련해 2019년 3월 12일 한국에 대해 보복 조치를 검토하고 있다고 밝히기도 했다. 일본 국민의 혐한 감정은 일본 내에 진출해 있는 한국 기업에까지 확산되고 있는 모양새다. 더욱이 자국산 전투기 개발을 목표로 하고 있는 일본은 스텔스 기술 실증기 X2를 '현대의 제로센零戰'이라며, 명칭도 'F0'로 하자는 의견을 아베 신조 총리가 직접 내놓기도 했다. 일본의 민족주의적 행보는 제126대 나루히토 새 일왕의 즉위와 새 연호인 '레이와令和'를 맞이한 지금 일본 사회에서 더욱 견고해질 것으로 전망된다. 새 일왕은 즉위 후 소감에서 평화헌법으로 불리는 현행 일본 헌법에 대한 수호 의지를 명확히 밝히지 않았으며, 재무성은 지폐 인물을 '메이지 근대화 주역의 인물들'로 바꾸기로 결정했다. 메이지유신 이후 근대 일본의 기틀을 다지는 데 앞장선 인물들로, 제국주의 시기에 활약했던 이들이다. 이는 일본의 식민 지배와 전쟁 등 과거의 잘못에서 눈을 돌리고, 근대 일본을 찬양하는 데 집중하는 모습으로 비친다.

아베 총리는 2018년 신년사에서 "자위권 위헌 논쟁에 종지부를 찍는 것이 우리 세대의 책임"이라면서 강력한 개헌 의지를 드러낸 바 있다. 아베 총리의 가장 큰 목표는 헌법 9조를 개정해 '전쟁 가능 국가'를 만드는 것이다. 일본 역사를 살펴보면, 자국의 내부 문제를 해결하기 위해 이웃 국가인 한국을 공격한 일이 시대마다 있었다. 신라 침공 계획, 임진왜란, 정한론, 간토대지진 조선인 대학살, 버블경제 붕괴 이후의 혐한 및 2019년의 경제보복 조치 등이 그 예다.

이는 문화계에까지 영향을 미치고 있다. 최근에는 일본의 헌법 개정에 동의하며, 헌법 개정의 원인이 되는 집단적 자위권을 긍정한다고 볼 수 있는 애니메이션 「스텔라 여학원 고등과 C3부」를 가이낙스사³에서 제작했고, 출판계에서는 혐한을 부추기거나 일본의 헌법 개정을 옹호하는 문학작품들이 등장하고 있다.

게다가 일본의 민족주의를 강화하려는 국내 정치 상황이 문화계에 한쪽 방향으로만 영향을 미치는 것이 아니라 쌍방향으로 영

향을 주고받으면서 그 스펙트럼을 넓혀가고 있다. 아베 정권과 두터운 관계인 작가 햐쿠타 나오키百田尙樹의 『영원한 제로永遠の0(ゼロ)』와 『해적이라 불린 사나이海賊とよばれた男』는 영화와 드라마, 만화책으로 제작되었는데, 이들 작품은 혐한의 최전선에 서 있다. 특히 두 작품의 영화는 야마자키 다카시山崎貴 감독이 연출을 맡았는데, 그는 2020년 도쿄 올림픽 개막식과 폐막식 총감독이기도 하다. 이는 일본의 정치와 현대 문학, 영화 산업이 서로 긴밀하게 얽혀 있음을 보여준다.

하지만 국내에서는 일본 민족주의와 보수주의의 출판물이 번역을 통해 소개되는 경우가 드물며,[4] 혐한에 대해 다각적인 측면에서 종합적으로 분석하기보다 문화적·역사적 측면에서 다룬 연구가 대부분이다. 따라서 이 책은 그에 더해 경제적, 정치적(국내외), 사회적인 측면도 함께 살펴봄으로써 혐한 현상을 입체감 있게 다뤄보려 한다.

2.
혐한 문학, 무엇을 알아야 하나

우선 이 책에서 쓰는 '재일조선인' '재일한국인' '재일코리안'의 용어 정의부터 살펴볼 필요가 있다. 재일조선인은 식민지 조선 출신을 뜻하며, 재일한국인은 '한국 국적'을 취득함으로써 한국의 뒷받침을 얻게 된 이들을 가리킨다. 또한 재일코리안은 한반도에 뿌리를 둔 일본 거주자라는 의미의 '재일'과 한국 및 북한의 국가명을 통칭하는 개념으로서의 '코리안'을 결합한 의미로 사용했다.

이 책은 최근 일본에서의 혐한 열풍과 혐한 반성의 움직임을 살펴본 뒤, 일본의 교수·언론인·지식인·정치인 등의 담화 분석을 통해 기존에 역사·문화적 측면에 치중했던 것과 다른 스펙트럼에서 혐한을 고찰해보려 한다. 또한 일본의 민족주의와 보수우익의 목소리가 강화되는 과정에서 1990년대 이후 일본 언론에서 하나의 담론으로 등장한 혐한을 중점적으로 다루면서, 그것이 일본의 근현대 문화 속에서 어떻게 변용되어왔는지를 살펴볼 것이다. 현재 혐한 현상이 한류 상승 기류에 찬물을 끼얹을 수 있다는 우려의 시각이 있는 한편, 일부 극우 집단에서 나타나는 현상으로 한류에 미치는 영향은 일시적이며 과연 이것을 일본의 주된 관심사 혹은 주류 정서로 말할 수 있느냐는 시각이 다른 한편에 있다.

이렇듯 혐한의 본질을 제대로 아는 것이 중요하지만 그동안 국내에서는 문화 콘텐츠, 역사 인식, 미디어 내셔널리즘, 재일코리안, 한류 문화 등 특정 분야나 담론에만 치중해왔다. 앞으로의 연구에서는 정치·경제·사회적인 접근도 이뤄져야 한다. 더욱이 일본 현대문학 작품에 대한 분석은 거의 없었는데, 일본 내에서 커다란 영향을 미치는 만큼 이에 대해 자세히 분별해볼 필요도 있다.

이런 문제의식을 출발점 삼아 이 책은 혐한 담론이 언제 만들어졌고 언제 언론 매체에 등장했는지 살펴본다. 『요미우리신문讀賣売新聞』『아사히신문朝日新聞』『마이니치신문每日新聞』『니혼게이자이신문日本經濟新聞』『산케이신문産經新聞』은 일본 5대 일간지로 꼽힌다. 이는 세계신문협회가 2008년에 집계한 발행 부수를 기준으로 한 것이며, 발행 부수가 높은 만큼 구독자 수와 그에 따른 파급력 또한 높다고 할 수 있다.

최근에는 혐한 연구의 중요성이 부각되고 있지만, 그동안 국내 연구는 주로 넷우익, 미디어 내셔널리즘, 출판물, 재특회 등 2000년대 이후 등장한 특정 집단이나 매체에 집중돼왔다. 그런 까닭에 1990년대 글로벌 시대 이후 혐한 담론의 출현 경위를 밝히는 것은 국내에서 거의 찾아보기 힘들었고, 이는 일본에서도 마찬가지였다. 이 책이 혐한 기사들과 혐한 담론이 등장해온 과정을 쫓는 이유다.

국내에서는 "혐한이라는 용어가 사용되기 시작한 것은 1990년대 『산케이신문』 등의 우익 매체에 의해서"[5]라고 알려져 있는데, 이는 사실이 아니다. 조사 결과 일본 신문에서 '혐한' 용어가 처음 실린 것은 1992년 3월 4일자 『마이니치신문』이었다.

이 책은 『분게이슌주』 등에서의 혐한 담론 등장, 만화와 애니메이션 등 서브컬처를 통한 혐한의 확산, 나아가 일본 현대문학에서 혐한이 어떻게 깊어지는가를 텍스트 분석을 통해 세밀히 다뤄나갈 것이다.

2장

**일본인의
혐한에 대한
생각**

1.
혐한에 대한 인식

2005년 일본에서는 야마노 샤린山野車輪의 『만화 혐한류』[1]가 출간돼 화제를 일으켰다. 일본 아마존에서 예약 주문만으로 베스트셀러 1위에 오른 점은 한국 언론에서도 보도한 바 있다. 그로부터 10년이 지난 2015년은 한일 수교 50주년이 되는 해임에도 불구하고 양국 관계가 회복될 기미나 일본의 혐한이 줄어들 기색은 없었다. 일본 법무성이 2016년 3월 30일 공개한 조사에 따르면, 2012년 4월부터 2015년 9월까지 1152건에 달하는 헤이트 스피치(증오 연설) 단체의 시위가 벌어졌다. 그중 40퍼센트 이상은 도쿄를 중심으로 한 수도권에서 발생했다. 법무성은 관련 단체가 여전히 적잖은 시위를 하고 있으며 진정됐다고 할 만한 상황이 아니라고 언급했다. 3월 26일에는 한 괴한이 도쿄 신주쿠에 있는 주일한국문화원에 방화를 시도했는데, 과거에도 도쿄 소재 한국 공관 앞에서 일본 우익들이 시위를 벌이거나 협박한 적이 있지만, 이처럼 직접 공격을 시도한 것은 1996년 이후 19년 만의 일이었다. 또한 외교관 혹은 관료가 아닌 민간인이 주로 이용하는 문화원을 공격한 것은 이때가 처음이었다. 2015년 11월 23일에는 도쿄도 지요다구 소재의 야스쿠니 신사 폭발 사건을 계기로 혐한 분위기가 고조되었다. 이런 상황에서 12월 15일 한국 PD가 일본 방송을 표절했음을 시인, 사과하자 이에 대한 댓글이 하룻밤 사이에 댓글 순위 1위에 올랐으며, 이들 중 98퍼센트 이상은 '표절 천국 한국' 등 한국을 조롱하는 내용이었다.

혐한은 한국에 대해 다양하게 분출되는 부정적인 이미지다. 거기에는 혐오감, 멸시감, 체념, 우월감, 공포감, 위화감이 뒤섞여 있다.

그동안 한일 관계는 과거 지향적으로 인식되어왔다. 하지만 앞으로는 과거의 시각으로 진단되지 않는 현상들이 새로운 논리로 전개될 징후가 포착되고 있다. 한일 간의 역사적 또는 정치적·경제적·사회적 구조 면에서 혐한에 대한 새로운 이해가 필요한 시점이다. 여기서는 먼저 일본에서 혐한 열풍이 본격화된 출판물을 살펴본 뒤, 일본 지식인과 정부, 정치계의 담화를 분석하고자 한다.

일본 출판물의 혐한 열풍과 혐한 반성

후루야 쓰네히라古谷經衡

현재 일본의 출판계를 중심으로 악의론, 매한론, 수치론 등의 용어가 유행하며, 이와 관련된 책들이 베스트셀러에 오르고 있다. 이는

2005년부터 꾸준히 증가해온 추세다. 그중 혐한 서적을 내놓는 보수 평론가 후루야 쓰네히라를 주목할 만하다. 1982년생이며, 리쓰메이칸대학을 졸업했고 보수 논객으로 주목을 받고 있다. 인터넷 우익, 매스컴 문제, 애니메이션 평론 등을 주제로 활발한 집필 활동을 하고 있다. 그는 한일 양국이 일본군 '위안부'에 대해 합의한 2015년 12월 28일 오후 이후, 인터넷상에서 많은 보수층이 이에 반발하고 있다고 말했다. 그는 "아베 총리를 '혐한 스타'로 치켜올리던 인터넷 보수파들은 일본군 '위안부' 문제에 대해 어떤 타협도 안 된다는 강경한 자세를 기대해온 만큼 배신당했다고 생각할 것이다"라고 발언했다. 2014년 8월에 출간한 『이제, 무관심(무한심)이 답이다』[2]라는 책에서 그는 "한반도 남부에 일본의 강고한 세력권인 임나일본부(야마토 조정의 출장소)가 전개된 시대가 있었다"며, 혐한 감정 속에 잠재된 일본인의 심성을 자세히 알려주고, 동시에 역사적 사실을 통해 한일 관계의 근간을 찾으며 일본에게 한국이란 무엇인가에 대해 알려준다. 또한 일본 역사에서 한국의 존재는 미미한 정도이며, 앞으로도 한국에 관한 한 무관심으로 일관해야 한다고 주장하고 있다.

도요다 아리쓰네

'우주전함 야마토' 시리즈의 원안을 집필했던 일본의 SF·추리소설 작가로, 그가 쓴 작품들에 한국인이 종종 등장하지만, 우호적인 모습은 거의 없다. 그는 2014년 4월에 발간한 『뻔뻔한 한국인』[3]에서 인스턴트 라면부터 제철까지 현재 한국 기업이 갖춘 대부분의 기술은 일본에서 가져간 것이라며, 한국과 한국인에 대해 호의적인 일본이 없었다면 오늘날의 한국은 존재하지 않았을 거라고 주장했다.

미쓰하시 다카아키三橋貴明

1969년생 경제평론가로, 주로 국민경제, 국제수지 등 국가 경제지표에 대한 재무 분석을 응용한 경제 분석 및 언론·저술 활동을 펼치면서 경제적인 측면에서 혐한과 혐중에 대한 내용을 꾸준히 발표하고 있다. 『산케이신문』이 발행하는 극우 성향 월간지 『세이론正論』의 2013년 8월호에서 그는 "한국의 반일 성향은 일본을 부러워하는 열등감에서 비롯된 것"이라고 말한 바 있다. 이어서 9월호에서는 "한국은 일본에 대한 열등감으로 계속 자멸의 길을 달리고 있다"며 혐한 어조를 강화했다. 2015년에 사쿠라TV에 출연해서는 박근혜 전 대통령이 시진핑 중국 국가 주석과 함께한 한중회담에서 안중근 열사의 기념비를 세워달라고 요청한 일을 맹비난했다. "도대체 어떤 국가의 대통령이 테러리스트의 기념비를 세워달라고 요청할 수 있느냐" "이토 히로부미는 근대 일본 건국의 아버지"라고 목소리를 높였는데, 특히 그는 "박근혜 대통령은 일본을 '모델'로 한국 경제를 발전시킨 박정희 전 대통령의 딸로서 어떻게 그런 말을 할 생각을 했는지 모르겠다"는 방송으로 한국 네티즌들의 분노를 샀다.

저서 『우한신론愚韓新論』에서는 "이토 히로부미는 일본의 초대 총리로 현대 일본의 실질적인 건국의 아버지다. 타국의 '건국의 아버지'를 살해한 테러리스트 안중근의 동상 제작을 의뢰하는 행위가 어떤 의미를 갖는지 한국인들이 이해하고 있다고는 생각되지 않는다"며, 재벌 독식 경제, 소득 격차, 취업난 등의 사례를 드는 가운데 한국 경제를 악의적으로 왜곡해 분석하고 있다. 이는 한국인에 대해 일본인들이 어떤 식으로 편견을 갖게 되는지 보여주는 전형적인 책이다.

무로타니 가쓰미室谷克実

미쓰하시 다카아키三橋貴明와 무로타니 가쓰미는 『"망상 대국" 한국을 비웃다』[4]에서 한국과 한국인은 일본인들이 보기에 상식을 벗어난 언동을 일삼는다고 주장한다. 한국의 정체성은 오직 '반일'뿐이라며, 이런 망상에 일본이 어떻게 대처해야 하는가를 펼쳐 보인다. 무로타니는 1949년생 평론가로, 1980년대 지지통신時事通信 서울특파원을 지낸 대표적인 혐한 일본인이다. 『악한론惡韓論』『매한론呆韓論』의 저자로 두 권 다 일본 아마존 베스트셀러였다. 『악한론』에서 "한국의 매춘 인프라는 매우 다양하다. 최고는 연예인부터 병사, 저소득 노인을 위한 매춘까지 폭넓다. 그럼에도 한국은 '강간대국'인 이상한 나라다" "한국이 꼭 거짓말과 폭력만 행하는 것은 아니지만, 누가 뭐라 해도 나쁜 국가다"라며, 여러 자료를 인용해 객관성을 가장하면서 한국의 역사와 정치, 사회생활을 악의적으로 왜곡하고 있다. 또한 그는 한국의 각종 부조리와 대참사의 근본 원인으로 '빨리빨리 문화'를 들고 있다. 이는 바로 '적당히'나 '괜찮아요' 문화인데, 글로벌 시대에 한국의 가장 부정적인 측면이라고 꼬집는다. 그는 한국에는 책임자가 먼저 도망가는, 이른바 '책임자 선도先逃'의 전통이 있다고 꼬집는다. 그러면서 '준법정신의 고양'과 '오직汚職과 괜찮아요 문화의 일소—掃'를 대책으로 제안하고 있다. 그는 『이것이 한국이다』[5]에서 "세월호 침몰은 한국이라는 나라가 침몰해가는 이정표일지 모른다"며, 세월호 사건을 필두로 한국이 지닌 다양한 사회 문제 및 반일 정서에 대한 문제를 제기하고 있다. 전 세계에 반일 감정을 부추기며 로비하고, 일본에 사죄를 요구하는 한국의 진실을 끊임없이 문제 삼는 동시에, 2014년의 세월호 사건 역시 일본과는 전혀 다른 문화와 감각 때문에 대형 사고로 이어졌다고 지적한다. 아울러 세월호와 같은 대형 사고는 왜 일어났는지, 수많은 생명을 앗아가는 일상화된 사고와 부패·비리, 사회 갈등을 드러내는 심한 정치극 등 한국의 문제와 그 실체에 대해 되짚고 있다.

야마노 샤린山野車輪

혐한 서적 중 항상 언급되는 것이 야마노 샤린의 『만화 혐한류』다. 그는 1971년생으로, 본명은 밝혀져 있지 않고 웹 만화가 출신이다. 한국 문화를 혐오하고 노골적으로 비판하면서 동시에 외국 문화를 배척하는 경향을 보인다. 일본이 긍정적으로 보는 한국 문화인 '한류'와 달리 일본에 부정적인 영향을 미치는 한국 문화를 보여준다는 의미에서 '혐한류'라는 제목을 달았다. 독도, 한일 강제 병탄, 역사교과서 문제 등 한국과 일본 간의 민감한 사안을 다루면서 주로 한국을 비난하는 관점을 내비치고 있다. 『만화 혐한류』에 등장하는 대표적인 혐한 인식은 다음과 같다.

"대한민국의 2002년 FIFA 월드컵 4강 진출에는 심판의 오심이 결정적이었다." "한일 합병 조약은 합법적이었으며, 일제강점기에는 일본인과 조선인이 평화롭게 공존했다. 전후 일본인이 한반도에 남겨둔 자산과 한일 기본협정 당시 배상 문제가 끝났기 때문에 일본은 더 이상 한국에 사죄와 배상을 할 필요가 없다." "대한민국은 검도와 유도 등 일본 문화를 모방해 자국을 종주국이라 우기고 있다. 또한 일본의 애니메이션 등을 모방하고 있다." "한글 전용은 한국인의 지나친 한글 우월주의 때문에 채택되었을 뿐 실제로는 국한문 혼용보다 불편하며, 한국인들이 한자를 배우지 않기 때문에 옛 사료를 읽을 수 없어 한일 양국 간의 제대로 된 역사를 인식하지 못하는 것이다." "재일한국인은 정치적으로 부당한 대우를 받고 있지 않으며, 그들이 일본에서 참정권을 갖는 것은 부당하다." "대한민국은 독도를 국제법상 부당하게 점유하고 있다."

즉 이성적인 논지를 펼치는 일본인과 비이성적인 모습을 드러내는 한국인으로 양쪽을 대비시키면서 한국인의 부정적인 면을 만화적 기법으로 다루는 작가는 한국인이 한일 관계와 역사에 대해 거짓을 꾸며내고 있으며, 일본 언론은 이를 들춰내길 꺼린다고 주장한다.

다케다 쓰네야스竹田恒泰

다케다는 『웃길 정도로 질 나쁜 한국 이야기』[6]에서 가깝고도 먼
나라 한국은 중국과 함께 반일 색을 강화하고, 이해하기 힘든 행
동을 되풀이한다고 말한다. 1975년생 작가이자, 헌법학과 사학 전
공 강사이며, 메이지 일왕의 고손자다. 혐한·혐중을 넘어 일본의
훌륭함을 찬양하는 책들을 펴내기도 했다. 이에 대해 일각에서는
세계 속에서 인정받는 일본인의 예절과 근면성을 대내적으로 확
신시키고자 하는 움직임이라고 평가하는 반면, 이런 자화자찬은
곧 '자국에 대한 불안 심리를 반증하고 있는 것'이라는 비판이 나
오기도 한다. 다카하시 데쓰야高橋哲哉 도쿄대학 철학과 대학원 교
수는 "사회가 불안정할 때마다 일본 예찬 붐이 일어났다"며, "일본
인의 위대함을 지나치게 강조하는 것은 그만큼 자신이 없다는 반
증이고, 이는 위험한 징후"라고 말했다. 납득되지 않는 행동 때문
에 한국인은 상대하고 싶지 않다면서 그는 악이라기보다는 아무
것도 없는 무無에 가까운 한국인의 본모습을 드러내고자 한다고
주장했다.

2000년대 일본의 오랜 경기침체와 동일본 대지진, 중국의 위협
등으로 자신감을 잃은 일부 보수우파의 화풀이 상대로 한국이 도
마 위에 오르면서 일본 서점가에서는 이렇듯 혐한 열풍이 거세게

불고 있다. 입에 담기도 어려운 혐한 서적이 쏟아졌고, 서점들은 이런 책을 따로 모아 진열하는 특별 코너까지 마련했다.

한편 이런 흐름에 정면으로 맞서는 이들도 있다. 그들은 2014년 11월 비슷한 문제의식을 갖고 '증오 연설과 배외주의에 가담하지 않는 출판인 모임'을 만들었다. 이 모임에서는 『'헤이트 책'에 반대하는 'NO(노) 헤이트』라는 서적도 발간했다('헤이트 책'이란 일본에서 혐한, 혐중 서적을 일컫는 표현이다). 앞서 언급했듯이 일본에서는 혐한 서적의 판매량이 더 높지만, 한국에 대한 우호적인 서적도 나오고 있다.

무로타 모토미室田元美

무로타 모토미의 『지금 하고 싶은 이야기: 동아시아 젊은이들의 역사 대화와 교류』[7]는 차세대 젊은이들에게 희망을 품게 해준다. "부모 세대가 간신히 전쟁에 대해 알고 있는 정도이기 때문에, 10년 전부터 전쟁 체험을 (…) 차세대에게 제대로 전해주고 싶어서 취재를 거듭해왔다"면서 그는 한국·중국·일본 젊은이들의 네 가지 교류를 취재해 정리해두었다.

첫 번째 노력은 한·중·일 중고생에 의한 "동아시아 청소년 역사 체험 캠프"다. 매년 여름에 열리는 이 캠프는 이미 10년 이상 지속되고 있다고 한다. '교과서에 쓰이지 않은 역사'를 발견하고 체험하는 과정에서 배우는 모습이 그려져 있다. 두 번째 노력은 고치현 서부 지역에서, 지역에 뿌리를 둔 배움의 장을 제공하는 "고등학생 세미나"다. 일본과 부산을 오가며 고교생끼리 교류하고 있다고 한다. 동일본 대지진이 일어나고 1년 반이 지난 2013년 여름, 히로시마에서 피폭한 주한 피폭자를 방문하고, 한국의 고리 원전을 견학해 방사능에 관해 대화를 나누는 것 또한 학교에서 배울 수 없는 역사의 발견이다. 세 번째로 소개되는 것은 홋카이도에서 전시강제노동자의 유골을 발굴해 고향으로 돌려보내는 활동이다. '동아시아 공동 워크숍'을 담당하는 것은 일본인, 한국인, 재일한국인 대학생들이다. 민족을 초월한 젊은이들의 공동 작업은 매년 여름과 겨울 두 차례씩 16년 이상 계속되고 있으며, 국경을 초월한 우정이 자랐을 것임에 틀림없다. 마지막으로 소개되는 것은 NPO법인 'BRIDGE FOR PEACE'[8]의 특별한 노력이다. 예를 들면 필리핀과 일본, 태평양전쟁의 피해자와 가해자 모두의 증언이나 메시지를 비디오로 촬영해 상대에게 전달하는 프로젝트를 하고 있다. 촬영한 비디오를 초등학교부터 대학까지의 수업에서 상영해 전쟁에 대해 생각해보는 프로젝트인 것이다. 이 책에서 소개된 네 가지 교류에서 알 수 있는 것은 실제로 사람을 대면해 대화하는 것의 중요성이다.

즈케야마 시게루瑞慶山茂

오키나와 전투 피해·국가 배상 소송 변호 단장이다. 『법정에서 재판을 받는 일본의 전쟁 책임: 일본과 아시아, 화해와 영구적인 평화를 위하여』[9]에서 즈케야마 변호사는 "'법정에서 재판을 받는 일본의 전쟁 책임'은 정치적·도의적 전쟁 책임이 아니라, 법적 책임을 추궁하고 이를 명확히 하려는 제소 시도의 집성이다. 식민지 지배 및 '전쟁 참화'의 직접적인 피해자가 침해받은 자신의 인간성 회복을 요구하고, 일본을 피고로서 일본 법원에 제소한 것이다"라고 말하고 있다. "일본 법원이 일본의 전쟁 책임을 심리하고 있는 판례 50건을 중심으로 소송 담당 변호사가 해설한다. 전쟁 참화의 가해와 피해의 실상을 밝히고, 일본과 아시아 국가들의 확고한 화해를 성립시켜 영구적인 평화 실현의 소원을 담는다"고 서론에서 밝혔듯이, 모든 것의 화근인 전쟁의 역사를 잊어서는 안 된다는 경고를 담고 있다.

일본 지식인의 진단과 인식

일본 내 혐한 현상과 관련해 일본 지식인들은 어떤 자세를 취하고 있을까? 혐한 현상이 한일 관계는 물론 일본 내 역사 인식을 둘러싼 논쟁과 밀접한 상관관계를 지니기 때문에 일본의 지식인들도 다양한 의견과 비판을 내놓고 있다.

나카니시 신타로中西新太郎
요코하마시립대학 명예교수(사회학)다. 나카니시는 혐한 논자들이 '이성적인 일본' 대 '감정적인 한국'이라는 대비 구도로 일본의 식민 지배를 정당화하고 전후 배상을 거부하는 세력이라고 말하며, 이런 경향은 '쿨 재팬Cool Japan'이라는 우월의식과 관련 있다고 분석한다. 특히 2006년 아베 정권이 들어서면서 인터넷 우익의 활동이 심해지고 있는 건 확실하며, 아베 자신도 총리가 되기 전 트위터로 자신의 사상을 우익적 연설과 맞추는 작업을 해왔기 때문에 아베 정권의 등장과 함께 극우 세력은 확대될 수밖에 없는 구조라고 지적한다.

가야노 도시히토董野稔人

도쿄 쓰다주쿠대학 교수(철학)로서 "외국과의 경쟁으로 자국 경제가 위축되면 결국 그 피해는 사회적 강자가 아니라 약자에게 돌아간다. 따라서 사회적 약자, 그리고 그들 편에 선 진보적 성향을 가진 사람들마저 외국을 배척하는 경향을 띠게 된다"며, 일본의 어려운 경제 상황이 젊은이들에게 '자국 이기주의'의 하나인 혐한 활동을 지지하게 만들었다고 주장한다.

다카하라 모토아키高原基彰

일본 학술진흥회 특별연구원인 다카하라는 일본에서 내셔널리즘이 폭주해 지역 협력에 장애가 되고 있는 현상을 '불안형 내셔널리즘의 시대'로 규정하고, 고용 불안정과 중간층의 동요에 의한 개인적인 불안감을 원인으로 지적하고 있다. '불안형 내셔널리즘'은 기존 미디어에 강한 불신감을 가져 인터넷을 선호하고, 그들에게 어떤 계기가 주어지면 그 불안감을 분출하는 성향을 보인다.

야스다 고이치安田浩一

『거리로 나온 넷우익: 그들은 어떻게 행동하는 보수가 되었는가』의 저자로 "인터넷상의 우익을 내버려둔 탓에 조직화가 진행되고 말았다. 규모가 커지고 그들이 사회로 쏟아져 나온 뒤에는 사회적 비용과 시간이 더 많이 든다. 나쁜 것은 나쁘다고 분명히 얘기해야 한다"고 발언한 바 있다. 일본 극우 단체인 '재일在日 특권을 허용하지 않는 시민 모임'(이하 재특회)과 우익들의 증오 발언의 배경에는 피해의식과 강자를 향한 동경이 깔려 있다면서 그런 증오 발언이 실제 행동으로 옮겨지지 않도록 강경 대응이 필요하다고 주장한다. 또한 야스다는 "올해 들어 흐름이 바뀌어 많은 언론이 재특회에 대해 비판적으로 보도하고 있다. 재특회가 200명 모이면 반대하는 시민 300명이 모여 그들의 구호를 지워버리는 식으로 이뤄지고, 재특회가 데모를 계속하긴 하나 상점에 들어가 횡포를 부리는 일은 줄어들었다"며, 아베 총리가 국회에서 '재특회는 유감스러운 일'이라고 말한 것과 자민당 정치인들도 "인종차별은 용서할 수 없다"고 한 것은 시민의 승리라고 규정했다.

세토 히로유키瀬戸弘幸

우익 언론인 세토는 혐한 현상에 대한 비판적 견해를 둘러싸고 "우익으로 불리는 이들이 제대로 할 일만 했다면 적어도 일반인이 시위 행진을 할 필요는 없었"고, "결국 신우익이라 불리기는 했지만 대중운동을 조직하지 못했다"며, 기존 우익이 하지 못한 일을 재특회가 해낸 것이라고 반박한다.

모로오카 야스코師岡康子

변호사로서 2014년 12월 21일 도쿄 미나토구 재일본대한민국민단(이하 민단) 중앙본부에서 열린 헤이트 스피치 근절 심포지엄에서 차별금지기본법을 만들어 국가의 의무를 당장 선언해야 한다고 주장했다. 아베 정권 이후 인터넷상에서 '재일' '한국인' '조선인'과 같은 용어 사용이 급증한 사실을 바탕으로 아베 정권이 인종차별주의를 활성화시켰다고 지적한다.

일본에서는 헤이트 스피치가 재일한국인 및 조선인 등을 비하하고 공격하는 행동과 거의 동의어처럼 되어 있다. 매주 도쿄, 고베, 가와사키, 삿포로 등 일본 각지에서 자주 발생하고 있으며, 지난 2011년부터 2014년 7월까지 도쿄에서만 349건의 혐한 시위가 일어났다. 주로 재특회 등 우익 단체들이 중심이 된 시위에서 "조선 학교를 일본에서 몰아내자" "한국인 여성은 성폭행해도 된다" "좋은 한국인도 나쁜 한국인도 다 같이 죽여라" 등의 극단적 발언을 쏟아냄으로써 재일한국인의 신변을 위협할 뿐만 아니라 한일 관계에도 심각한 악영향을 미치고 있다.

일본의 혐한 내용에는 식민 지배를 정당화하고 전후 배상을 거부하는 주장이 포함되어 있으며, 혐한의 빈도나 양상은 아베 집권 이후 심해지고 있다. 혐한은 자국 이기주의에 기반을 둔 만큼 일본의 경제 위축과 밀접한 연관성을 지니며, 경제 위축이 장기화됨에 따라 고용 불안정과 중간층의 동요를 수반하게 되었다. 이것이 민족주의의 폐해로 이어지면서 혐한으로까지 확산된 것이다. 혐한의 주요 단체인 재특회 또한 자국 내 경제 위축으로 인한 피해의식이 하나의 배경이 되며, 이것이 대중운동이라는 집단적 행동으로 나타난 것이다.

일본 정부 및 정치계의 움직임

혐한 현상은 한일 관계는 물론 민족 증오라는 양상을 띠면서 국제적으로도 큰 이슈로 부각되기 시작했다. 일본 정치권도 이런 현상을 무시할 수만은 없기에 야당을 중심으로 문제 제기가 일어났다.

일본 민주당 참의원인 아리타 요시후有田芳生는 최근 일본 사회에서 혐한을 반대하는 목소리가 2~3배로 커졌으며, 지방의회에서 헤이트 스피치를 규제하는 법률을 만들자는 의견서가 속속 채택되고 있으므로 국회의원들이 법률 제정에 나서야 한다고 주장했다. 일본 법무성 인권옹호국은 2015년 12월 22일에 2008~2011년 세 차례에 걸쳐 도쿄도 고다이라시 조선대학 앞에서 혐한 시위를 한 단체인 재특회 전 대표에게 혐한 시위를 하지 말라고 처음 권고했다. 재특회 전 대표 등은 조선대학 관계자들에게 "조선인을 일본에서 내쫓자" "죽여줄 테니 나오라" 등 위협적인 언사를 반복했는데, 법무성이 직접 제재를 가한 것은 이때가 처음으로, 사안의 심각성을 인지했던 듯하다.

　이렇듯 혐한에 대처하는 일본의 자세에도 변화가 있었는데, 그중 하나가 일본 정치권 내에서의 '헤이트 스피치 법안' 가결이다. 2016년 5월 12일 일본에서 '헤이트 스피치 법안'이 가결되었는데, 〈표 2〉는 2014년부터 2016년까지 이 법안을 만들기 위해 어떤 과정을 거쳤는지 보여준다.

〈표 2〉 혐한 관련 일본 정부 및 정치계의 적극적인 움직임에 대한 기사

일자	제목	매체
2016. 5. 12	일본 참의원 법무위, '헤이트 스피치 법안' 가결	교도통신
2015. 12. 22	법무성, 혐한 단체 인사에 "혐오 시위 하지 말라" 첫 권고	교도통신
2015. 1. 17	법무성 포스터 제작, '헤이트 스피치 용납 않겠다'	아사히
2015. 1. 18	헤이트 스피치, 오사카시가 인정·공표 독자 대책안 마련	아사히
2014. 12. 27	지방의회, 정부에 속속 헤이트 스피치 대책 요구 의견서 전달 유엔 권고·최고재판소 결정으로 탄력	아사히
2014. 12. 20	돗토리현 현의회에서 헤이트 스피치 법적 규제를 요구하는 의견서 가결	아사히
2014. 12. 13	중의원 선거 후보자 대상 설문조사, 시민단체가 헤이트 스피치 관련해 실시	아사히

혐한에 대한 일본 정부 및 정치계의 동향을 살펴보면 먼저 시민단체나 지방의회에서 적극적으로 움직였다. 이런 움직임에 혐한의 본고장이라 할 수 있는 오사카시에서 2015년 1월 혐한에 대한 심각성을 인정하고 독자 대책 방안을 마련했다. 이것이 점차 상위 기관으로 옮겨가더니, 법무성에서는 포스터를 활용해 혐한 금지에 대한 홍보물을 제작했고 그 후에는 혐한 단체에 직접적인 제재를 가했다. 더 나아가 일본의회 법무위에서는 '헤이트 스피치 법안'을 가결한다. 이렇듯 일본 내에서 '헤이트 스피치 법안'이 만들어지고 통과되는 데는 밑으로부터 상위 기관까지의 움직임이 있었다.

2.
혐한에 대한 일본의 접근 방법

지금까지 살펴본 것처럼 혐한 현상이 생겨난 배경도, 그 주장하는
바도 다양하고 복잡하다. 〈표 3〉은 다섯 가지 접근 방법에 있어서
일본 내부에서 바라본 점들을 일부 정리한 것이다. 여기서는 혐한
에 대한 새로운 이해가 필요한 만큼 경제·사회·정치적인 측면 위
주로 접근할 것이다.

〈표 3〉 혐한에 대한 일본의 접근 방법

분류		세부 내용
접근 방법	역사	·과거 문제: 한국은 식민지 국민이 결과적으로 수용할 수밖에 없었던 피해를 부각시키고 있음 ·힘의 논리: 사무라이 국가에서 패자는 승자에게 절대 복종해야 하며 가혹한 희생을 강요당하면서 강자의 엄격한 규율 속에 훈련된 생활 태도를 견지해야 했음 ·현실 적응력: 일본인은 패배하면 그 순간부터 승자의 요구에 순순히 응하고 그 상황에서 새로운 생존을 위해 최선을 다해 현실에 적응해왔음 ·역사 왜곡, 일본 민족주의의 폐해 등

접근 방법	문화	·수치의 문화: 일본이 과거에 집착하거나 과거를 재생시키지 않는 이유는 그들이 왜 그토록 당했는가를 생각할 때 이는 패배자 자신의 잘못과 약점에서 비롯됐다고 보기 때문임 ·논쟁보다 행위의 차원: 일본인들은 승패를 힘으로 가리지 언쟁으로 해결하려 하지 않는다는 것임 ·동아시아적인 것, 문화에 대한 일본인의 생리적인 혐오가 커지고 있음
	경제	·한국의 약진: 한국 기업의 약진을 경계하지 않으면 일본은 경쟁력 있는 마케팅 전략을 수립하기 어렵게 되었음 ·일본의 경기침체로 인한 일본인의 열화劣化.
	사회	·사죄 피로 현상: 1990년대부터 계속해서 식민지 지배와 일본군 '위안부' 문제에 관해서 일본 정부가 공식적으로 입장 표명을 함에도 불구하고 입장 차이로 인해 한국이 크게 평가하지 않은 데서 비롯됨 ·미디어 전략: 만화, 인터넷, SNS, 잡지, 석간지 등이 혐한의 주된 활동 무대임
	정치	·독도 문제나 일왕을 둘러싸고 벌어지는 한국의 정치적 의견을 통해 우익뿐만 아니라 일본 시민들까지 한국을 기피하게 됨 ·한중 관계 향상: 이로 인해 소외감을 느낀 일본의 정치적 민족주의 현상 심화 등

첫째, 혐한을 경제적인 측면에서 바라본다면, 한국의 급속한 성장에 비해 일본의 장기적인 경기침체로 인해 이런 현상이 일본 내에서 급속하게 확산되었다고 할 수 있다. 1965년 한일 국교 정상화 이후 양국 사이에 가장 비약적으로 발전한 분야는 단연 경제다. 〈표 4〉를 살펴보면 지난 반세기 동안 양국 간의 상품 교역 규모는 431배 늘어났다. 한국은 일본과의 상품무역에 있어서 누적 5000억 달러에 가까운 적자를 봤지만, 서비스 교역(1985~2013)과 투자 부문에서는 각각 134억 달러, 약 297억 달러의 흑자를 기록

했다. 일본의 한국에 대한 투자를 보면 누적 금액 기준 전체 외국인 투자의 약 16퍼센트를 점유해 미국에 이어 2위 투자국이지만, 고용 유발 효과가 큰 직접투자는 2013년 기준으로 전체 투자 비중의 52.8퍼센트를 차지해 사실상 1위 투자국이라고 해도 과언이 아니다.

<표 4> 1965년 국교 정상화 이후 한일 간 경제 관계 변화

(단위: 천 달러)

		1965년	2013년	누계('65~'14.4)
수출 규모		44,646	34,662,290	584,339,269
수입 규모		174,980	60,029,355	1,078,750,378
교역 규모		219,626	94,691,645	1,663,089,647
상품 수지		-130,334	-25,367,065	-494,411,113
		1965년	2013년	누계('65~'13)
직접 투자	일본→한국	500	2,689,660	35,495,409
	한국→일본		855,717	5,796,368
	수지		1,833,883	29,697,529
		1998년	2013년	누계('98~'13)
서비스 수지		2,141,200	4,264,300	13,447,700

자료: 무역협회 한국무역통계DB, 한국은행 경제통계시스템

혐한의 계보

그러나 최근 양국의 경제 관계는 정치 감정의 악화 이상으로 위축되어 있다. 그 이유는, 한국에서는 반일 감정이, 일본에서는 혐한 분위기가 고조되고 있는 데다 2000년대에 경기침체가 장기화됨에 따라 일본 내부의 고용 불안정과 중간층의 동요가 나타났기 때문이다. 2010년에 GDP 규모에서 중국에게 추월당하고, 전자기기 산업에서 한국 기업에 추월당했다는 사실에 직면하면서 일본인들은 돌연 과거의 영광에 매달리기 시작했다. 특히 일본은 한국 기업과의 관계에서 '한국이 모든 것을 가져가버렸다'는 식으로 실태보다는 경합관계의 측면을 강조하는 경향이 있다. 최근에 많은 일본인이 '동아시아와 사절하고 싶다'는 마음을 갖게 된 데에는 '일본인의 열화'라는 인식이 자리할 것이다. 이것을 '역逆후쿠자와 유키치福沢諭吉 지향'이라 부를 수도 있을 것이다. 후쿠자와 유키치는 '아시아보다 일본이 앞서가고 있다'는 인식하에 '글로벌화(서양화)될 수 없는 조선을 사절한다'는 '탈아입구脱亜入欧'를 주장했다. 그러나 현재의 '역후쿠자와 유키치'는 반대로 '글로벌화에 있어서 일본이 한국보다 뒤처지고 있다'는 인식에 기초한 것이다. 오히려 '글로벌화는 하고 싶지 않다'는 인식이 강하게 깔려 있는 것이다. 외국과의 경쟁으로 자국 경제가 위축되면 결국 그 피해는 사회적 강자가 아니라 약자에게 돌아가며, 이로 인해 외국을 배척하는 경향이 혐한으로 분출된 것이다.

　둘째, 사회적인 접근 방법으로 혐한을 바라본다면, 사죄에 관한 한 일본인들은 "지금까지 계속 참아왔다. 이제 해방되고 싶다"

며 근래 들어 피로감을 호소하고 있다. 이 감정이 심한 스트레스와 함께 증폭되자 "이제는 반격할 때다"라는 감정으로 변한 것이다. 처음부터 혐한 논자들은 미디어를 교묘하게 이용해서 자신들의 주장을 침투시키는 진술을 펼쳤으며, 특히 만화, 인터넷(게시판, 블로그, SNS), 잡지, 석간지 등이 그들의 주된 활동 무대였다. 앞서 살펴봤듯이, 일본 법무성은 최근 헤이트 스피치 근절을 위한 홍보 및 교육활동을 강화하겠다는 방침을 밝혔다. 신문 광고와 포스터 및 전단지, 역 구내 광고, 인터넷 광고 등을 통해 시민들의 인식을 개선하겠다는 계획이었으나, 아베 정권이 '표현의 자유'를 거론하며 헤이트 스피치를 법적으로 규제하는 데 소극적인 태도를 보이는 터라 이 같은 계몽 활동만으로는 한계가 크다고 할 수 있다.

반면 2015년 11월에 독일은 인종주의자들의 헤이트 스피치를 삭제하지 않은 혐의로 페이스북 유럽 책임자에 대한 수사에 착수하는 등 압박을 가했다. 독일의 하이코 마스 법무장관은 "소셜 미디어가 극우의 놀이터가 될 수는 없다"면서 "헤이트 스피치의 삭제 기준은 페이스북, 구글, 트위터 각사의 이용 약관이 아니라 독일 법의 적용을 받게 될 것"이라고 못을 박은 것이다. 유럽의 이러한 움직임은 발언의 자유가 도를 넘어섰을 때, 그것이 범죄 표현이거나 사람들을 위협하기 위한 범죄 공격을 부추기는 내용일 때 인터넷에서 삭제되어야 하며, 원칙적으로 24시간 내에 지울 수 있어야 한다는 것이었다. 이러한 사례는 일본의 혐한 창구이기도 한 '넷우익(인터넷상의 우익)'에 대한 대응에 중요한 참조가 될 것이다.

셋째, 정치적인 접근 방법으로 혐한을 바라본다면, 한중 관계의 밀착으로 인한 일본 민족주의의 심화를 들을 수 있다. 대일 공조 측면에서 중국은 한국과 좀더 적극적인 협력을 원할 것이고, 한국도 대중 협력을 통해 일본을 견제하지 않을 수 없는 입장이기 때문에 이런 차원에서 두 나라의 이해관계는 상당히 맞아떨어질 수밖에 없다. 더구나 일본은 동북아에서의 위상과 역할이 중국에 밀리고 있으며, 중국 및 한국과의 영토 분쟁으로 외교적 고립을 자초하고 있다. 특히 한국과는 역사 인식 문제로 잦은 마찰을 빚는 등 한반도에서의 발언력도 약화되고 있다.

최근 들어 일본은 꾸준히 보통국가와 민족주의를 지향하면서 동북아 지역에서의 정치적 위상과 역할 증대를 도모하고 있지만, 장기적인 경기침체와 중국의 부상에 따른 위기의식의 심화, 북한의 지속적인 군사 위협에 대한 두려움 탓에 민족주의의 폐해가 짙어지고 있다. 한국 입장에서는 가능한 한 많은 나라로부터 각종 지원과 투자를 받는 것이 필요하다. 따라서 앞으로 일본이 한국에 대해 우호적 감정과 입장을 지닐 수 있도록 지속적으로 다양한 정치적인 노력을 펼쳐야 할 것이다.

마지막으로, 〈표 5〉 2014년 한일 국민의식 여론조사[10]에 따르면 한국 응답자의 89.6퍼센트와 일본 응답자의 83퍼센트가 한일 양국의 관계 개선이 필요하다고 보며, 양국 국민의 대다수는 관계 개선의 당위성에 공감하고 있음을 알 수 있다. 또한 관계 개선의 목적으로는 한일 양국 응답자들 모두 북한 핵미사일 대응, 경제적

연계 강화, 문화적 교류 순으로 대답을 했으나, 관계 개선을 위한
선결 과제에서 한국은 독도 문제(88.2퍼센트), 일본군 '위안부' 문제
(83.6퍼센트), 일본 야스쿠니 신사 참배(68.2퍼센트)를 먼저 꼽았고,
일본은 자유무역협정(60퍼센트), 독도 문제(59퍼센트), 재일한국인
지방 선거권의 부여(46퍼센트) 등으로 답해 세부적인 사안에 있어
서 시각 차이를 보였다.

<표 5> 한일 국민의식 여론조사

		한국	일본
한일 양국의 관계 개선이 필요하다? YES!!		**89.6%** 89.6퍼센트	**83%** 83퍼센트
관계 개선을 위한 선결 과제	1위	독도 문제(88.2퍼센트)	자유무역협정(60퍼센트)
	2위	일본군 '위안부' 문제 (83.6퍼센트)	독도 문제(59퍼센트)
	3위	일본 야스쿠니 신사 참배 (68.2퍼센트)	재일한국인 지방 선거권의 부여 (46퍼센트)

양국이 관계 개선의 당위성은 인정하나 선결 문제에 대한 시각
차가 크다면 사안별로 문제 해결을 위한 접근 방식을 달리 생각해
볼 필요가 있다. 이른바 투트랙 혹은 멀티트랙 전략으로 서비스와
상품, 문화 교류 등의 공조에서는 기존처럼 영역과 범위를 확대하

기 위해 지속적인 협력을 하고, 정치적으로는 일본을 제외한 중국, 러시아 및 동남아시아 주요국과 협력을 확대해 일본으로 하여금 과잉 민족주의 정책은 결국 국제적 고립을 자초할 수밖에 없다는 사실을 확인시켜주는 방법도 고민해봐야 할 것이다. 이를 통해 일본이 자연스럽게 민족주의만 추구하는 정치 및 사회문화적인 분위기를 바꿀 수 있도록 이끌어야 할 것이다.

3.
글로벌 시대에 등장한 '혐한'

일본에서 '혐한'이란 용어는 언제 만들어져 미디어로 유통, 확산되고 하나의 담론으로 구축되었는가? 일간지에서 혐한이 처음 등장한 것은 1992년 3월 4일자 『마이니치신문』의 기사였다.[11] "한일 관계는 여전히 과거 문제 등을 둘러싸고 알력이 끊이지 않으며, 일본에서는 일부 혐한 분위기가 높아지고 있다고 한다. (…) 일본은 경제 중심의 척도를 넘어서서 좀더 복합적인 시야에서 겸손과 사려 깊음을 갖고 행동하지 않으면 국제사회에서 신뢰를 얻을 수 없다. (…) 한국과 신뢰 관계를 다져야 하며 (…) 한국의 대일 불신이 영원히 사라지지 않는 것은 무엇보다 한일 관계사에 대한 일본인들의 지식이 몹시 부족하고, 또한 배우려 하지 않기 때문이다. (…) 한국인이 과거에 대한 집착이 지나치게 크다고 생각하기 전에 한국인의 원한에 대한 배경을 좀더 구체적으로 알아야 한다. 역사적 사실에 대한 서로 간의 지식의 양과 질에 너무 큰 격차가 있는 것이 한일 양국 문제의 배경인 것이다."

이처럼 일간지에 혐한이 처음 등장한 것은 결코 한국을 비판하거나 편파적인 입장에서 논하려 함이 아니었다. 오히려 '혐한'을 지적하고 있지만 이 기사는 한국과 일본의 신뢰 관계 구축의 필요성, 그리고 과거 한일 관계사에 대한 일본인들의 관심 부족, 일본에 대한 한국인의 원망에 관한 일본인의 인식 부족을 지적하며 자국민의 반성을 촉구하는 내용이 중심을 이루었다.

그러나 이후 2000년대부터 일본 사회에서의 혐한 시위를 비롯한 다양한 혐한 표현이 각 방면에서 분출되기 시작해 가속화되고 있다. 그 이유는 무엇일까?

『마이니치신문』에서 1992년 3월 4일 혐한이 처음 등장한 이후 일간지별로 『아사히신문』이 1992년 4월 18일, 『요미우리신문』이 4월 22일, 『니혼게이자이신문』이 6월 16일, 『산케이신문』이 10월 29일자에서 이 단어를 등장시켰다. 즉 일본에서 나타나고 있는 혐한 표현들은 극우 단체나 극우 일간지만의 주장이 아니며, 훨씬 더 넓은 범주에서 사용되어왔다. 신문별로 그 내용을 자세히 짚어보자.

『아사히신문』에서는 1992년 4월 18일 「[세계의 논조] 중앙일보(한국) 총영사관 난입으로 일본의 혐한 무드 우려」[12]라는 내용으로 혐한이 처음 등장했는데, 이 기사는 당시 한국의 『중앙일보』에 실린 사설 내용을 옮긴 것이다. "일본 우익 단체에 속하는 청년 두 명이 요코하마에 있는 한국총영사관에 자동차를 가지고 난입했다. 우리는 이 사건을 일본 우익 단체 시위의 일종으로 가볍게 넘길 수 없다. 일본에 만연하고 있는 혐한 현상이라는 심각한 문제가 이 사건에 내재되어 있다고 주목하기 때문이다. (…) 악화된 한일 양국 간의 관계를 개선해 회복하기 위해서는 국제화 시대의 국가적 이성을 상호 신뢰의 노력으로 만들어가는 수밖에 없다."

이후 8월 12일자에서는 「한일 상호 간 '혐오'를 걱정하다」[13]라는 사설의 서두를 다음과 같이 시작하고 있다. "'혐미嫌美'나 '모미侮美'에 이어 '혐한'이나 '반한反韓'이란 단어가 일본의 매스컴에 등장하고 있다. 한국 측에서 말하면 '혐일'이나 '반일'을 뜻한다."

이 내용에서 알 수 있는 것은 일본에서 혐한보다 '혐미'라는 단어가 먼저 등장했다는 사실이다. 또한 혐한보다 '혐러'(러시아를 싫어하다)가 『아사히신문』에 먼저 나타났다.[14] 그리고 혐한의 원인으로는 "이미 관계가 정상화되어 천황과 수상이 몇 번이나 사죄를 했는데도 한국은 변함없이 과거에 집착하고 있기 때문"이라고 밝히고 있다. 즉 한국인들의 과거 지향적 행동이 염증을 불러일으킨다는 것이다.

한편 『요미우리신문』 1992년 4월 22일자에서는 「한국 드라마에서 일왕 저격 장면, 반발하는 우익이 재일한국공관에 난입, (한일 관계의) 불화가 또다시」[15]라는 기사가 실렸다. "한국 신문은 일본 측의 '반한 감정'을 문제시하는 사설을 일제히 게재하고, 올 1월의 일본군 '위안부' 문제를 계기로 표면화된 한일 간의 불화가 다시 일어날 기미를 보이고 있다. (…) MBC가 4월 4일에 방송한 「분노의 왕국」 드라마에는 일왕을 암살하는 장면이 있었고 (…) 이에 대해 일본 정부가 MBC 측에 유감 표명을 한 것에 대해 '외교 루트를 통해 압력을 가하는 일본 정부의 발상은 이해가 안 된다. 먼저 해당 방송국에 통보하고 협의하는 것이 우선이다'(『한국일보』)라고 반발했다. 더구나 일본의 식민지 지배에 대한 반성과 책임 문제도 언급하면서 '드라마에 대한 일본의 자세를 보면, 아직 반성을 안 하고 있다'(『조선일보』)고 말하고 있다."

그렇다면 『니혼게이자이신문』은 첫 혐한 기사를 어떻게 다뤘을까. 1992년 6월 16일에 「제2부 한국 특집: 정치, 외무성 외교통상부 외교안보연구원 공로명씨에게 듣는 남북 통일 환경 조성」[16]이라는 기사가 실렸다. 이는 질의응답식 인터뷰였는데, "(인터뷰 질문에 대한 공로명씨의 답변으로) 독일이 나치의 범죄에 대해 사죄하고 국제사회로부터 신뢰감을 얻고 있는 것에 비해, 일본은 과거의 행위를 무언가에 붙여 정당화하려 한다고 생각된다. 일본도 '혐한'을 꺼내기 전에 반성해야 할 부분이 있는 것 아닌가"라고 언급된 내용이 전부다. 다른 일간지들에 비해 정보 전달에 있어서 객관성을 띠고 있었다.

『산케이신문』은 1992년 10월 29일자로 「황실 외교, 남은 것은 한국뿐. 희미해진 거부 감정, 더해가는 방문의 기미」[17]라는 기사를 실었다. "한국이 '과거'에 얽매여 끊임없이 사죄와 반성을 요구하고 있는 것에 대해서, '혐한' '염한' 등의 말로 표현될 만큼 일본에서 대한對韓 감정이 악화되고 있다"는 논평이다. 이렇듯 『아사히신문』과 『산케이신문』에서는 모두 혐한 현상을 한국이 '과거'에 집착하면서 끊임없이 사죄를 요구하는 것에 대해 일본의 '불만'이나 '악화되는 감정'이 표출되는 것이라고 분석하고 있다.

일본 신문의 2010년대 혐한 기사

2010년대에 들어서 일본 일간지들은 혐한 현상을 어떻게 파악해 왔는지 좀더 세밀히 고찰해보자.

아사히신문

좌경숙고형左傾熟考型 특성을 지닌 언론으로 파악된 『아사히신문』의 2016년 4월 23일자 기사 「"아베 총리는 현실주의자이다" 후루야 쓰네히라 씨에게 듣는 넷우익의 실태는」에 넷우익에 대한 내용이 자세히 나와 있다. "넷우익은 기본적으로 무소속으로 대도시에 사는 중산층이다. 정책 면에서는 재분배보다 구조 개혁을 중시하고, 외교에서는 강경파인 아베 총리가 소속돼 있는 세이와회淸和會와 가장 가깝다. (…) 다양한 매체와 지식인들의 발언 중 넷우익의 중심에는 '저소득의 비정규직'이라는 견해가 있지만 실상은 전혀 다르다." 세이와회는 세이와정책연구회淸和政策硏究會[18]의 줄임말로 일본 자유민주당의 파벌이다. 당내에서는 헤이세이연구회平成硏究會나 고치회宏池會(이케다 하야토파의 대명사) 등과 대등한 보수의 명문 파벌로서, 후쿠다파福田派→아베파安倍派→미쓰즈카파三塚派→

모리파森派→마치무라파町村派→호소다파細田派로 이어지고 있다.

넷우익과 같이 인터넷 우익의 활동이 아베 집권 이후 더 극심해지고 있다는 것을 뒷받침해주며, 『거리로 나온 넷우익』의 저자인 야스다 고이치의 주장처럼 혐한이 실제 행동으로 옮겨지지 않도록 강경한 대응이 필요하다고 할 수 있다. "최근에는 인터넷의 루머를 저작권이 있는 보수 언론들이 보강하고 역수입하는 형태로 그 루머의 신빙성이 높아진 경우 등이 자주 보입니다. 다만 비방의 강도가 높은 넷우익의 시위에 참가하는 사람은 넷우익 안에서도 가장 과격한 존재(행동하는 보수)이며, 다수파는 아닙니다. 대부분의 넷우익은 그러한 시위를 동영상으로 시청할 뿐입니다. 넷우익의 정보 원천은 각종 동영상과 게시판의 정리 사이트, SNS 등입니다. 서적이나 잡지에는 거의 의존하지 않습니다."

일본 사회에서의 신문에 대한 파급력을 무시할 수 없는 만큼 일본의 주요 언론사들은 인터넷에서 떠도는 루머를 확인 절차 없이 기사로 받아쓰는 것을 철저히 검토할 필요가 있어 보인다. "제 견해로는, 혐한 7, 혐중 2, 혐북(조선)과 혐미를 더해 1의 비율입니다. 한국에 대한 비판이 강합니다. 그러나 최근에는 그동안 혐한의 도가 지나쳐 질리기 시작했기 때문에, 혐중 비율이 현저하게 증가하고 있는 것이 특징입니다." 앞서 언급했듯이, 혐한과 혐미, 혐러 현상 중에서 혐한이 압도적인 것과 최근에 혐중 분위기가 나타나는 이유는 일본이 인식하는 약자에 대한 불만 표시가 '혐嫌'이라는 감정으로 표출되기 때문이다.

요미우리신문

박식동조형博識同調型의 『요미우리신문』은 2015년 12월 21일자 기사 「인기 확산, 한류 뮤지컬: 드라마, 음악의 붐에 이어가나」[19]에서 다른 일간지에서는 언급되지 않았던 '한국 엔터테인먼트의 특기'를 다뤘다. "일본에서 한류 엔터테인먼트의 흐름은 우선 2000년에 공개된 「쉬리」의 히트를 계기로 영화에서 시작해 드라마, K-POP으로 이어져왔다. (⋯) 하지만 (한류에 대한) 기세가 너무 눈에 띄어서 그런지, 혐한 움직임이 나오기 시작할 때, 2012년 당시 이명박 전 대통령이 독도에 상륙해 일왕의 사죄 요구 발언을 함으로써 한류의 대중적 인기는 식었다. 이런 흐름을 거쳐 현재에는 한류 붐이 가라앉아 있지만, 수면 아래서는 다음으로 주목되는 한국의 엔터테인먼트로 뮤지컬의 존재가 크게 부상하고 있다."

『요미우리신문』 기사에서는 일본에 한국의 '뮤지컬 버블'이 일어나고 있다는 새로운 정보 제공과 함께 이명박 전 대통령 관련 사건을 언급하면서 친정부적인 성향을 드러낸다.

마이니치신문

천광상식형淺廣常識型의 『마이니치신문』은 2016년 1월 6일자 오피니언 칼럼 「'혐한'과 결별하는 한 걸음」[20]에서 전문 편집위원이 필자로 나섰다. "어쨌든 좋았다고 생각한다. 지난해 말 일본군 '위안부' 문제에 관한 한일 합의가 그것이다. (⋯) 인터넷에서는 지금까지 한국과 중국에 타협적이지 않았던 아베 신조 총리의 자세를 지지해온 사람들로부터 "실망했다"는 글이 잇따랐지만, 불만이 커지고 있는 것 같지는 않다. 만약 자민당 안에서도 자유주의파로 분류되는 사람이 수상이었다면, 혹은 민주당 인사가 수상이었다면 어땠을까. 같은 합의를 했더라도 보수 성향의 지식인과 일부 신문은 '겁쟁이' 등등 격렬하게 비판하고 있지 않았을까. (…) 일본군 '위안부' 문제가 여기까지 꼬여온 것은 한국 측 사정이 크다. 그러나 당초에 이 문제에 관해서는 1993년의 '고노 담화'를 뒤엎는 등 아베 총리 자신이 복잡하게 만든 것도 잊어서는 안 된다. (…) 걱정되는 일은 일본의 미디어나 지식인 일각에서 합의 후의 한국 측 혼란을 대서특필해 '한국은 결국 문제를 되풀이하는 것 아니냐'고 강조하는 논조가 눈에 띄는 것이다. (…) 모처럼의 합의다. 서로 합의 내용을 실현할 수 있도록 국민 수준에서 노력하고 싶다. 그리고 수년간 이어져온 '혐한'이나 '반일'이라는 풍조와 결별하는 한 걸음을 내딛고 싶다. (…) 비판해야 할 것은 단호히 비판하고 평가해야 할 점은 평가하고 싶다."

『마이니치신문』은 『아사히신문』이나 『요미우리신문』에 비해 일본군 '위안부' 문제 합의에 있어서 일본인 입장에서 객관적으로 접근하려는 경향을 보인다. 한국인 입장에서 볼 때 객관적인 정보 전달은 아니다. 위에 언급된 내용으로 미루어보아 『마이니치신문』은 친정부적 성향도 보수적 입장도 아니며, 특별한 경도 현상을 보이지 않는다.

산케이신문

우경주장형右傾主張型의 『산케이신문』은 2016년 8월 8일자에 「원래 재특회의 사쿠라이 마코토 씨의 '혐한' 11만 표는 예상 범위였다? 위축되는 도쿄의 극우 지도: 후루야 쓰네히라」[21]라는 기사를 실었다. 일간지 중 유일하게 재특회 대표의 도쿄도지사 선거 결과에 대해 '정해놓은 답에 맞춰서' 그래프, 도식화 설명과 함께 설득적인 논조를 가장해 서술하려 한 것이 가장 큰 특징이다. "7월 31일, 도쿄도지사 선거가 개표되어 고이케 유리코小池百合子 후보가 압승했다. 고이케의 승리는 예상대로였지만, 필자가 도지사 선거 후보로 가장 주목했던 것은 재특회 회장 사쿠라이 마코토의 득표 동향이었다. (…) 필자는 사쿠라이의 기본 표를 5~8만으로 예상한 바 있다. (…) 결과적으로 지금 도지사 선거에서 사쿠라이의 득표 수는 11만4171표. '예상한 건투'라는 범위에 들어오는 성적이다. (…) 우선 인터넷 보수층 사이에는 '행동하는 보수'에 대한 뿌리 깊은 혐오감이 존재한다. (…) 재특회나 그 주변 인물들이 "조선인을 바다로 내쫓아라" "뻔뻔한 조선인" 운운하며 거리로 나와 외치는 모습은 눈을 찌푸리게 한다. (…) 이 때문에 사쿠라이를 지지하는 사람들은 보수층 중에서도 비주류로 내몰린 것이다. (…) 혐한적 자세는 견지하지만 그렇게 과격한 행동까지는 수긍하지 않는 대다수 넷보수층의 지지를 얻을 수 없었던 것이다."

고이케 유리코는 우익적인 발언을 통해 반한 감정을 강하게 드러내온 인물이다. 일본 최대 규모의 극우 단체인 '일본회의' 소속이며, 산하에 있는 '일본회의 국회의원 간담회' 부회장을 맡기도 했다. 일본회의는 천황제 부활과 야스쿠니 신사 참배를 촉구하고 외국인의 참정권을 반대하는 등 극우 세력의 대변자 역할을 하고 있다. 2003년에는 유사시 자위대의 활동을 규정한 유사 법제를 정비했으며, 2006년에는 애국심을 강조하는 신교육기본법을 제정한 바 있다. 일본회의는 전국 47개 도도부현都道府縣(광역지자체)마다 본부를 두고 있고 228개의 지부를 두고 있으며, 회원 수는 약 3만5000명으로 알려져 있다. 특히 일본회의는 발족과 동시에 '일본회의 국회의원 간담회'란 산하 조직을 설립했는데 이 조직에는 아베 내각과 자민당의 거물들이 상당수 가입되어 있다. 이 간담회에는 2014년 5월 기준 289명이 참가하고 있다.

"쇠퇴하는 배외주의 / 유럽과 미국, 특히 유럽에서는 배외주의를 내건 극우 정당이 실제 정당으로서의 힘을 가지고 있다. (…) 일본의 배외주의는 유럽 수준까지 올라서기엔 많이 부족하다. (…) 앞으로 '행동하는 보수' 세력이 가진 적지 않은 전력을 특정 구의회나 시의회 수준에서 집중적으로 투하한다면, 지방의회 몇 석 획득하는 것은 꿈같은 이야기가 아니다. (…) 이후 이번 '예상한 건투'를 지렛대로 해 그러한 취지의 출판물도 나올 것으로 예상되는데, 이 결과는 오히려 본고에서 누차 지적한 대로 도쿄, 나아가서는 일본의 극우지도極右地圖의 위축을 의미하는 것이다."

기사 내용이나 기사에 삽입되어 있는 그림들을 살펴보면, 일본의 인터넷 보수층이 200만 명이고, 그 안에서 '행동하는 보수층最

右翼'은 30~40만 명에 이른다고 한다. 인터넷 보수층이 재특회 회장인 사쿠라이 마코토보다 이번 도쿄도지사 선거에 당선된 고이케 유리코에게 80퍼센트 이상 더 많이 투표했다는 것이 도쿄의 극우 현상 축소로 전망되기는 힘들 것이다.

고이케 유리코 도쿄도지사는 선거운동 때부터 제2한국학교 부지 임대 계획을 백지화하겠다고 공약해왔다. 이는 2014년 7월, 당시 도쿄도지사였던 마스조에 요이치舛添要一가 한국을 방문했을 때 박근혜 전 대통령으로부터 제2한국학교 설립에 관한 협조 요청을 받고, 신주쿠구에 위치한 도쿄도 소유 부지 약 6100제곱미터를 유상 임대해주는 방식으로 설립 지원하는 방안을 추진해온 것을 엎어버리는 행위임이 분명하다. 현재도 "(해당 부지는) 도쿄에 있고, 일본이기 때문에 우리가 주체가 돼 판단할 것"이라고 강조하고 있다. 또한 그는 재특회 강연에 참석해 "한국이 다케시마(한국령 독도의 일본 명칭)를 불법 점거하고 있다"고 주장하고 일본군 '위안부'의 강제연행을 강력히 부인했다. 심지어 인도의 유력 신문에 글을 기고했는데 "위안부 강제연행을 주장하는 『아사히신문』의 보도는 허위였다"라는 내용이었다. 이러한 행보로 인해 최근 선거 때 혐한 단체인 '시키시마회しきしま會'가 고이케 유리코의 선거 홍보를 적극적으로 도왔다고 한다. 시키시마회는 트위터 팔로워가 2만 6000명이 넘는 대표적인 혐한 단체로, 재특회와 더불어 혐한 시위를 주도하는 극우 단체다. "조센진이 (도쿄도지사 선거 후보자인 고이케 유리코의) 홍보물을 받아가서 다 버릴 수도 있다"고 글을 올려

악의적인 선동을 하기도 했다.

니혼게이자이신문

객관정보형客觀情報型 『니혼게이자이신문』은 2015년 12월 29일자 기사 「미래지향 톱니바퀴를 굴려라」에서 일본군 '위안부' 합의에 대한 주제를 논했다. 기사에서는 한국의 기업 성장과 한일 경제 규모 등에 대한 언급 등 경제지로서 초점을 달리하고 있음을 알 수 있다. 그럼에도 한국인 입장에서 『니혼게이자이신문』을 객관정보형으로 여기기에는 한계가 있어 보인다. "서울에 있는 피해 여성을 상징하는 소녀상 이전이 진행되지 않는다면 일본 측 반발은 불가피하다. 반일에 불이 붙으면 제어 불능 상태로 빠지는 것이 한국이다. 식민지 지배에 대한 보상의 마음으로 기울면 일본에서는 '혐한'이 확대되기 쉽다. 한일이 신뢰관계를 구축하기 위해서는 반대 여론을 설득해 합의 내용을 실행해가는 수밖에 없다. (…) 게다가 한국은 역사 문제를 국내 정치에 이용하는 습관을 고쳐야 한다. 반일은 구심력을 높이는 가장 빠른 방법이다. 반면 여론에 묶여 꼼짝 못할 위험을 수반한다. 일본은 한국 국민의 감정을 자극하지 않는 배려를 보여야 한다. 특히 정치인은 식민지 지배와 침략에 '반성과 사죄'를 표명한 무라야마 담화를 '계승한다'고 얘기한 아베의 말에 의혹이 생길 언동은 자제해야 하는 것 아닌가." 기사 내용에서 알 수 있듯이, 혐한 문제를 바라보는 데 있어 한일 양국 간의 반일과 혐한이라는 구조적 문제에 초점을 두고 있다. 반일과 혐한이 상호작용 관계에 있음을 지적하면서 이를 지양하기 위해서는 양국이 반대 여론을 설득하는 것이 유일한 해법임을 제시하고 있다.

2010년대 이후의 일본 일간지를 살펴본 결과, 일본 내 혐한 현상의 심각성은 재차 확인된다. 이는 혐한의 비중이 전체 타국 혐오에서 7할을 차지하고 있다는 수치로도 충분히 파악된다. 넷우익의 혐한 주요층은 대도시 중산층으로 구성되어 있으며, 이러한 인터넷 보수층의 규모가 상당함을 알 수 있다. 또한 우익 활동이 활발해진 것은 아베 정권이 들어선 사실과 밀접한 연관이 있음을 일본 내에서도 파악하고 있다.

이상에서 살펴봤듯이 일본 일간지에서, 혐한의 원인에 대한 분석의 주요 골자는 시기마다 다르지만, 2000년대 이후가 되면 원인 제공자가 한국이라는 논조가 강화되고 있음을 알 수 있다. 그러나 1990년대 초부터 냉전체제의 와해를 통해 미국 중심의 '글로벌 시대'가 도래했고, 그동안 미국과 동아시아 지역 방위조약을 체결해온 일본은 이전과는 또 다른 동아시아에 대한 관심을 갖기 시작했다. 일본 언론에서는 '이웃 친구' '동아시아의 신시대 구축'을 위해 과거를 청산해야 한다는 기사가 많이 나오면서 아시아 국가 간의 교류도 증진되어왔지만, 일본 수상들의 아시아 혹은 전 지구적 차원의 '역사 인식 부재'로 인해 '비상식적인 망언들'이 잇따라 터져나와 한국을 자극해왔다.

일본 정부와 언론이 한일 역사에 대해 객관적이고 역사적인 사실들을 자국민에게 전달하는 것은 매우 중요한 과정이다. 그러나 이렇듯 객관적인 역사 사실에 기반을 두지 않은 데서 상대 혹은 상대국에 대한 잘못된 편견과 선입견이 생겨나고 있다. 이러한 편견과 선입견이 어떤 단계들을 거치며, 어떠한 위험들을 수반하는지에 대한 이론으로 다음과 같은 것이 있다.

대표적인 이론 중 하나가 브라이언 레빈의 '증오의 피라미드 Pyramid of Hate'인데, 이에 따르면 현재 일본에서 나타나는 혐한과 그에 따른 시위는 한국에 대한 선입견이 편견으로 이어지고, 누적된 편견으로 인해 차별 행위가 자행되면서 폭력 행위로 이어진 단계에 있다고 볼 수 있다. 이 '증오의 피라미드'는 첫 번째 단계를 선입견에 의한 행위prejudiced attitudes(농담, 적대감 표명, 배려 없는 발언, 배제적 언어), 두 번째 단계는 편견에 의한 행위acts of prejudice(비인간화, 비웃음, 사회적 회피, 비방 중상, 의도적 차별 표현), 세 번째 단계는 차별행위discrimination(주거·교육·취업 차별, 사회적 배제, 괴롭힘), 네 번째 단계는 폭력 행위violence(폭행, 협박, 방화, 테러, 기물파손, 모독죄, 강간, 살인), 마지막 다섯 번째 단계는 제노사이드genocide(의도적·제도적 민족 말살)로 이뤄진다. 첫 번째와 두 번째 단계인 선입견과 편견에 의한 행위는 비형사적 행위이며, 세 번째 단계인 차별 행위는 민사적 행위로, 네 번째와 다섯 번째 단계인 폭력과 제노사이드 행위는 형사적 행위로 분류하고 있다.

'증오의 피라미드'는 마지막 단계에서 의도적·제도적인 민족 말살로 이어진다는 이론이기 때문에, 일본인의 혐한과 그에 따른 시위를 일시적인 붐과 일부 극우 집단의 현상으로만 바라볼 수는 없게 한다. 일시적이고 단기적인 공격이 아닌 몇 세대에 걸쳐 일어나고 있으며, 차별과 폭력의 공포는 미래의 차세대들에게까지 평생 반복될지 모른다는 절망감을 수반하고 있다. 이러한 혐한에 대응하기 위해 일본에서는 일반 시민들이 혐한 시위 반대 활동을 위한 시민 연대체를 결성하는가 하면, 정치인들은 일명 '헤이트 스피치 방지 법안'을 본회의에서 통과시켜 2016년 6월 3일자로 공포했다. 이 같은 법안의 통과가 혐한에 대해 인지하고 개선하려는 시도라는 점에서는 혐한 문제 해결에 있어 긍정적인 신호를 주고 있는 것은 분명하지만, 근본적인 문제를 해결했다고 보기는 어려울 것이다. 왜곡된 역사 사실의 주입으로 형성된 편견과 선입견이 혐한의 반복으로 이어지고 있는 만큼 혐한 담론 속 내용을 분석할 필요가 있는 것이다.

3장
**1991년 8월 14일
일본군 '위안부' 증언**

1.
혐한의 등장

그동안 한국에서는 혐한 문제에 있어 주로 인터넷 우익, 미디어 내셔널리즘, 출판물, 재특회 등에 관심을 집중해왔다. 하지만 오히려 지금은 글로벌 시대 이후 일본 언론에서 촉발된 혐한 담론의 출현 경위에 대해 정확하게 짚고 넘어가는 것이 매우 중요하다. 이 절에서는 『분게이슌주』의 혐한 관련 기사를 일본군 '위안부' 문제에 초점을 둬 살펴보는 가운데 일본 언론에서의 혐한 담론이 출현한 시기와 그 영향에 관해 짚어보며 향후 과제를 고찰해보고자 한다.

일본군 '위안부'의 이슈화

일본군 '위안부'란, 일본의 침략 전쟁 당시 일본군 '위안소'로 끌려가 강제로 성폭행당하며 살아야 했던 여성들을 말한다. 영어로는 'The Japanese Military Sexual Slavery'라고 표현한다. 일본은

1931년 만주사변을 시작으로 중국에서 침략 전선을 확대해갔다. 일본 군인들은 곳곳에서 여성들을 폭행하고 강간했는데, 대표적인 것으로 1937년 난징의 집단 강간과 학살이 꼽힌다. 이 사건으로 인해 국제사회로부터 거센 비난이 쏟아졌고, 일본군 간부는 오로지 일본 군인을 위한 일본군 '위안부' 모집과 위안소 설치를 계획했다. 1937년의 중일전쟁을 거치고 1941년 태평양전쟁에 돌입하면서 일본군이 점령한 동남아시아·태평양 일대에는 수많은 위안소가 설치되었다. 그 규모는 8만~20만 명으로 추산된다. 처음에는 직업적 윤락 행위를 하는 일본인 여성이 위안소로 이송되었으나, 전쟁이 길어지고 일본이 점령하는 국가가 늘어날수록 식민지 국가인 조선의 여성, 타이완의 여성, 중국의 여성들이 동원되기 시작했다. 그중 조선의 여성이 가장 큰 비율을 차지했다.

앞서 언급했듯이 『분게이슌주』는 1992년 3월호에서 한국인의 감정을 자극하는 특집 대담을 게재한 바 있다. 한국·조선 연구자인 다나카 아키라田中明(다쿠쇼쿠대학 교수)와 월간 『현대코리아』 주간인 사토 가쓰미佐藤勝巳는 '사죄할수록 나빠지는 한일 관계'[1]라는 주제로 대담을 했다. 이 기사는 "일본군 '위안부' 문제는 일본이 한국의 '아마에甘え'(사전적으로 '어리광' '응석'이라는 뜻이나, 번역어로는 일본 혐한 논자들의 입장을 적확하게 드러낼 수 없어 원문으로 표기한다)를 받아주는 구조를 조장할 뿐이다"라는 부제를 달고 있어, 1991년 8월 일본군 '위안부'였던 김학순 할머니가 피해를 증언한 이후 이슈화된 일본군 '위안부' 문제에 대한 반감이 강한 어조로

혐한의 계보

나타나 있다.

『분게이슌주』는 발행 부수 100만 부인 일본 최대 종합 월간지로 남성 위주의 두터운 독자층을 보유하고 있다. 다나카 아키라는 일본군 '위안부' 문제와 관련해 한국 측 요구에 일본인들이 반발하면서 혐한으로까지 이어짐을 지적하고 있다. "이번 미야자와 방한도 지난해 후반부터 갑자기 이슈화되기 시작한 '조선인 (종군)위안부'2의 보상 문제에 농락당해, 아무 결과도 없는 채로 끝났습니다. 양국 언론의 관심도 이 문제 하나에 초점이 맞춰져 있으며, 한결같이 '과거 청산'과 보상만 이야기하고 있어, 냉전 후의 한일 관계라는 중요한 테마에는 관심조차 없습니다. 뿐만 아니라 한국은 매번 '사죄 요구'를 하고 일본은 '사죄'를 반복하고 있어, 일본인의 반한과 혐한 감정을 증폭시키고 있습니다."

일본은 한국 측의 끊임없는 과거사 문제 제기와 배상 요구를 혐한의 원인으로 보고 있는 것이며, 이를 통해 혐한 논자들이 태평양전쟁 이후 매번 한국의 사죄 요구와 일본의 사죄 반복으로 일본인의 혐한이 증폭됐다고 주장해왔음을 알 수 있다. 그러나 일본군 '위안부'에게 있어 과거 청산과 배상은 일본 정부가 당시의 역사적 사실관계를 명확히 조사해 책임자를 색출하고 그에 응당한 법적 책임을 부과하는 것이다.

식민 지배와 전쟁 피해의 청산 문제

한편 이 대담에서는 일본군 '위안부' 문제와 더불어 식민지 지배에 대한 청산 문제를 적극 열거하며, 한국의 대응을 문제시하면서 이를 일본의 혐한 현상과 연결짓고 있다. 사토는 1965년의 '대한민국과 일본국 간의 기본관계에 관한 조약'(이하 한일 기본조약)을 근거로 과거 식민지 지배 청산과 일본군 '위안부' 문제가 재론되는 상황을 문제시하고 한국의 계속된 사과 요구를 비판하고 있다.

"1965년의 한일 기본조약 혹은 협정으로 지금까지의 역사적 문제를 포함해 한일 간의 현안은 모두 정리되었음에도 1984년 9월 6일의 전두환 전 대통령의 방일에서 히로히토 일왕의 '천황의 말씀', 1990년 5월 24일의 노태우 전 대통령의 방일에서 아키히토 일왕의 '보다 심도 있는 말씀' '재일한국인의 법적 지위'의 문제, 그리고 이번(1992년 1월 16일) 미야자와 총리의 방한에서는 '위안부' 문제와 표면상으로는 한일 신시대 등을 말하면서 실태는 한국 측이 항상 '36년간의 일제 지배'를 언급해 일본에 양보를 재촉하고, 한편 일본 측은 할 말도 하지 못한 채 단지 사죄를 반복하고 있습니다." 그런데 이 한일 기본조약은 한국과 일본이 평등한 국제적인 위치에서 체결한 것이 아니었으며, 일본군 '위안부'와 관련된 논의가 직접 들어가 있지 않았다. 이 한일 기본조약과 관련해 한국은 2005년에 문서 약 3만6000쪽을 완전히 공개한 데 반해, 일본은 50년 이상 지난 문서임에도 불구하고 외교상의 불이익을 이유로 문서 공개를 여전히 거부하고 있다.

다나카는 한 민족을 침략한 것을 깊이 사죄할 필요는 인정한다. 그러나 그것이 외교 교섭이나 금전적 배상의 대상이 되어서는 안 된다는 게 그의 주장이다.

다나카: (1992년 1월 16일) 정상회담의 가장 중요한 의제가 '위안부' 보상 문제라는 것은 정말 한심합니다. 식민지 지배를 받았다는 원통한 생각은 우리도 알고 있습니다. 그러나 그것은 영혼 차원의 문제인 것이죠. 그것을 물건이나 돈의 외교 교섭의 차원으로 끌어들여도 괜찮은 것일까요. 이것은 마치 '과거의 책임도 돈으로 즉시'라는 상호 관계를 인정하는 것 같습니다.
사토: '일제 36년'을 방패로 탁자를 두드리며 큰 소리를 내면, 일본인을 놀라게 할 수 있고 일본인들은 바로 사과하고 양보한다는 일종의 테크닉이 한국 측 몸에 밴 듯한 생각이 듭니다.

이처럼 일본의 혐한 논자들은 식민 지배에 대해 사죄한 나라가 없기 때문에 일본 또한 한국에 사과할 필요가 없다고 주장한다. 그러나 사죄하지 않은 나라는 태평양전쟁에서의 승전국인 미국·영국·프랑스이며, 패전국이자 전범국가인 독일은 국제사회에서 진정성 있는 사과와 반성을 꾸준히 보이고 있다. 1970년 폴란드 수도 바르샤바에 있는 전쟁 희생자 비석 앞에서 당시 빌리 브란트 독일 수상은 무릎 꿇고 사죄하는 모습을 보였으며, 이로 인해 국제사회에서는 그들의 사과를 받아들이기 시작했다. 여기서 중요한 것은 브란트 수상이 유대인에 대해서만이 아니라 피해를 입은 국가에 대해서도 사과를 했기 때문에 국제적으로 그 진정성을 인정받았다는 점이다. 반면 일본은 간토대지진 당시 조선인 6661명 이상을 학살한 사건과 1945년 패전 직전에 사할린에서의 조선인 학살에 대해 그들의 추모비에 독일의 총리와 같은 모습을 보인 적이 없다.

독일의 경우 2016년에 100여 년 전 식민 지배로 통치하던 아프리카 나미비아에서 발생한 집단학살 사건에 대해 공식적으로 사죄하기로 결정한 상태이며, 2016년 10월에는 독일의 아우슈비츠 수용소에서 근무했던 나치 친위대원 라인홀트 하닝(1921년생)을 기소해 5년형을 선고했다. 독일은 또한 과거에 피해를 입혔던 국가들과의 관계 회복을 위해 적극적인 행보를 보이는데, 독일-프랑스와 독일-폴란드 간의 공동 역사교과서를 제작한 것이 그 예로, 2016년 가을부터 독일과 폴란드 학생들이 공동 역사교과서로 공부하고 있다.

그런데 다나카는 한국이 식민 지배를 받지 않았을 경우 얼마만큼 발전했을지 계량화할 수 없으며, 한국이 일본에 대해 요구하는 사과와 배상을 자부심과 지조 없는 행위에 빗대며 그 근거를 무너뜨리려 하고 있다.

지금 한국이 일본에 요구하는 것은 만약 한국이 식민지가 되지 않앗더라면 발전했을 것이라는 것까지 포함해 일본이 보상할 의무가 있다는 생각에 기반하고 있습니다. 발전 가능성은 계량 불가능하며 무한대로도 설정 가능하기 때문에, 한국 측 논리를 따를 경우 일본은 무한대로 보상할 수밖에 없는 것입니다. 정말 비현실적인 요구로 일본의 배외주의를 자극할 뿐임에도 한국인은 이런 점에 대해 자각하고 있지 못합니다. 옛날의 한국은 (…) 자부심과 지조가 있는 나라였습니다. 일본의 식민지 지배로 얻은 상처를 오늘날과 같이 뽐내며 얘기하는 일은 하지 않았습니다.

그러나 태평양전쟁 당시 일본의 항복이 늦어지는 바람에 미국이 소련에 도움을 요청함으로써 결국 소련이 전쟁에 참전하게 되었다. 또한 패전 이후에도 일본은 1950년 6월 25일부터의 한국전쟁에 가담했다는 점에서 한반도의 남북 분단과 그 분단이 고정화된 것에 대한 책임을 면할 수 없다. 극비리에 추진된 일본의 한국전쟁 참전으로 인해 일본은 태평양전쟁의 전범국가라는 책임을 피하면서 미국의 양해 아래 재무장할 명분을 얻어낼 수 있었기 때문이다. 이러한 일본군의 한국전쟁 참전을 확인시켜주는 내용은 1994년 3월 15일 『산케이신문』에서도 보도되었다.

또한 한국전쟁이 일어나면서 일본은 경제를 회복시킬 큰 발판을 마련했다. 이미 미국 내에서는 한국전쟁 당시 이로 인한 일본의 재무장을 불러오는 현상에 대해 우려하는 글이 발표된 바 있다. 당시 일본 총리였던 요시다 시게루吉田茂는 한국전쟁이 발발했다는 소식을 듣고, "하늘이 일본을 도왔다(천우신조)"고 환호했으며, 요시다의 외손자인 아소 다로 자민당 전 간사장 또한 "6·25전쟁은 일본에 도움이 됐"음을 인정했다. 이러한 발언은 일본 정부 혹은 보수 정치가들이 식민 지배에 대한 역사 인식을 결여한 채 이웃 나라의 전쟁을 자국 경제의 회복이라는 수단으로 바라보고 있었음을 말해준다.

사토는 1965년 한일 기본조약을 근거로 한국 측의 사과 요구와 재일한국인 처우 개선 요청을 비판하는데, 이는 일본 정부가 한일 기본조약으로 전후 문제는 마무리되었다고 주장하는 것과 궤를 같이한다. "재일한국인의 처우 문제가 대두된 1990년 노태우 전 대통령의 방일 때도 얘기한 것입니다만, 한국 측 주장은 오로지 1965년의 한일 기본조약을 업신여기는 것으로 짜여 있습니다." 그러나 이는 고노 담화, 무라야마 담화, 한일 공동 선언에서 표명한 식민 지배와 침략 전쟁의 책임을 제대로 인정하는 자세가 아니며 오히려 그와 배치된다.

태평양전쟁이 끝난 후 전후 보상을 위해 1952년 4월 30일, 일본에서 '전상병자전몰자유족등원호법'이 공포되었다. 이에 사토는 다음과 같이 발언한다. "그리고 일본은 유상무상의 정부 차관 5억 달러, 민간 차관 3억 달러를 한국에 제공했습니다. 이 합계 8억 달러로 '일제 36년'의 식민지 지배 문제는 해결된 것입니다. (…) 따라서 이번 (종군)위안부 배상에 있어서도 원래는 한국 정부가 지불해야 하는 것입니다. 일본은 진즉에 청구권 자금을 지불했으니

혐한의 계보

까요. 이것을 피해를 입은 사람들에게 어떻게 분배할 것인가는 한 국의 주권에 속하는 것입니다." 그러나 군인·군속이라 해도 조선 과 타이완 출신의 일본군 군인·군속은 이 법령의 적용에서 배제 되었다. 한일 기본조약에 의해 전시에 강제동원된 피해자에 대한 보상 범위는 협소했고 금액도 적었다. 한일 기본조약 및 각 협정은 1951년 10월 20일에 시작된 7차에 걸친 회담을 통해 1965년 6월 22일에 조인되었고, 그해 12월 18일에 준서를 교환하면서 발효되 었다.[3]

1971년 1월 19일 공포된 '대일민간청구권신고에 관한 법령'에 의해 보상을 받을 수 있는 자격자는 일본에 동원된 군인·군속· 노동자 가운데 1945년 8월 15일 이전 사망자로 한정되었다. 1인당 금액은 1974년 12월 21일에 시행된 '대일민간청구권보상에 관한 법령'에 의해 겨우 30만 원(약 19만 엔)으로 규정되었다. 보상금은 1975년 7월 1일부터 지급됐지만, 수령한 유족은 8522명, 총금액 은 25억6560만원으로 무상 공여 3억 달러의 불과 5.4퍼센트에 해 당된다.

최근 강제징용 손해배상을 둘러싼 소송 진행 상황은 다음과 같 다. 2012년 5월 24일 대법원은 1944년 일제와 구미쓰비시중공업 ㈜, 구일본제철㈜에 강제동원된 한국 국민 8명이 낸 손해배상 및 임금 지급 청구 소송에서 원고들의 청구를 기각한 원심을 깨 고 사건을 부산고법으로 돌려보냈다. 대법원이 한국 사법부 최초 로 일제강제징용 피해자들에게 일본 기업이 배상할 책임이 있다는 판결을 내놓은 것이다. 강제동원 피해자들은 그동안 일본 법원에서 모두 패소하고, 한국 법원에서도 1·2심 모두 패했었다. 하지만 대법원은 '헌법 정신에 위배되는 일본 판결을 받아들일 수 없고, 1965년 한일 청구권 협정으로 피해자 개인의 청구권이 소멸되지 않는다'며 피해자들의 손을 들어줬다.[4]

그러나 일본의 혐한 논자들은 1965년의 보상금으로 자국이 한국에 저지른 모든 침략 범죄에 대한 책임은 다했으며, 청구권의 외교 교섭으로 일본의 책임이 끝났다는 논리로 일관하고 있다. 일본 정부는 1951~1965년 한일 국교 정상화 교섭 과정에서 일본과 한국의 식민 지배와 전쟁 피해 청산, 즉 과거 문제를 해결하고 극복하자는 입장이 아니었다. 이와 관련해 오타 오사무太田修 도시샤대학 교수 또한 "1965년 한일 청구권 협정이 식민 지배의 폭력성이 낳은 문제를 해결하는 것은 아니었다"고 밝힌 바 있다. 이러한 한일 재산청구권 문제는 샌프란시스코 강화조약 제4조에 입각해 논의되었는데, 강화조약의 근거였던 도쿄 재판에서도 식민지 피해 문제는 논의 대상이 아니었던 것이다.

일본군 '위안부'에 대한 비인도적인 태도

앞서 언급했듯이 이들 대담 기사에서 주요하게 다룬 것은 일본군 '위안부' 관련 문제였다. 다나카와 사토는 일본군 '위안부'에 관한

혐한의 계보

객관적인 자료가 부재하다는 이유로 성급한 결정과 정부의 공식적인 사과가 있어서는 안 된다고 주장한다.

다나카: 지금 매스컴에서는 (종군)위안부 수가 8만 명에서 20만 명이라고 가감했으며, 그 7할이 조선인이었다는 등 어디에 근거를 두고 있는지 모르는 상태에서 단정하듯이 말하고 있습니다.

사토: (종군)위안부가 존재한 것은 확실하며, 그것이 군과 밀접하고 불가분의 관계에 있었다는 것도 틀림없습니다. (종군)위안부라는 것은 시베리아 출병 이후 일본군이 만든 제도입니다. 시베리아로 나간 부대의 실제 3분의 1이 당시 러시아 여성과의 교섭으로 성병에 걸려 쓸모없어졌습니다. 그래서 당황한 군이 현지 여성과의 트러블 회피 목적까지 더해서 만든 것이 이 제도입니다. 따라서 군과 관계가 없었다는 당시 일본 정부의 설명은 정말 난센스입니다. 하지만 그렇다고 해서 (종군)위안부 대부분이 마치 조선인 여성이었다는 듯 말하는 현재의 보도는 올바르지 않습니다. 위안부 안에는 당연히 일본 여성도 있었으며, 조선 이외 나라의 여성들도 있었습니다. 더 제대로 조사한 다음 정부는 공식 태도를 정해도 늦지 않을 것입니다. 매스컴이 조성한 분위기에 휩쓸려, 너무 성급하게 사죄할 필요는 없었다고 생각합니다.

사토는 전시戰時에 일본군 '위안부'가 존재했음을 인정하며, 일본군 '위안부'와 일본군이 불가분의 관계였음을 받아들이고 있다.

그러나 그는 일본군의 작전 수행으로 인해 '위안부'의 존재가 불가피했으며, 일본군 '위안부' 대다수가 조선인이 아니었다고 주장함으로써 한국의 주장에 맞서고 있다. 그리고 일본군 '위안부'와 관련해 객관적인 자료로 증명되지 않는다면 일본 정부가 공식 입장을 내거나 사죄를 해서는 안 된다고 주장한다.

그러나 일본군 '위안부'와 관련된 자료가 소각되거나 이들 자료를 보관하고 있을 일본 정부의 공개 노력이 없는 상황에서 이런 주장은 결과적으로 일본군 '위안부'와 관련된 반성을 부정하는 것이다. 더구나 최근 일본군 '위안부'와 일본군의 관련성을 보여주는 자료가 나오는 상황에서 이런 논리는 앞으로 일본이 반성하지 않는 행보를 보이겠다는 식으로 읽힐 수밖에 없다.

또한 사토는 소수의 일본 여성도 일본군 '위안부'에 징발된 사실을 들어 한국에 사죄할 필요가 없다는 논리로 나아간다. 이렇듯 일본 여성의 징발을 당연한 것으로 간주하는 태도는 한일 간의 민족 문제를 넘어 여성 인권에 대해 비인도적 태도를 내비치는 것이다.

다나카는 일본에서 혐한 의식이 높아지는 배경으로 결국 일본군 '위안부' 문제에 관한 명확한 자료 없이 사죄와 보상을 요구하는 한국 측 태도를 지목하고 있다. "진상도 모르는 시점에서 마치 (종군)위안부가 모두 조선인이라는 캠페인을 하고, 사죄다 보상이다 외치기 때문에 일본 국민은 한국의 억지 주장이라고 받아들이게 됩니다. 염한과 혐한이라는 감정이 점점 더 커지는 것입니다."

혐한의 계보

즉 다나카와 사토는 일본군 '위안부' 문제에 대해 객관적인 자료 부재를 이유로 일본 정부의 입장 표명과 사죄를 경계하면서 혐한 분위기를 한국 측의 무분별한 요구로 일축하고 있다. 그동안 한국과 일본이 정부와 민간 차원에서 여러 조사를 진행해왔지만 일본 정부는 상당히 소극적인 입장이었다. 일본군 '위안부'는 한일 간의 문제일 뿐만 아니라 지구촌 전체의 여성 인권 문제라는 관점에서 접근해야 한다. 따라서 일본이 보유하고 있는 일본군 '위안부' 관련 자료 공개는 더 중요해질 수밖에 없고, 나아가 원폭과 강제동원 피해자 문제 등 과거의 사실을 적극적으로 규명하며 식민 지배 자체의 정책과 실태를 총체적으로 파악해야 할 것이다.

혐한 담론 출현 경위

일간지와 달리 월간지나 주간지는 하나의 문제를 둘러싸고 충분한 시간을 갖고 심층적으로 다룰 수 있다는 이점이 있다. 그래서 『분게이슌주』가 일본군 '위안부' 이슈를 특집 대담으로 다룰 수 있었고 '혐한'이란 용어가 등장한 것이다. 『분게이슌주』는 영향력이 커 국내 일간지에서도 그 기사들을 모니터링한다. 그런 까닭에 1992년 2월 11일자로 국내 일간지에도 기사가 실렸다. 『동아일보』에서는 「정신대 문제 일본 지식인들 되레 한국 비판: 청구권으로 일본 책임 끝나, 보상 한국 정부서 해결할 일: 월간지 분게이슌주

대담에서 '혐한 감정' 드러내」라는 기사를, 『중앙일보』에서는 「'떼 쓰는 한국' 일본 잡지 또 억지: 분게이슌주 3월호 특집 대담 실어: '한강의 기적' 일본 보상금 받아 이룩한 것」이라는 기사를 실었다. 혐한 담론이 출현한 경위를 볼 때 일본의 종합 월간지에 실린 특집 대담 기사가 한국 일간지에 실리고, 이것이 다시 일본의 일간지에 게재됨으로써 일본 언론에서 현재까지 혐한 담론이 반복적으로 재생산되어온 측면도 있다.

정리하자면, 1990년대 글로벌 시대 이후 일본군 '위안부'가 전면에 노출됨으로써 일본과 한국 언론에서 혐한 문제가 대두되기 시작했다. 특히 『분게이슌주』의 1992년 3월호가 도화선이 됐으며, 일본군 '위안부' 문제가 대두되면서 사죄할 필요성을 전혀 못 느낀다는 일본 지식인들의 발언이 심층적인 보도와 함께 한국 전반에 대한 혐嫌의 감정으로 분출되었다.

이러한 일본 극우파의 의식 구조 속 논리는 환원주의적인 오류를 보였다. 일본군 '위안부' 문제 해결의 궁극적인 목표는 비인도적 범죄를 종식시켜 국가나 민족의 구성원에 관계없이 기본적인 인권을 보호받는 것에 있다. 즉 이 이슈는 성노예 제도로서 군의 '위안부' 제도만이 아니라 식민지 피해나 민족 간 혹은 민족 내부의 문제와도 관련 있기 때문에 확장해서 바라볼 필요가 있다.

2.
일본의 일본군 '위안부' 담론

1991년 8월 14일 김학순 할머니가 피해를 증언한 이후 일본군 '위안부' 문제는 전면에 떠올랐다. 이 이슈를 대담으로 다루면서 '혐한'이란 용어가 처음 등장했기에, 일본군 '위안부' 문제를 빼놓고 혐한을 논할 수 없을 것이다.

더욱이 일본에서는 일본군 '위안부' 존재를 부정하는 일이 언론뿐만 아니라 인터넷 등 서브컬처를 통해 증가되는 추세다. 현재 혐한 논자들은 만화나 웹사이트 등을 동원해 담론을 형성하고 있다. 특히 일본군 '위안부'와 관련된 서브컬처의 발단은 1990년대에 고바야시 요시노리小林よしのり가 이를 만화로 그리기 시작한 것으로 볼 수 있다. 이때 형성된 담론들이 현재 혐한 논자들의 확고한 기반이 되고 있다.

미셸 푸코는 사회에서 자리 잡게 되는 하나의 지식 담론이 누구에 의해 어떻게 창안되고 규정되는지, 그리고 어떤 과정을 통해 사회에 유통되며, 그렇게 형성된 지식 담론은 어떤 효과를 불러일으키는지를 권력 이론으로 정립한 바 있다. 이는 하나의 지식 담론이 권력으로 형성되어, 사회의 이데올로기 혹은 미시 권력으로서 행사하는 과정을 밝히고 있다. 즉 지식인들이 규정하고 생산, 유통시킨 지식 담론은 권력이 된다는 것이다.

『신·고마니즘 선언』[5]의 작가 고바야시 요시노리는 일본의 '새 역사교과서를 만드는 모임' 멤버 중 한 사람이다. 그는 『고마니즘 선언』『신·고마니즘 선언 스페셜·전쟁론』[6](이하 『전쟁론』), 『신·고마니즘 선언 스페셜·타이완론』[7] 등의 만화를 그렸는데, 그 바탕에는 민족주의적 역사의식이 깔려 있다. 고바야시의 '고마니즘 선언' 시리즈는 주간지 『SPA!』에 1992년 1월 22일호부터 연재됐으며, 일본군 '위안부'와 관련된 만화는 1996년 8월부터 『SAPIO』에 본격적으로 올라오기 시작했다. 고바야시는 일본이 태평양전쟁을 일으킨 당위성을 강조하기 위해 일본이 일으킨 전쟁을 침략 전쟁이 아닌 '아시아를 식민지화했던 서양인들과 싸운 성전'이라고 강조해온 인물이다. 그는 결국 전쟁범죄에 대한 증거가 없기 때문에 일본은 이를 저지르지 않았다고 주장한다. "일본은 전쟁범죄를 저지르지 않았습니다. 일본이 유죄라는 증거도 문서도 없습니다. 증거가 있다면 역사로 남기고 당연히 사죄를 해야겠지요. 그러나 아무것도 증명되지 않았습니다. 중국의 난징대학살에 대해 얘기들을 합니다. 하지만 누구도 몇 명이 살상되었는지 말하지 않습니다. 증거가 없는 이상 일본이 유죄라고 단언하지 못합니다."

앞서 언급한 푸코의 권력 이론을 고바야시한테 적용시켜보자.

그는 일본의 유명 만화가이며, '새 역사교과서를 만드는 모임'에서 활동하는 등 사회 실천가이기도 하다. 그에게 만화라는 매체는 한 지식인이 생산하는 지식 담론의 장으로 활용되고 있다. 일본 내에서 만화를 지식 담론의 장으로 활용하고 있는 고바야시의 '고마니즘 선언' 시리즈에 관한 비평이 결코 적지 않음에도 불구하고, 고바야시의 일본군 '위안부'에 관한 언급은 드물다. 표현 기술이나 독자 수용에 대해 분석하는 정도에 그치며, 내용 자체에 대한 비판은 거의 없다. 게다가 『고마니즘 선언』으로 부각된 일본 내 일본군 '위안부' 관련 담론이 그 후 어떻게 유통·확산되어갔는지, 나아가 이들 담론이 어떤 과정을 거쳐 주요 인식으로 자리매김을 했는지에 대해서는 관심을 보이지 않는다.

따라서 여기서는 고바야시의 만화를 중심으로 분석함으로써, 일본군 '위안부'에 대한 왜곡된 담론의 형성과 반복을 분석해본다.

고마니즘과 컨버전스 문화

우선 만화 제목의 '고마니즘 선언'부터 살펴보자. 이 용어는 1992년 1월부터 고바야시가 『SPA!』에 2쪽 분량의 '고마니즘 선언'이라는 만화를 연재하면서 생겨났다. 고바야시는 각 장 마지막에 "오만 좀 떨어도 되겠습니까?"[8]라는 특정 문장을 반복해서 사용하는데, 규슈 지역의 어투를 활용해 그의 '고마니즘(거만주의)'을 기호화하고

있는 것이다. 주간지에서 반복한 이 문장을 그는 만화 『신·고마니
즘 선언』에서도 그대로 사용하고 있다.

고바야시가 자기주장을 요약할 때 활용하는 장치인 데다 미리
양해를 구하는 형색이라 언뜻 겸손한 말투로 비칠 수 있지만, 만
화 캐릭터의 표정이나 배경에서 풍기는 분위기는 단호하며 확신
에 차 있다. 이는 작품 안에 본인만의 캐릭터를 만들어 일방적으
로 독자에게 자기주장을 주입하는 작용을 하고 있다. 이로 미루어
'고마니즘'이란 용어는 고바야시 자신의 주장에 대한 확신과 함께
기존 지식사회에 대한 강력한 거부를 내포하고 있음을 알 수 있
다. 따라서 학문적 배경을 지닌 지식인들의 사회 비평에 대해 고
바야시가 문제 제기를 하는 것이 고마니즘의 이면인 것이다. 그는
고마니즘 선언을 통해 자기 의견과 반대되는 지식사회를 비아냥거
리고 있다.

또한 "오만 좀 떨어도 되겠습니까?"처럼 독특하고 반복되는 기
호를 적극 사용함으로써 젊은 세대의 콘텐츠 소비를 촉진하는 결
과를 낳았으며, 이는 작가의 의도가 정확히 적중한 방향대로 이
뤄진 것이다. 고바야시는 자기 만화에 대해서 젊은 세대가 많
은 관심을 가져주길 바란다고 발언해왔고, 실제 주요 독자층도
20~30대다. 결국 일본의 미래 주도 세력이 될 젊은이들에게 사회
적인 이데올로기를 자연스럽게 심어놓고자 하는 것이다.

작품의 형식적인 구성을 살펴보면, 절반 이상이 그림보다는 글
로 채워져 있다. 아예 텍스트로만 이뤄진 페이지도 있을 정도로

혐한의 계보

그 분량은 상당하다. 고바야시의 만화는 매월 베스트셀러 순위에 들면서 점점 화제성을 갖는 책으로 자리 잡았는데, 베스트셀러의 주요 단초가 되는 것은 이렇다. 보통 만화 단행본은 출판 유통 과정에서 잡지로 분류된다. 그러나 『고마니즘 선언』과 『신·고마니즘 선언』은 만화라 하더라도 글이 많고 구성이 단행본에 가까워 잡지가 아닌 서적으로 분류되었다. 이로써 베스트셀러 집계 대상이 될 수 있었고, 발간 후 2~3개월 동안 '사회 부문' 서적 순위에서 1위를 유지하면서 20만 부 가까이 팔렸다. 이 부수는 보수 성향의 시사지인 『세이론』이나 『쇼군!諸君!』의 거의 두 배쯤 되기에 우익 성향의 독자를 넘어서 훨씬 넓은 범위의 독자들에게 영향을 미치는 것이다.

베스트셀러 순위권에 들면서 고바야시의 일본군 '위안부'에 대한 작품 속 언급들은 사회적 담론으로서 힘을 발휘하게 되었다. 물론 그가 주장한 일본군 '위안부'에 대한 주장이 하나의 담론으로 형성되기까지는 고마니즘과 만화라는 형식 외에도 사회제도, 대중문화 시장, 미디어의 특성이라는 복합적인 구조가 작용해 '컨버전스 문화Convergence Culture'를 이뤄낸 것으로 보인다. 컨버전스 문화는 문화 접변의 결과 중 하나다. 서로 다른 문화들이 합쳐져 기존에 존재했던 각각의 문화 요소와는 다른 제3의 문화가 형성되는 것이다. 이로 인해 본래 존재했던 문화들 속에 새로운 문화 요소를 반영하게 된다.

더욱이 고바야시 자신은 텍스트 내용이 마치 취재를 통해 사실 여부를 증명하고 현상의 본질을 규명하고 있는 것처럼 보이게 하지만, 자세히 들여다보면 대부분 민족주의적 관점으로 일관하고 있다. 그의 텍스트 대부분은 자기주장과 일치하는 자료를 동원하고 있는 데다 독자 편지들을 텍스트로 차용하고 있기 때문이다. 특히 다른 책들에 비해 독자투고란의 분량이 상당량을 차지해, '독자 참가형 담론 형성'의 시발점이 된 작품이라 할 수 있다. 일본군 '위안부'에 관한 독자 편지의 내용을 그는 10쪽에 걸쳐 할애하고 있는데, 대체로 자신의 의견과 일치하는 내용 위주로 싣고 있다. 또한 별도의 구성으로 독자 의견을 싣기도 한다. 1990년대는 이런 참가형 문화가 여러 미디어 플랫폼을 통해 상호적으로 담론을 생성하는 '컨버전스 문화'의 과도기였다. 그 중심에서 베스트셀러에 오른 고바야시의 일본군 '위안부' 담론은 현재까지 광범위하게 고착되어온 것이다.

고바야시는 만화라는 플랫폼의 강력한 시각적 힘을 왜곡된 사실을 선전하는 데 활용하는데 그 예는 다음과 같다. 텍스트뿐만 아니라 만화에서 고바야시와 의견이 일치하는 캐릭터는 온화하고 둥글둥글한 인상으로, 고바야시의 의견과 반대인 캐릭터는 날카롭고 각진 인상으로 그리고 있다. 극단적인 캐릭터뿐만 아니라, 본인이 그린 만화 내용에 대한 정확한 출처 및 근거를 제시하고 있지 않아 역사적 근거가 희박하다고 할 수 있다. 서브컬처 작품에서 나타나는 기본적인 역사 인식의 특징은 조선에 대한 일본의 침략 행위를 전혀 인정하지 않는다는 점이다. 고바야시는 태평양전쟁 당시 내선일체로 일본과 조선은 융화되어왔으며, 조선인은 일본인으로서 함께 싸워 동맹의식을 키워왔다고 주장한다. 그런 까닭에 '일본이 태평양전쟁 때 조선에 행한 침략 행위'의 의미를 전혀 모르겠다고 말한다. 한글도 일본이 보급했으며, 조선의 학교와 기반시설을 일본이 만들어줬기 때문에 일본의 식민지 정책은 금전적인 부분에 있어서만 손실을 입혔다는 게 그의 주장이다. 게다가 태평양전쟁 당시에는 식민지 지배라는 게 당연하게 자행되었으며, 오히려 홍콩의 사례에서 보듯 종주국의 문화에 플러스 요인이 될 수도 있었던 까닭에 식민 지배를 선과 악으로 단순하게 판단할 수 없다는 것이 그의 논리다. 또한 그는 국제관계에 있어서 윤리는 필요치 않다고 반복적으로 주장한다. "(한 국가가 다른) 국가를 두려워한다고 해서 (거기에 대고) 윤리를 말할 수 있는가?" 즉 국제관계에서는 윤리적인 시각이 존재하지 않으며, 존재할 수도 없다는 것이다. 나아가 "국가가 존재하는 한 전쟁은 있을 수밖에 없으며, 전쟁을 싫어한다고 해서 국가가 없어지는 것도 아니다" "전쟁은 피하는 것이 좋지만 전쟁을 했다고 해서 악이나 선도 아니기 때문에, 전쟁을 한 것이 어리석었다 혹은 잘못되었다는 논의 자체가 필요 없다"고 거듭 강조한다. 게다가 전쟁을 단순히 살인으로만 여기면 안 되는 이유는 전쟁이라는 행위 자체에 '공적 의식'이 충만하기 때문이며, 국가 존속을 위해 전쟁 가능의 필요성을 계속 언급한다. "한국은 일본에게 근대화시켜줘서 감사하다고 말해야 한다" "일본은 한국에게 태평양전쟁에서 같이 싸워줘서 감사하다고 말해야 한다" "따라서 한국인과 타이완인 가운데 일본을 위해 싸워준 병사들에게는 은혜를 베풀어주어야 한다"는 입장이다. 오히려 만화라는 특징을 이용해 일본 열도를 그린 뒤, 일본의 머리 부분에 해당되는 홋카이도의 모양이 한반도를 향해 고개를 숙이고 있음을 강조하고 있다. 이는 일본의 국토마저 한국을 향해 사과하고 있으며, 이것 이상의 사죄 퍼포먼스는 있을 수 없다고 주장한다. 이렇듯 오점과 억지와 야료가 가득하지만, 시장의 논리에서는 오히려 배척당하지 않았던 것이다.

이처럼 전통적 거대 서사를 대체한 서브컬처 텍스트가 내용과 형식 면에서 정제되지 않은 채 유통될 경우 전달하려는 메시지의 강도와 방향을 전혀 다르게 뒤틀어버리는 또 다른 예로『반딧불이의 무덤』이 있다. 이는 4장에서 자세히 다룰 예정이며, 다음에서는『신·고마니즘 선언』을 통해 일본 내에서 1990년대 이후 고착되어온 일본군 '위안부' 담론 내용을 자세히 살펴보자.

일본의 강제연행 담론

빈곤한 시대

고바야시는『신·고마니즘 선언』에서 일본군 '위안부'가 등장한 시대가 전쟁 때문에 몹시 혼란스러웠으며, 빈곤에 찌들어 허덕이는 사람이 많았다면서 그 배경을 꼬집어서 말하고 있다. "일본군 '위안부'는 없었다. 일본군은 강제연행을 하지 않았다. 현지 매춘업자들이 가난한 집의 딸들을 모아서 '위안소'에서 일하게 했고, 그녀들에게는 고액의 급료가 지급되었다." 그는 당시엔 가난하고 굶주린 사람이 많았던 터라 조선인뿐만 아니라 일본 여성 또한 일본군 '위안부'를 모집하면 돈에 이끌려 지원했기 때문에 강제연행할 필요가 없었다고 주장한다. 태평양전쟁 당시 빈곤 탓에 일본 내에서도 16~17세 여성들이 유곽에 팔려가곤 했다는 대목에서는 미성년자의 일본군 '위안부' 징집에 대한 작가의 인식이 드러난다. 실제로 일본군 '위안부'의 성병을 검사한 군의관 아소 데쓰오가 당시 제출한 의견서에는 검사자 조선 여성 80명, 일본 여성 20명 가운데 조선 여성은 나이 어린 초심자가 많았다고 한다. 전쟁의 확대로 인해 일본군 '위안부'를 안정적으로 공급할 필요가 있었기에 점차 연령이나 계층과 상관없이 강제동원 대상이 되었음을 알 수 있다.

그러나 현재까지 드러난 자료들을 바탕으로 보면 일본군조차 당시에는 '위안소'라는 글자만 보고 무엇을 하는 곳인지 상상조차 하지 못했다고 한다. 일본군 '위안부' 피해자들을 속일 때도 '군인을 위문한다 혹은 위안한다'는 말이었기 때문에 그것이 다수의 남자에게 성폭력을 당하는 일임을 알고 지원한 여성은 없었다. 당시 일본의 헌병과 경찰이 업자 등과 결탁해 모집했으며, 간호 일이나 식당 일을 한다고 속여서 데려가거나 유괴와 폭력을 동원해 연행했다고 한다.

'위안소'에 대한 자료가 본격적으로 등장한 시기는 1937년 중일 전쟁이 일어난 이후다. 1937년 12월 난징대학살에서 드러나듯이 일본군의 비인도적인 범죄 행위가 난무했고, 특히 중국 여성에 대한 강간 및 학살 행위에 대해서는 국제적인 비난에 직면했다. 이에 따라 일본군은 성병 예방, 성욕 해결, 점령지 치안 등을 목적으로 상하이에서의 일본군 '위안소' 설치 경험을 확대, 운영하게 된다. 일본은 1931년 만주사변을 일으키면서 중국에 대한 침략 전선을 확대해갔다. 이를 기점으로 1937년에는 중일전쟁을, 1941년에는 아시아·태평양전쟁을 일으킨다. 고바야시는 빈곤의 시대라는 점을 부각시켜 일본군 '위안부'의 존재를 합리화하고 그들의 자발성을 강조하고자 했지만, 이 빈곤의 시대 자체가 제국 일본이 일으킨 전쟁으로 인해 야기된 것이다.

증거 부재

일본군 '위안부'와 관련된 쟁점 중 하나는 일본군의 개입 여부와 강제연행일 것이다. 작품에서 예로 들고 있는 것은 일본군 '위안부'를 배에 태워 별도의 섬으로 이동시킬 때에도 군의 허가가 있어야 하므로 일본군 '위안소'의 허가를 얻기 위해서라도 경찰이나 보건소 등 공공기관이 관여할 수밖에 없으며, 전쟁 당시 군이 개입하는 것은 당연하다는 것이다. 고바야시는 마치 일본군 '위안부' 모집에 있어서 군의 개입은 당연하지만, 일본군 '위안소' 경영은 일본군이 아닌 현지 민간 매춘업자들이 직접 경영했다고 주장한다. 게

다가 "일본군 '위안부'의 수입은 당시 대졸자의 10배, 일반 병사의 100배가 넘기도 했다. 2~3년 일하면 고향에 집이 생겼다"고 서술한다. 또한 그는 일본군이 오히려 업자들에게 강제징용을 하지 못하도록 관여했다고도 말하고 있다.

특히 강제징용에 대한 증거가 없다는 것이 고바야시의 입장이다. "국가 책임으로 물을 수 있는 유일한 근거인 '강제연행'에 대한 근거는 없다. 따라서 국가에게는 책임이 없는 것이다. 그러므로 국가가 배상할 필요도 없다!!"『아사히신문』이 빈번하게 인용한 증언 자료는 주오대학의 요시다 세이지古田清治(1913~2000)가 쓴 『나의 전쟁범죄: 조선인 강제연행』[9]이다. 고바야시는 이 증언의 대부분이 허위이거나 조작된 것임에도 불구하고 『아사히신문』이 기사화함으로써 한일 간 외교에서 일본군 '위안부' 문제가 큰 걸림돌로 작용했다고 주장한다. 요시다는 1940년대 일제강점기 제주도에서 일본군 '위안부' 강제동원이 이뤄졌다고 증언했으며, 『아사히신문』이 1980~1990년대에 관련 기사를 여러 차례 게재하면서 큰 반향을 일으켰다. 이를 '요시다 증언'이라 부른다. 이후 『산케이신문』 2017년 5월 12일자 1면에 「일본군 '위안부' 사죄 비문 취소」[10]라는 기사가 실린다. 일본에서는 일본군 '위안부' 문제의 시발점으로 보는 요시다 세이지가 세운 '사죄비'를 그의 장남인 오타카 미키大高未貴(1969년생)가 '위령비'로 격하시키면서 관련 서적을 내놓는다.

고바야시는 『고마니즘 선언』에서 일본군 '위안부' 문제를 통해 일본을 사죄하게 만들려는 세력 이면에 좌익 확산형 반일 이데올로기가 작동하고 있다고 주장한다. 그런데 이는 일본군 '위안부' 문제를 인권적 차원에서 접근하는 게 아니라 일본 내 세력을 좌우익 관점에서 바라보는 것이라 한계가 분명하다. 특히 고바야시는 일본군 '위안부'에 대해 문제 제기하는 이들을 좌익으로 규정하며, 이들은 나라를 사랑하지 않을 뿐 아니라 붕괴시키려고까지 하는 세력이라고 질타한다. 좌우익의 이념 논쟁처럼 다룬 이것은 태평양전쟁이 침략 전쟁이었는가 아닌가라는 논쟁으로까지 이어졌는데, 고바야시는 확대된 논쟁보다는 일본군 '위안부' 자체에 대해서 먼저 논해야 한다고 주장한다. 즉 그의 '위안부'론은 태평양전쟁 가해국으로서 태평양전쟁의 침략 전쟁 여부를 논하지 않고 있기에 큰 틀에서 책임 회피를 전제로 하고 있는 것이다.

더구나 그는 일본군 '위안부'에 대한 TV 보도에 정보 조작이 있었다면서, 증언 내용을 번역하는 과정의 뉘앙스 차이를 지적하고 있다. 역사적인 근거 자료들에 대한 언급 없이 단지 이 자료들을 인용하면서 일본군 '위안부'의 강제연행을 강력히 부인하고 있어, 피해자의 직접적인 증언 자체를 전혀 신뢰하지 않음을 알 수 있다.

그러나 일본군이 '위안소' 설치에 얼마나 용의주도했는가는 인도네시아의 사례를 보면 잘 알 수 있다. 일본 육군성은 인도네시아를 점령하기 전부터 일본군 '위안소' 설치를 계획했다. 당시 후카다 마스오深田益男 군의관이 작성한 「인도네시아 위생 상황 시찰 보고서」에 따르면, '촌장에게 할당해서 매독 검사를 하고 위안소를 설치할 필요'가 있음을 강조하며 여성들을 강제동원해 위안소를 만들 것을 제안하고 있다. 이런 사실로 미루어 일본군 '위안부'가 결코 민간업자의 자율적인 판단에 의해 모집된 것이 아니며, 전쟁터에서의 일본군 '위안소' 운영 또한 일본군의 개입과 강제동원 없이 이뤄진 것이 아님을 알 수 있다. 그럼에도 불구하고 고바야시의 주장은 일본 내에서 사실로 증명된 논리로 인식, 유통되고 있다.

자주적인 근무가 허가 조건

'요시다 증언'에 대한 의혹과 문제 제기를 바탕으로 1990년대에 작품을 그리기 시작한 고바야시는 여성에게 매춘을 강요한 것은 일본 군부의 방침이 아니었다고 주장한다. 그에 대한 자료로 사쿠라이 요시코의 『직언!: 일본이여, 느긋해져라』[11]를 활용하고 있다. "분명히 1944년 말 네덜란드 여성들을 강요하는 형태로 '위안소'가 개설되었습니다. 그러나 '(여성이) 자발적으로 '위안소'에서 일해야 한다는 군 본부의 허가 조건'을 충족시키지 못했기 때문에, 이 시설은 개설한 지 두 달이 되지 않아 군 본부가 알게 되어 폐쇄되었습니다." 고바야시는 저서에 태평양전쟁 당시 일본의 점령지였던 네덜란드령 동인도 제도의 사례를 근거로 하여, 일본군이 강제연행이나 강요에 의한 '위안부'를 인정하지 않았다고 주장하고 있다. 또한 일본군이 인도네시아를 점령하고 나서 일본군 '위안소'를 열기까지의 경과에 대한 보고를 언급하고 있다. "(인도네시아) 현지의 군 책임자는 '위안소'를 설치하려면 면허가 필요하다고 결정했다. 면허는 어느 일정한 조건, 예를 들면 정기적인 성병 검진이나 지불에 대한 조건이 충족되어야 비로소 얻을 수 있으며, 또한 거기서 일하는 여성들이 자발적으로 일하고 있다는 것도 전제 조건이었다. 규칙에 따르면, 거기서 일하는 여성들이 '자발적으로 성 서비스를 제공하겠습니다'라는 취지의 진술서에 서명했을 때에만 면허가 교부되었다."

이를 통해 고바야시는 일본군 '위안부'에게 있어 '좋은 관여關與'를 했다는 내용이 입증되었다고 전제하면서, '여성이 자발적으로 일하는 것이 허가 조건'이라 명시되어 있었다는 논리를 제시한다. 특히 이 보고서 결론에 "매춘에 관여한 여성의 대다수는 강제매춘의 피해자가 아닌 것으로 볼 수 있다. 또한 일본군 '위안소'에 모인 유럽 여성에 대해서도 확실히 실력 행사가 있었는지에 관한 충분한 정보는 없다. 현재 입수한 문서에 따르면 네덜란드령 동인도 제도 각지의 일본군 '위안소'에서 일했던 200명에서 300명의 유럽 여성 중 약 65명이 매춘을 강요받았다는 것은 절대적으로 확실하다고 결론지을 수 있다"는 인용문을 통해 일본군에게 강제매춘의 방침이 없었다는 근거로 삼고 있다.

그러나 고바야시의 해석은 상당한 모순을 내포한다. 보고서에서 지역을 특정하지 않은 대다수 여성이 강제매춘의 피해자가 아님을 먼저 전제한 뒤, 유럽 여성에 대해서는 충분한 정보가 없다고 명시하고 있다. 이는 '지역을 특정하지 않은' 대다수 여성은 피해자가 아닌데, 유럽 여성은 피해자가 있을 수 있다는 여지를 두고 있어 강대국의 피해 여성들만 의식하고 있는 것으로 보인다. 게다가

혐한의 계보

고바야시는 이 문장을 "유럽 여성 65명의 확실한 피해자를 제외한 조선인·타이완인·동남아시아인 등의 대다수는 강제매춘 피해자가 아니라고 할 수 있다"며, '지역을 특정하지 않은' 대다수 여성에 대해 의도적으로 지역을 특정하고 있다. 이러한 해석을 근거로 고바야시는 군 명령에 의한 일본군 '위안부'의 강제연행에 대한 주장이 무너졌다면서 "'위안부 강제연행'설은 붕괴했다"고 주장한다.

그러나 일본군 '위안부'의 귀환과정을 보면, 그의 주장대로 자주적인 근무가 아니었음을 알 수 있다. 일본군이 연합군에 함락되기 직전에 일본군 '위안부'를 잔인하게 학살했으며, 태평양의 여러 섬에서도 학살과 잡단자결이 일어났기 때문이다. 또한 필리핀의 일본군 '위안소'에 있었던 조선인 여성들에 대한 미군의 심문 자료를 보면 일본군 스즈키 대좌는 처음에 후퇴하면서 일본군 '위안부'인 조선인 여성들에게 "당신들이 연합군에게 잡히면 일본의 불명예"라며 자신의 부대와 동행할 것을 명령했고, 일본군의 강행군으로 1명은 행군 도중 죽었으며 허약한 2명은 버려졌다고 한다. 무엇보다 일본군 '위안부'를 간호부 명부에 올려놓으면서까지 위장하려한 이유는 이들 존재를 은폐하기 위함이었음이 분명하다.

그럼에도 불구하고 당시 일본군 '위안부'가 자주적인 근무를 조건으로 일본군 '위안소'에 들어가는 것이 허용되었다고 하는 고바야시의 주장은 마치 역사 사실인 것처럼 확산되기 시작했다. 이는 일부 사례로 전체를 설명하는 논리적 모순임에도 불구하고 일본군 '위안부' 문제와 관련된 혐한 담론이 보수우파에게 얼마나 폭넓

게 받아들여졌는지를 잘 보여주는 사례다.

일본 일간지와의 상관관계

고바야시는 애초에 일본군 '위안부'의 증언 자체에 거짓과 착각이 포함됐을 가능성이 있기 때문에 증거와 검증 확인 절차 없이 일간지들이 보도하는 내용에 대해서는 의문을 품었다고 주장한다. 특히 『아사히신문』에서는 일본군 '위안부'가 확실히 존재했으며 일본군에 의해 강제연행되었다고 했지만, 『산케이신문』에는 완전 반대되는 논조들이 실렸기 때문이다. 그 원인을 설명하면서 고바야시는 평론가이자 만화평론가인 고치에이呉智英의 주장을 끌고 왔다. "『아사히신문』의 독자는 반권력 기사들을 좋아하기 때문에 '국가는 사죄하라'는 논조를 띠는 것이고 (…) 『산케이신문』의 독자는 보수가 많기 때문에 '상행위였다'는 논조를 지니는 것이다."

고치에이는 자국의 일간지들이 독자 요구에 맞춰서 기사를 작성했다고 주장한다. 이에 대해 고바야시는 신문을 하나만 읽으면 『아사히신문』과 『산케이신문』 중 어느 한쪽만이 독자들에게 거짓 역사를 세뇌시키게 된다고 말한다. 덧붙여 만화가 아닌 글만으로 '아사히' '산케이' 어느 쪽이 사실인가?'라는 별도의 장을 할애해 구성하고 있다. 서두에 양쪽 신문을 『SAPIO』 편집부에서 취재했다고 언급하고 있다. 『SAPIO』는 고바야시가 일본군 '위안부'와 관련된 만화를 본격 연재하면서 지식 담론의 장으로 활용한 매체다. 『SAPIO』 편집부가 취재과정에서 『아사히신문』으로부터 얻은 답변은 "지금까지 『아사히신문』 지면에 게재되어왔던 내용이므로 참조하시면 되겠습니다. 취재하는 방법이나 경위는 설명할 사항이 아니라고 여겨집니다"가 전부였다고 한다.

고바야시는 『아사히신문』의 이런 답변이 관료적이라며, 여태껏 관료들을 비판해온 『아사히신문』의 설득력 없는 답변이라고 일축한다. 오히려 독자 편지에서 강제연행이 없었다고 주장하는 사람이 80퍼센트를 나타낸다는 사실을 근거로 실제 여론과의 차이를 언급하고 있다. 이렇듯 고바야시는 주장하고 싶은 내용에 부합하는 것만 취합하는 데 일가견이 있다. 이는 그가 『신·고마니즘 선언』에서 한쪽으로 치우친 주장으로 독자들을 몰아가고 있다는 증거이기도 하다.

일본 교과서 내용

요시다 세이지가 자국의 교과서에 일본군 '위안부'의 강제연행을 기술한 것이 한 권도 없다고 한 주장에 대해, 고바야시는 교과서 내용을 근거로 요시다의 주장을 반박하고 있다.

(중국·조선인이 강제연행되어 가혹한 노동에 종사하게 되었다는 문장에 이어) 종군위안부로서 강제적으로 전장에 끌려간 젊은 여성도 다수 있었다(도쿄서적).

(학도병 정신대 조선·중국인 노동자 강제연행에 이어) 또한 조선 등의

젊은 여성들도 위안부로서 전장에 연행했습니다(오사카서적).

('조선인과 중국인·타이완인의 강제연행'이라는 제목의 칼럼에서) 또한 조선이나 타이완 등의 여성 중에는 전쟁터의 위안시설에서 일하게 된 사람도 있었다(시즈미서원).

(학도병 노동자 강제연행과 징병제에 의한 조선·타이완인의 출병에 대한 설명에 이어) 또한 여성을 위안부로서 종군시켜 지독한 취급을 했다(니혼서적).

(학도병 정신대 타이완·조선의 징병에 대한 서술에 이어서) 위안부로서 전쟁터의 군을 수행하게 된 여성도 있었다(니혼분쿄출판).

(조선·중국인 노동자의 강제연행과 조선·타이완인의 징병에 이어) 또한 많은 조선인 여성도 종군위안부로서 전쟁터에 보내졌다(교이쿠출판).

('조선인의 황민화 정책'이라는 제목의 칼럼에서) 남성은 군인으로 여성은 종군위안부 등으로 내몰려서 참을 수 없는 고통을 주었다(데이코쿠서적).

일본 교과서에 서술된 모든 문장에 괄호 안의 내용으로 조선과 타이완의 노동자들에 대한 강제연행이나 징병을 기술했다는 것이 고바야시의 견해다. 그는 작품 속에서 요시다의 주장을 전면 부정함과 동시에 요시다를 국어 실력이 없는 사람으로까지 몰아붙이고 있다. 그러나 일본 교과서에 서술된 문장을 자세히 살펴보면 일본군 '위안부'로 끌려간 여성들'도' 있다는 표현은 그 수가 많지 않다는 것으로 해석될 여지가 농후하다. 게다가 괄호 안에는 강제연행이라는 단어를 적어놓았지만, 막상 본문장에서는 '위안시설에서 일하게 되었다' 혹은 '종군시키다' '전쟁터에 보내졌다'는 서술형으로 강제연행의 의미가 사라져 있음을 알 수 있다. 특히 '니혼분쿄출판'과 '데이코쿠서적'은 강제연행이라는 용어를 괄호 안에조차 사용하고 있지 않으며, '군을 수행하게 된 여성'이나 '종군위안부 등으로 내몰려서'로 표현되어 있다. 이는 문맥적인 의미가 고바야시의 주장과는 다름을 알 수 있다. 한국 교과서에 기술되어 있는 내용과 비교해보면 그 확연한 차이를 알 수 있다.

김순덕 할머니는 17세 때 일본 공장에서 일할 여공을 모집한다는 말에 속아 중국 상하이로 끌려가 일본군 '위안부' 생활을 강요당했다. 일본군 '위안부' 여성들은 일제에 의해 조직적으로 강제징집되기도 했는데, 그 수는 무려 20여 만 명에 이르렀다. 일본군 '위안부'는 한국 여성뿐 아니라 중국, 동남아시아, 유럽 등의 여성들까지 동원했다. 2000년 '일본군 성노예 전범 여성 국제 법정'은 일본 전범자들의 유죄를 인정하고, 이에 대해 일본이 사실을 인정하고 배상

할 것을 선고했다. 그러나 일본은 여전히 배상은커녕 이러한 사실
조차 인정하지 않아 국제사회의 비난을 받고 있다(교육출판).

이처럼 한일 양국의 교과서에 서술된 일본군 '위안부'에 대한 분
량을 살펴보면 일본은 한 줄에 그치는 반면, 한국 교과서는 그 흐
름을 알 수 있을 정도로 서술해 상당한 차이가 난다. 일본 교과서
는 피해자의 증언에 관한 언급이 전혀 없지만, 한국은 피해를 증
언한 일본군 '위안부'의 이름과 증언 내용까지 적시하고 있다. 게다
가 일본군 '위안부'의 전체 피해 규모에서부터 제국 일본의 일본군
'위안부' 운영 사실이 인권 침해로 국제적인 인정을 받은 사실, 나
아가 이를 일본이 전적으로 외면하고 있는 현재 상황까지 언급하
고 있다. 따라서 역사교과서들의 단면만으로도 한국과 일본의 기
억 차이를 확인할 수 있으며, 이로 인해 향후에도 혐한이 지속될
가능성은 매우 높다고 할 수 있다.

일본의 성노예 담론

일본 여성도 피해자

고바야시는 『신·고마니즘 선언』에서 일본이 패전한 뒤 한국의 일
본군 '위안부'들이 피해를 증언하고 고소장을 제출하는 행동과 일
본 여성들이 피해 입은 것을 함구하는 모습을 비교하고 있다. "하

지만 일본 여성들 또한 비참한 과거를 겪었다. (…) 그럼에도 불구하고 일본 여성들은 비참한 일을 겪은 후 입을 다물어 전혀 발설하지 않은 채 가슴에 묻어 그 사실조차 없었던 것처럼 되었다."

작품 속에서 일본 여성들도 비참한 일을 겪은 사실을 예로 든 것은 만주에 소련군이 공격해왔을 때다. 당시 태평양전쟁을 일으킨 일본군이 만주까지 전선을 옮기면서 주둔해 있었기 때문인데, 한국의 일본군 '위안부'들과 피해 일본 여성들을 동일선상에 둔 것은 일본이 가해국이라는 사실을 배제한 발언이다. 일본군 '위안소'에 처음에는 유곽에서 일하던 일본 여성들이 이송되어왔으나, 인원이 점점 부족해져 식민 지배하에 있던 젊고 건강한 조선인과 재일조선인 여성들이 무작위로 이송되었다. 과정을 생략하고 원인을 제외한 결과론적 발언만이 일본 내에서 일본군 '위안부' 담론으로 형성되면서 역사 사실들이 점차 왜곡됐으며, 이는 현재 한일 관계에 큰 걸림돌이 되고 있는 것이다.

게다가 고바야시는 전쟁을 국가와 국가 사이의 외교 수단으로 바라보는 입장이며, 응당 많은 희생이 따르고 강요하는 일이 생기는 건 감수할 부분이라고 주장한다. 그의 작품 『전쟁론』에서도 일본이 전쟁 가능한 국가로 나아가야 한다는 주장이 되풀이되고 있다. 이는 미래 세대 여성들이 전쟁이 발발할 시 제2, 제3의 일본군 '위안부'로 강제연행되더라도 어쩔 수 없는 희생이라고 하는 말과 다르지 않을 것이다.

따라서 고바야시는 일본인 가운데 외국에 사죄하고 배상금을 지급할 것을 주장하는 국민을 위선자로 규정 짓고 있다. 오히려 그는 전쟁 중에는 업자로부터 속임을 당해온 사람도, 부모로부터 팔린 사람도, 성폭행을 당한 사람도 있었겠지만, 개인적으로 동정하고 싶은 이들은 민간기금으로 모금을 하면 된다고 말한다. 일본인 가운데 "일본군 '위안부'를 인정하고 한국에 사과해야 한다고 주장하는 이들의 나르시시즘을 만족시키기 위해 일본을 멸하지 말라"고 하는 그의 비난 속에 태평양전쟁의 피해국과 일본군 '위안부'의 피해자는 설 자리가 없다.

여유로운 삶

고바야시는 일본군 '위안부'의 생활이 매우 안락하고 높은 수준의 문화생활도 가능했다고 작품 속에서 그리고 있다. 이런 주장은 주로 미군이 전후 일본군 '위안부'에 관해 조사·작성했다고 하는 자료에 기반함을 밝히고 있다. "일본군 '위안부'들은 일반적으로 개인실이 있는 2층 대형 주택(보통은 학교 건물)에 숙박하고 있었다. (…) 식량 및 물자 배급량이 많지 않았지만, 원하는 물품을 구입할 수 있을 만큼 많은 돈을 받고 있었으므로 그녀들의 생활 형편은 좋았다. (…) 그녀들은 버마에 머무는 동안 장병과 함께 스포츠 행사에 참여하면서 즐겁게 지냈고, 피크닉, 연예회, 만찬회에 참석했다. 그녀들은 축음기를 가지고 있었고, 도시에 쇼핑하러 나가는 것이 허용되었다."

고바야시가 인용한 자료는 버마(지금의 미얀마)를 점령한 미군이 일본군 '위안부'를 심문하고 정리한 보고서 「미국 전시 정보국 심리작전반 일본인 포로심문보고 제49호」다. 이 내용과 함께 그려진 만화를 보면 일본군 '위안부'들이 군인들과 함께 연회에 참석하거나 야구를 즐기고 있다. 누워서 웃고 있는 일본군 '위안부' 앞에 군인이 돈주머니를 내밀고 있는 장면은 그들의 성관계가 금전을 매개로 이뤄진 것임을 상징화하고 있다. 또한 이것은 일본군 '위안부'들을 돈 벌기 위해 몸을 파는 성매매 여성으로 비하하는 것이며, 일본군 '위안부'의 얼굴 표정을 웃고 있는 모습으로 그려 강제연행이 결코 없었음을 형상화하고 있는 것이다.

그러나 2007년 7월 미국 하원은 "전시하의 일본군 '위안부'를 인신매매와 일본군의 성노예로 삼은 사실에 대해서 일본 정부는 인정하고 역사적 책임을 다하라"는 결의안을 내놓았다. 그리고 2007년 이전의 여성 인권과 관련해 가장 권위 있는 UN 인권위원회와 인권소위원의 특별 보고서 내용 또한 일본군 '위안부'를 전시하의 군대 성노예제와 조직적 강간 행위로 보고 있다는 점에서 미국 하원의 결의안과 일치하고 있다.

프로페셔널

고바야시는 작품 속에서 유곽과 일본군 '위안소'의 여자들을 동일선상에서 동일 성질의 것으로 언급하고 있다. 유곽이든 '위안소'든 불문하고 자유의사로 일하는 사람도 있고 그렇지 않은 사람도 있다는 것이 그의 주장이다. 덧붙여 일을 시작한 동기는 저마다 다르겠지만, 이들을 프로페셔널하게 봐야 하며 성노예로 보는 것은 오히려 그들에게 실례가 된다고 말한다.

그는 "일본군 '위안부'는 성노예다"라는 프레임이 일본 좌파에 의해 만들어지고 세뇌되었기 때문에 그 프레임에서 벗어나는 게 우선이라는 입장을 견지했다. "차별이 하나도 없는 인권 왕국을 만들자는 얘기입니까? 더구나 '인권 제일'을 내걸고 전쟁을 한 나라가 있나요? '위안소와 성폭력은 다릅니다!!" 이는 앞서 언급했듯이, 일본군 '위안부'를 인권적 차원에서 접근하는 것이 아닌 좌우의 이념 갈등으로 몰아가면서 본질적인 문제의식을 희석시킨 것이다. 그의 주장처럼 일본군 '위안부'는 성노예가 아니며 일본군 '위안소'가 '성폭력'이 이뤄지는 장소가 아니라는 것은 결국 피해 여성들을 성매매 여성으로 취급하는 것이다.

고바야시는 유곽과 매춘으로 인해 성범죄가 줄기 때문에 성매매 여성들이 사회에 도움이 되는 존재라고 주장한다. "매춘이 반드시 나쁜 것만은 아니다. 인정받는 매춘부도 있다. 전쟁 중의 '위안부' 또한 마찬가지다. 그녀들은 프로이며, 전장에서의 무질서를 질서로 바꿔주었기 때문에 감사해야 할 사람들이다." 그는 전쟁 당시의 일본군 '위안부'를 군대 성노예가 아닌 성매매 직업여성으로 여기며, 성범죄 예방을 위해 질서를 바로잡고 있는 이들로 재규정한다. 나아가 일본군 '위안부'를 아직 성 경험을 못 한 군인들의 총각 파티 대상으로 간주하고 있다.

이렇듯 고바야시는 일본군 '위안부'와 유곽과 매춘을 동일한 맥락에서 보기 때문에, 전쟁이 가능한 국가를 지향하는 그에게 일본군 '위안부' 또한 필수 불가결하다는 논리로 귀결된다. 더욱이 고바야시는 일본군보다 소련군의 성폭행이 더 심했다고 덧붙이면서 전쟁에서는 본디 이성의 끈을 놓고 폭력을 드러내는 것이 정상이라고 말한다. 게다가 남성의 신체적인 특성에 대해 성적으로 적나라하게 언급하는 대목도 있는데, 이는 피해자인 일본군 '위안부'에 대해 제2, 제3의 가해를 하는 발언이다.

더욱이 일본군 병사들 사이에서는 일본군 '위안부'의 이름이 아닌 국적을 대명사로 삼아 부르면서 성행위를 '정벌'이라고 표현했다. 이는 일본군 병사들이 착용한 콘돔의 명칭이 '돌격 일번'이었다는 것과 무관하지 않다. 일본군에게 일본군 '위안부'는 전쟁터에서 적군을 대하듯이 정복 대상으로 여겨졌고 그런 감정은 그들의 우월감을 높이는 수단으로 작용했던 것이다. 그들은 상관에게 구타당했던 울분과 전쟁터에서의 스트레스를 자신보다 약자인 일본군 '위안부'에게 풀었으며, 자연히 과도한 폭력과 하대가 비일비재할 수밖에 없었다.

계약금

요시다 세이지의 증언 가운데 눈여겨봐야 할 것은, 일본군 '위안부'가 몸팔이를 당해 전차금前借金, 즉 임금으로 변제할 것을 약정하는 근로계약을 체결했기 때문에 이들은 경제적, 물리적으로도 구속받았다는 사실이다. 따라서 요시다는 이런 계약이 사실상 성노예제라고 주장했다. 한편 고바야시는 이런 사실관계를 반박했다. "그러면 계약금을 받고 수년간 구단에서 구속받고 있는 야구선수들은 구球노예이고 (…) 나 역시 데뷔 당시에는 계약금을 받아서『점프』외에는 그릴 수 없었다. 나도 만漫노예(만화 노예)인가?"

고바야시는 일본군 '위안부'가 전쟁을 배경으로 하여 등장한 사실과 일본이 식민 지배를 한 국가와 점령지 여성들이 일본군 '위안부'로 동원되었다는 사실을 제외한 채 부적절한 등가교환식 주장을 펼치고 있다. 게다가 피해자인 일본군 '위안부'의 증언과 당시 가해자인 일본군의 증언을 비교하는 가운데 일본군의 증언을 더 신뢰하면서 "일본군 '위안부'는 정말로 성노예라고 부를 수밖에 없는 상황에 있었는가?"라고 반문하고 있다. 고바야시는 일본군 '위안부'의 증언만 신성한 것처럼 받아들여지는 상황을 비판하는데, 이는 피해자의 주장엔 기억의 조작과 거짓이 반드시 존재한다는 위험한 전제를 바탕으로 하고 있다.

현재진행형

지금까지 논했듯이 고바야시는 역사적으로 매춘이 고수입이기에 몸 파는 여자와 그것을 사는 남자들은 늘 존재했으며, 이는 전시나 전후나 변함없는 사실이라고 말한다. 그는 지금도 세계에서 마피아나 인신매매 중개인들이 음지에서 활약하고 있으며, 현재 한국에서는 연간 4000명 이상이, 중국에서는 약 1만8000명의 젊은 여성이 실종되고 있다는 사례를 덧붙인다. 평화 시기인 지금도 이

혐한의 계보

런 일이 발생하니, 전쟁 중에는 그 어떤 비도덕적인 일이 일어나도 이상하지 않다는 것이다.

그는 제국 일본이 수행한 전쟁과정에서 피해자였던 일본군 '위안부'를 일본군의 성욕풀이 대상으로 표현하고 있다. "조국을 위해, 후손을 위해 싸운 남자들의 성욕을 용서해라! 지금 시대를 살아가면서 싸우지 않는 망국의 썩은 남자들의 성욕을 규탄하라! 여자가 그것(매춘이나 유곽)을 한다면 나는 응원하겠다. 이 평화의 시기에 한 번이라도 돈으로 여자를 산 놈들은 일본군 '위안부'를 돈 주고 산 일본군 병사들에 대해 모욕할 자격 따위 없는 것이다." 더욱이 일본의 전중파戰中派였던 조상들은 조국과 후손을 위해 싸웠으니 일본군 '위안부'를 성욕풀이 대상으로 삼은 것에 대해 면죄부를 주는 게 마땅하다고 말한다. 전쟁의 필요성을 주장하는 고바야시는 평화 시대를 살아가고 있는 일본 남성들을 향해, 특히 좌파 성향 남성들을 향해 비하 발언을 서슴지 않고 반복했다. 그에게 있어 피해자인 일본군 '위안부'에 대한 일본 정부 차원에서의 사실 인정과 책임자에 대한 확실한 처벌 및 책임자들의 진심 어린 사과와 정신적·물질적인 배상보다는 태평양전쟁을 일으킨 일본군의 명예가 더 중요하기 때문이다.

따라서 그가 보기에 전쟁의 피해자인 일본군 '위안부'들은 피해자가 아닌 성매매 여성으로 존재해야 하며, 이는 그가 오히려 매춘이나 유곽을 응원하겠다고 말하는 이유이기도 하다. 그는 작품의 처음부터 끝까지 일본군 '위안부'를 매춘부와 동일시하며, 이 작품을 통해 형성된 1990년대 일본군 '위안부'에 대한 지식 담론은 다양한 루트를 거쳐 현재까지 이어지고 있다.

고바야시의 작품은 일본 역사수정주의자들의 활동과 운동이 일어났을 당시 일본군 '위안부' 문제를 그린 초기의 서브컬처다. 그런데 이들 작품에서 그려지는 일본군 '위안부'에 대한 주장은 그 후 보수우파에게 확산·유통되어, 현재도 일본군 '위안부'를 부정하는 보수 지식인 및 정치가들의 주장과 거의 겹치고 있다. 고바야시의 서브컬처와 기조를 같이하는 일본에서의 담론은 다음과 같다.

· 일본군 '위안부'는 존재했지만 그것은 상행위商行爲였다.

· 일본군에 의해 강제연행 당했다는 공식적인 자료나 문서는 없으며, 오히려 자유의지로 지원했다.

· 일본군 '위안부' 문제 자체가 존재하지 않는다. 그것은 반일 세력에 의해 창조된 것이기 때문이다.

· 전쟁 중에는 세계 각국에 공창제가 있었으며, 전장에서의 '위안소' 설치는 문제가 되지 않는다.

또한 우익 역사학자의 대표적 인물인 하타 이쿠히코秦郁彦는 "현재의 법적 상식으로는 시효 문제를 빼고서도 일본국이 금전적 보상 의무를 지는 것은 일본군 '위안부'들이 '관헌의 조직적인 강제연행'에 의해 리쿠르트된 것이 입증된 경우에 한한다"고 주장하고 있다.

혐한의 계보

두 내용을 살펴보면 이들은 일본군 '위안부' 동원과정에서 강제성 여부에 관한 법적 책임만을 연결지어 일본의 국가 책임을 극도로 제한시키고 있다. 이런 인식은 피해자에게 그 죄의 입증 책임을 요구하는 것과 크게 다르지 않다. 고바야시는 결론적으로 전쟁 중 일본군 '위안부' 문제와 관련해 정부나 군은 크게 문제시될 만한 직접적인 행동을 하지 않았다고 강하게 주장하고 있으며, 그는 이런 주장을 손쉽게 접근하고 이해할 수 있는 만화라는 매체를 활용해 표출하고 있다. 그는 일본군 '위안부' 문제를 '반일운동가에 의해 만들어진 1990년대의 발명품'으로까지 비하하고 있으며, 심지어 일본군 '위안부'의 가해자가 일본군이라는 것은 증명되지 않았다는 주장을 반복하고 있다. 따라서 그는 하지도 않은 일에 대해 일일이 사과하면 일본은 '노예국가'라는 이미지만 얻을 뿐이라고 지적하고 있다. "실제로 세계에는 '성노예를 가진 나라·일본'으로 이미 소개되고 있다!" 고바야시의 이 같은 주장은 하타 이쿠히코의 주장에도 반복해서 나타나고 있으며, 이런 점에서 고바야시의 주장이 보수우파 지식인들 사이에 확산, 유통되고 있었음을 알 수 있다.

물론 현재 고바야시의 주장을 반박할 역사 사료와 증거 문서들이 존재하며 연구되고 있다. 그럼에도 불구하고 일본의 우익 성향 인사들은 여전히 1990년대에 형성된 일본군 '위안부' 담론에 머물러 있어 이것이 한일 외교관계에 걸림돌이 되고 있다. 그렇다면 1990년대에 형성된 일본군 '위안부' 담론이 현재까지 이어지는 이유는 무엇일까. 이에 대한 해답은 다음의 구절들이 제시해준다. "할아버지들의 주장을 손자들에게 전달할 수 있을 것이다. (…) 이 국가에 대한 '소중함'을 가지지 않은 채 이 나라의 미래를 논할 수 없는 것이다! (…) 미래의 일본을 지키기 위해!"

결국 고바야시에게 있어 할아버지들을 강간범으로 만들지 않으려면 피식민지 출신의 일본군 '위안부'는 자발적인 성매매 여성이어야만 하는 것이다. 일본군 '위안부'들이 성매매 여성이 되어야만 일본군의 성폭력과 강간, 강제연행이 성립되지 않기 때문이다. 그러면 일본의 명예도 회복 가능하리라 여기고 있는 것이다. 그는 일본군 '위안부'에 대해 자발적 성매매 여성이라는 논리를 동원함으로써 가해 남성, 즉 일본군이자 선조들의 무고함을 호소하면서 하나의 지식 담론을 만들어온 것이다.

이처럼 서브컬처는 한일 외교 문제가 평행선을 달리도록 한 한 가지 요인이 되어왔다. 특히 2000년대부터 일본 정치권에서의 우경화 현상과 함께 우경문학 작품들이 등장했는데, 애국정신과 일본인의 자긍심 고취를 위한 서사시를 강조하고 있는 게 특징이다. 태평양전쟁에 대한 가해 책임의 희석을 넘어 일본인에게 자긍심을 불어넣는 스토리들이 등장하는데, 이는 1990년대에 고바야시가 선조들을 영웅화하려던 작업과 흐름을 같이하고 있다. 일본의 혐한이 일본군 '위안부'와 밀접한 관련이 있는 만큼 일본의 우익들이 주장하고 있는 내용에 대해 인식하고 있을 필요가 있다.

4장

**가족애를 통한
애국정신의 강화와 정치화하는
혐한**

1.
가족애와 애국정신 및 전쟁 가해 책임의 희석

일본 정치의 우경화 및 민족주의적 흐름으로 인해 우경문학 작품들이 인기몰이를 하고 있다. 보수 우경화를 지지하는 국민이 늘어나는 현상에는 다음과 같은 이유가 있을 것이다. 첫째, 1990년대부터 시작되어 '잃어버린 20년'으로 상징되는 경제적 정체, 둘째, 보수주의에 대한 견제 세력으로서의 일본 내 혁신 세력의 쇠퇴, 셋째, 일본 정부의 '사죄 외교'에 대한 반발, 넷째, 청년층의 우경 신봉, 다섯째, 보편적인 가치관보다 국가주의가 우선할 수 있는 일본적 특성이다. 우경문학 작품들 중에는 전범 미화나 역사수정주의 등의 내용이 있으며, 아무 제한 없이 문화계 전반에 걸쳐 조직적으로 생산되고 있다. 이러한 작품 중 대표적인 햐쿠타의 『영원한 제로』를 통해 그 의미와 문제점을 고찰하고자 한다. 이런 분석을 위해 먼저 노사카 아키유키의 『반딧불이의 무덤』을 통해 가족애와 전쟁 가해 책임의 희석이 문학적으로 어떻게 연계되어 있는지 파악해보자.

『반딧불이의 무덤』의 가족애와 전쟁 가해 책임의 희석

『반딧불이의 무덤』은 노사카 아키유키가 1967년에 발표한 작품으로, 1968년에 제58회 나오키 문학상을 수상했다. 또한 이 작품을 1988년 4월 영화감독 다카하타 이사오가 애니메이션으로 발표했고, 2005년 11월에는 니혼TV에서 패전 60주년을 맞아 드라마로 제작하기도 했다. 일본 안팎으로 많이 알려진 작품이며, 현재까지도 그 명맥을 잇고 있다. 작품의 전체적인 흐름은 다음과 같다. 태평양전쟁이 발발하고 미국의 대공습으로 인해 일본의 한 마을이 화염에 휩싸이자 열네 살인 오빠 세이타는 네 살 먹은 여동생 세쓰코를 업고 집을 나와 피신한다. 그러나 결국 집과 어머니, 아버지를 잃는 가운데 여동생을 향한 세이타의 희생적인 모습이 그려지고 있다. 즉 『반딧불이의 무덤』은 가족애를 주된 내용과 소재로 삼고 있다.

이 작품을 반전反戰문학으로 보거나 작가 노사카의 실제 인생과 작품 속 주인공인 세이타를 연결지어 바라보는 시각도 있다. 일본 내에서는 『반딧불이의 무덤』을 전쟁 및 기아 문제와 연계해서 보는 경향이 두드러졌다. 즉 전쟁 피해 및 전쟁의 비참함을 알리기 위한 수단으로 보는 것이다. 게다가 다카하타 감독이 만든 애니메이션이 발표되면서 원작과 애니메이션을 비교하는 논조들도 나오기 시작했다.

그러나 이 작품이 전쟁 기억과 가해-피해라는 논조가 두드러지는 작품임에도 불구하고 가족애라는 소재를 활용해 전쟁 가해 책임의 희석으로 이어진다는 구조적 진단은 거의 보이지 않는다. 일본 내에서도 전쟁을 반전이나 평화의 시각으로만 보는 것에 경종을 울리는 논점의 글이 시사지에 실린 적이 있지만 극히 드물었다. 특히 문학작품에서 자주 등장하는 B-29기의 존재로 인해 일본의 전쟁 가해 행위가 가려지고 책임이 희석되는 효과를 낸다는 점을 지적한 경우는 더더욱 찾아보기 힘들다. 따라서 여기서는 태평양전쟁을 소재로 한 『반딧불이의 무덤』 속에서 가족애가 어떻게 나타나는지 그리고 전쟁 배경을 묘사하는 과정에서 전쟁 가해 책임은 어떻게 희석되는지 분석해보고자 한다.

반딧불이의 의미

『반딧불이의 무덤』은 자전적 작품으로 널리 알려져 있다. 작가 노사카 아키유키는 1930년에 태어났으며, 그로부터 1년 뒤 만주사변이 일어났다. 그가 중학생일 때 태평양전쟁이 끝났지만, 그는 전쟁의 와중에 1년 4개월 동안 돌봤던 여동생을 영양실조로 먼저 떠나보낸다. 이러한 아픔을 바탕으로 작가는 전쟁 체험과 전쟁 속에서 더 굳건해지는 가족에 대한 애착을 그려내고 있다.

그러나 작가 자신과 주인공 세이타를 완전히 동일시해서는 안 될 것이다. "신인상을 받은 작품 내용에 허구적인 요소가 많다. 절반은 사소설풍이기 때문에 나 자신이 체험한 경험과 겹친다고 해서 작품의 주인공과 나를 동일시하는 경향이 있지만, 나는 그 정도로 상냥하지는 않았다. 나는 적어도 소설 『반딧불이의 무덤』에 나오는 오빠만큼 여동생을 아껴줬어야 했다. 이제 와서야 그 무참히, 뼈와 가죽만 남아 죽어갔던 동생을 애도하는 마음이 가득해, 소설 속의 세이타에게 그러한 마음을 담았다." 작가 스스로 밝히듯이 노사카는 작품 속 주인공처럼 여동생에게 친절하지도 않았고, 오히려 본인의 아쉬운 마음을 주인공 세이타에게 투영하고 있다.

작품을 살펴보면 반딧불이가 빈번히 등장하는데, 표기는 '蛍'로 하고 있다. 제목에서는 반딧불이를 'ほたる(蛍)'가 아닌 불火이 들어간 'ほたる(火垂る)'로 표기하고 있는데, 그 이유는 무엇일까. 작품의 시대적 배경이 태평양전쟁이기 때문에 불火이라는 대상은 전쟁을 뜻하기도 한다. "산책을 하려고 잠 못 이룬 채로 밖으로 나와 둘이서 오줌을 누는데, 그 위를 빨강과 파랑의 불빛이 깜빡이는 일본 전투기가 서쪽으로 날아간다. '저거 특공대야.' 뜻도 모르면서 세쓰코는 흐응 하고 고개를 끄덕이면서 '반딧불이 같아'라고 말한다."

여기서 전쟁을 상징하는 전투기를 반딧불이에 비유하는 것이 큰 특징이지만, 이 작품에서 '火垂る'는 반딧불이만이 아닌 죽음을 의미하는 불火과 밀접한 관련이 있다. "태어나 처음 인력거를 타고 불에 탄 도로를 달려서 도착하니, 어머니는 이미 위독해 옮길 수 있는 상태가 아니었다. 인력거꾼은 손을 절레절레 흔들면서 돈을 받지 않고 돌아갔다. 그날 저녁, 어머니는 화상에 의한 쇠약으로 숨을 거두었다."

미국의 공습으로 세이타의 어머니가 커다란 화상火傷을 입고 목숨을 잃는 장면이다. 이처럼 불과 관련된 묘사는 일차적인 불 그 자체를 표현함과 동시에 이차적인 의미의 화상으로 인한 죽음을 상징한다. 또한 '반딧불이의 무덤'이라는 제목과 직접적으로 연관되어 있기도 하다. "아침이 되자, 반딧불이의 반은 죽어서 떨어져 있었다. 세쓰코는 그 죽은 잔해를 방공호 입구 땅에 묻었다. "'뭐 하는 거야?' '반딧불이 무덤 만드는 거야. 고개를 숙인 채로 엄마도 무덤에 들어갔겠지.'" 여기서 세쓰코가 만든 반딧불이의 무덤은 엄마의 죽음과 동일시되고 있다. "세이타는 그대로 구덩이 곁에 누웠다. 주변에는 수많은 반딧불이의 무리가 있다. 하지만 세이타는 손으로 잡으려 하지 않는다. 이걸 보면 세쓰코가 외롭지 않을 거야. 반딧불이가 같이 있으니 말이야. 올라갔다가 내려갔다가 조금 옆으로 달리기도 하고. 이제 곧 반딧불이도 사라지겠지만, 반딧불이와 함께 천국에 가거라." 이런 측면에서 보면 반딧불이가 상징하고 있는 또 다른 의미는 영혼임을 알 수 있다. 즉 죽은 자의 혼이 반딧불이가 된 것이다.

이 작품의 시간적인 흐름으로 마지막 부분에 해당되는 내용을 보면 반딧불이가 상징하는 영혼들이 천국에 가길 바라는 마음이 잘 형상화되어 있다. "알사탕 통을 망설이다가 한번 흔들었더니, 달캉달캉 소리가 나는 그것을 역무원은 야구 투구 자세로 역 앞의 불탄 자리, 여름 잡초가 우거진 부근의 어둠 속으로 던졌다. 떨어진 순간 뚜껑이 열려 하얀 가루가 쏟아지면서, 작은 뼛조각 세

개가 굴러 나왔다. 풀숲에 있던 반딧불이가 놀라서 이삼십 마리가 분주히 빛을 깜빡이며 날아다니다 이내 곧 조용해졌다."

세이타는 여동생 세쓰코가 죽은 뒤 역시 기아에 허덕이다가 역에 가서 숨을 거둔다. 죽는 순간까지 여동생이 좋아했던 알사탕 통을 쥐고 있었는데, 그 안에는 여동생의 뼛조각으로 보이는 것이 세 개 들어 있었다. 이 부분에서 반딧불이는 '세이타 일가가 죽은 시기'와 겹치고 있다. 반딧불이의 생존 시기는 5월 하순에서 9월까지다. 작품에서 어머니가 돌아가신 날은 6월 6일이며, 세쓰코가 죽은 날은 8월 22일, 그리고 세이타가 죽은 날은 9월 21일이다. 이처럼 세이타 일가가 죽은 날들이 반딧불이를 볼 수 있는 시기라는 사실로 미루어볼 때, 반딧불이가 상징하는 내용은 죽음과 영혼임을 알 수 있다.

가족애와 B-29기를 통한 전쟁 가해 책임의 희석

『반딧불이의 무덤』에서 가족애가 얼마만큼 중점적으로 다뤄지며, 나아가 작품 속에 반복적으로 등장하는 B-29기와 가족애가 가리키는 의미가 무엇인지 분석해보자.

미국의 공습이 빈번해지던 이 당시 어머니가 주인공 세이타에게 입버릇처럼 한 말은 다음과 같다.

"세쓰코랑 같이 도망쳐. 나 하나쯤은 어떻게든 할 테니, 너희 둘이 무사히 살지 않으면 아버지한테 면목이 없어, 알았지?' 농담처럼 어머니는 말했다." 주인공은 어머니 말대로 세쓰코를 업

혐한의 계보

은 채 살기 위해 내달린다. 1945년 6월 6일 어머니가 먼저 돌아가신 뒤, 이제는 유언이 돼버린 말대로 세이타는 세쓰코를 보살피고자 무던히 노력한다. 작품의 시대 배경이 태평양전쟁인 만큼 주인공 어머니가 죽은 1945년 6월 6일이라는 시점 또한 짚고 넘어가야 한다. 실제 오키나와 전투는 태평양전쟁이 막바지이던 1945년 4월 1일부터 6월 23일까지 83일에 걸쳐 치른 전투다. 이오섬 전투(1945년 2월 16일~1945년 3월 26일)에 이어 최초로 일본 영토에서 발발한 미군과 일본군의 전면전이었던 것이다. 이는 일본인들에게도 큰 충격을 주었다.

어머니가 죽고 나서 세이타는 얼마간 어머니가 남긴 옷감을 팔아서 먹을 것을 마련하고 있었다. 그러나 어느새 이마저 여의치 않자 매일매일 부실한 끼니로 연명했다. 식량 배급으로 나오는 것은 쌀과 성냥, 돌소금뿐이었기 때문이다. 이로 인해 영양 보충을 못한 세쓰코가 점점 기운을 잃어가는 모습을 본 세이타는 다른 집에서 키우고 있는 먹거리를 서리하기 시작한다. "세이타는 밖에 나오면 반드시 가정집 텃밭에서 새끼손까락 정도의 오이와 파란 토마토를 훔쳐와서 세쓰코에게 먹이고……"

그러나 날이 갈수록 여위어가는 여동생을 바라보며 세이타는 서리의 범위를 넓힌다. "세이타는 밤이 되면 가정집의 텃밭도 모자라 농가의 고구마밭을 서리하고, 사탕수수를 뽑아 그 즙을 세쓰코에게 먹였다. (…) 옆으로 누워서 인형을 안고 깜빡깜빡 잠이 드는 세쓰코를 바라보며, 손가락을 잘라서 피를 마시게 하면 어떨까,

아니 손가락 하나 없어도 상관없어. 손가락 고기를 먹일까 생각했다." 공습경보가 울리면 사람들이 피신하는 틈을 타 먹을 것을 도둑질하던 세이타는 결국 농가 주인에게 붙잡히면서 처참하게 두들겨 맞고 파출소로 끌려간다. 먹을 것을 구하는 일이 점점 한계에 이르자, 세이타는 심지어 본인의 피와 살로 동생에게 굶주림을 해소해주고 싶다는 생각까지 한다.

　이렇듯 세이타가 여동생의 생존을 위해 음식물을 마련하고자 열심히 움직일 수 있었던 것은 어머니가 평소에 했던 말 때문이다. 또한 작품 내용을 살펴보면, 여동생의 모습을 보면서 아버지의 모습을 떠올리는 장면들이 있다. "새삼 보게 된 세쓰코의 알몸, 아버지를 닮아 피부색이 흰 (…) 아버지는 '이 아이는 분명히 기품 있는 미인이 될 거야'라고 말하셨다. '기품 있는'이라는 단어를 몰라서 되묻자, "음, 태어나기를 품위 있게 태어났다고 할까"라고 하시는 것이다. 분명히 기품 있는 모습이었으며 게다가 애처로웠다." 여동생의 피부색이 아버지의 피부색을 닮은 점, 여동생의 기품 있는 모습을 통해 아버지가 여동생에 대해 예전에 했던 말을 떠올리는 것은 세이타가 여동생에게 아버지를 투영하고 있는 것이다. 어쩌면 아직 살아 계실 거라 굳게 믿고 있는, 그리고 언젠가 자신들에게 돌아올 거라 확신하는 아버지의 존재가 세이타에게는 살아갈 의지를 북돋는 원동력이었다.

　그러나 일본의 패배로 전쟁이 끝났다는 사실을 알고, 결국 마지막 희망이었던 아버지마저 돌아가셨다는 것을 인지하는 순간, 세이타는 굳건했던 마음이 충격으로 무너진다. "그러면 아버지의 순양함도 가라앉아버린 건가? 한 번도 몸에서 떼어놓지 않았던 구겨질 대로 구겨진 아버지의 사진을 걸며 바라봤다. "아버지도 죽었다, 아버지도 죽었다." 어머니의 죽음보다 훨씬 더 실감이 났다. 이제는 정말 세쓰코하고 단둘이 살아가야 하는구나. 그러나 마음의 굳건함을 완전히 잃고 이제 어떻게 되든 상관없잖아라는 생각이 들었다. 그래도 세쓰코에게만은……." '구겨질 대로 구겨진 아버지의 사진'이라는 부분에서 주인공 세이타가 아버지의 사진을 항상 몸에 지녔고, 정신적으로 많이 의지했음을 알 수 있다. 여동생인 세쓰코와 둘이서 버틸 수 있었던 것은 언젠가 아버지가 돌아오리라는 희망과 기대감을 가졌기 때문이다. 그러나 정신적으로 의지했던 존재와 희망이 사라진 순간 세이타의 삶의 의지도 잠시 옅어진다. 하지만 세이타는 곧 정신을 차리고 여동생을 위해 주변 동네를 샅샅이 뒤지며 먹을 것을 구해온다.

한편 이 작품에서 남매가 친척 아주머니 집에서 살고 있었을 때, 그 친척 아주머니는 최선을 다해 여동생을 보살피는 세이타를 질책한다. "막내딸도 형도 국가를 위해 일하고 있는데, 적어도 너는 네 여동생을 울지 않게 해야 되지 않니? 도무지 시끄러워서 잘 수가 없구나." 친척 아주머니는 자기 자식들은 나라를 위해 일하고 있다는 것을 강조하고 있다. 다시 말해 여동생을 돌보고 있는 세이타는 나라를 위해 일하는 것이 아니니, 한심하다는 듯한 반응이다.

이를 계기로 세이타는 친척 아주머니 집에서 나오기로 결심한다. 이 사건은 작품 속에서 주요 전환 요소로 작용한다. 가족을 중시해온 세이타와 가족보다 나라를 위해 일하는 것을 더 가치 있게 여기는 친척 아주머니와의 대립 구도 속에서 세이타는 반감을 갖고 친척 집을 뛰쳐나오는 것이다. 태평양전쟁 당시 국가를 위해 헌신하고 전쟁에 나가는 것을 영웅시했다면 패전 이후에는 그런 분위기보다 바로 옆에 있는 가족을 지키고 챙기는 것이 당연시되었다고 볼 수 있다. 그렇기 때문에 작품에서 작가가 전하려는 메시지 또한 나라와 국가를 위한 희생보다는 가족을 위한 것에 초점이 맞춰져 있다.

작품 마지막 부분에서 세이타는 여동생과 같이 지냈던 굴 앞에서 여동생을 화장한 뒤 하얀 뼛조각들을 챙겨 본인 몸에 지닌다. 그리고 잠시 친척 아주머니 집에 들러 어머니의 유품 또한 자신의 몸에 두른다. "세이타는 새벽에 눈을 떠, 납 조각처럼 잘게 부서져 있는 하얀 뼈를 모아서 산을 내려와 (…) 친척 아주머니 집 뒷마당에 있는 노천 방공호 안에 가서, 물에 잠겨 둥글게 말린 어머니의 기모노 허리띠를 주워 허리에 둘러찼다. 아마도 세이타가 잊고 간 것을 버린 것이리라. 그리고 세이타는 다시는 굴로 돌아가지 않았다." 작품 마지막까지도 가족을 향한 애착이 이어지고 있다.

작품의 시작은 역 구내의 기둥에 기댄 채 굶어 죽은 세이타가 나오는 장면이다. 그리고 마치 회상하듯이 시간을 거슬러 올라가 어머니의 죽음을 맞고 그 뒤 아버지의 죽음을 맞이한다. 부모님의

혐한의 계보

임종 후, 여동생의 죽음을 끝으로 작품의 엔딩은 다시 세이타의 사망 직전으로 돌아온다. 세이타는 1945년 9월 21일에 사망하는데, 이는 태평양전쟁에서 일본이 패전한 직후다. "세이타는 죽었다. 전날 '전쟁고아 등에 관한 보호대책 요강'이 결정된 1945년 9월 21일 밤에."

8월 22일 여동생이 죽기 일주일 전, 즉 8월 15일에 세이타는 일본의 패전 소식을 듣는다. "8월이 되자, 연일 항공모함에서 전투기가 공격해와 (…) 8월 22일 낮, 저수지에서 수영하다 방공호에 돌아오니 세쓰코는 죽어 있었다. (…) 세이타는 일주일 전에 패전 소식을 듣고서는 자기도 모르게 외쳤다. '연합함대는 어떻게 된 거지?' '그런 건 벌써 옛날에 가라앉아버려서 한 척도 안 남았지.' 그것을 들은 한쪽 구석에 있던 노인이 자신감 있게 말했다." 작품 안에서는 8월 6일 히로시마와 8월 9일 나가사키의 원자폭탄 투하에 관한 언급이 없지만, 이로 인해 일본의 항복은 빠르게 유도되었다. 일본의 패전 소식은 해군이었던 아버지의 사망 소식으로 이어지는 것이며, 남매에게는 살기 위해 버텨야 하는 가장 큰 희망을 잃은 셈이다. 패전 소식 일주일 뒤 여동생이 죽고, 그로부터 한 달 뒤 세이타도 죽는다.

특히 작품 속에서 군사 무기 중 유일하게 폭격과 공습을 하는 항공기인 B-29기만 계속 언급되고 있다. B-29기는 태평양전쟁 당시 사용된 미군 항공기로, 세계 최초의 핵폭격기다. "6월 5일, 고베는 B-29기 350대 편대의 공습을 받아 후키아이, 이쿠타, 나다,

스마, 히가시고베 다섯 마을이 몽땅 타버렸다." B-29기는 작품에서 언급된 고베 지역 외에 일본 본토 66개 도시를 불바다로 만들었다. B-29기가 날아다니는 고도를 일본 전투기가 올라갈 수 없었기 때문에, B-29기는 호위기의 엄호 없이 단독으로 작전 수행을 할 수 있었다. 이렇듯 고공비행에서 폭격이 가능했기에 일본 전투기와 대공포는 전혀 대응할 수 없었다. 결국 B-29기는 일본에게 공포 그 자체였으며, 폭탄 지옥을 안겨주었다. 폭탄이 떨어진 곳에서는 화재가 발생해 많은 사람이 죽었으며, 도시 전체가 불타버린 암울한 시가지로 변했다. 태평양전쟁 당시에 사용되었던 군사 무기들 가운데 유독 B-29기만 작품 속에서 언급되는 것은 피해자 일본의 관점에서 태평양전쟁을 바라보기 때문이다.

더욱이 B-29기를 주인공인 세이타가 반갑게 맞는 역설적인 장면까지 등장한다. "쏟아져 나오는 피란민의 물결을 피해 몸을 웅크리고 숨겨 밤하늘을 올려다보니, 불꽃 위의 연기를 스치듯이 지나가는 B-29기가 산을 향해 날아간다. 바다를 향하고 있던 세이타에게 이미 공포는 없었으며, 오히려 반갑게 와아 하고 손이라도 흔들어주고 싶은 기분이었다." 왜냐하면 B-29기가 등장하면 경보를 울리게 되고, 경보가 울리면 사람들은 방공호로 피신하게 되기 때문이다. 이때 세이타는 여러 집을 당당하게 들어가서 비싼 옷들을 훔칠 수 있었다. B-29기로 인해 어머니를 잃어버렸음에도 불구하고, 세쓰코를 먹이기 위해 세이타가 B-29기를 환영하는 모습은 아이러니하게도 자매의 슬픔과 비극을 극대화하고 있다. 이처럼

혐한의 계보

일본에게 가장 큰 피해를 안겨준 B-29기에 대한 언급은 작품 속 여러 군데서 나타나지만, 정작 작품의 주요 시대 배경인 태평양전쟁에 관한 언급은 전혀 없다. B-29 폭격기 공습은 단란한 가족의 중추적 역할을 했던 어머니의 죽음을 초래했을 뿐 아니라 남매의 비극으로 이어졌다는 점에서 일본인의 피해자 기억을 증폭시키고 있을 뿐이다.

『반딧불이의 무덤』은 1967년 10월에 발표되었다. 이 시기의 일본은 고도 경제성장을 거쳐 안정화된 시기였다. 즉 패전 후 재건하는 일에 집중해온 일본 국민을 향한 메시지가 작품 속에 있는 것이다. 그것은 태평양전쟁을 망각한 혹은 전쟁에 대한 기억을 단지 과거로만 묻으려는 일본 국민에게 전쟁을 영원히 잊어서는 안 된다고 하는 메시지가 담겨 있을 것이다. 작품 속에서 전쟁을 상징하는 불, 그리고 작품의 제목에 불을 사용한 반딧불이 단어의 사용, 또한 영혼을 상징하는 반딧불이가 묻혀 있는 무덤…… 이 무덤을 현대를 살아가고 있는 일본 국민이 태평양전쟁을 잊어서는 안 된다는 것이다.

『요코 이야기』의 가족애와 조선인에 대한 인식

국내에서 2005년에 번역 출간된 『요코 이야기』는 1986년 미국에서 *So far from the Bamboo Grove*로 출간된 책이며, 작자의 히

키아게引揚げ(귀환) 체험을 바탕으로 쓴 자전 소설이다. 자전 소설은 수용적 측면에서는 '진실'이라 믿고 싶어하는 욕구가 존재하고, 발화적 측면에서는 '미화'하고 싶은 욕망이 존재한다. 히키아게는 일본의 태평양전쟁 패전 후, 국외에 살고 있던 일본인들이 고향으로 귀환한 역사 사실을 일컫는다. 일본어판은 2013년 7월 19일이 되어서야 『대나무숲 저 멀리: 일본인 소녀 요코의 전쟁 체험기』로 출판되었고, 중국에서는 출판이 금지되었다. *So far from the Bamboo Grove*는 미국의 한국계 학생이 문제를 제기하고 수업을 거부하면서 세간의 관심을 끌기 시작했다. 미국의 한국계 학부모들과 주미한국 외교 기관에서는 여러 학교와 교육위원회 관계자들에게 이 책의 교재 채택을 재고해달라는 활동을 벌이기도 했다.

이 작품이 한국어판으로 나왔을 당시 역사 왜곡 사실이 문제되어 출판물이 회수되기도 했다. 『요코 이야기』 속 역사 왜곡과 작가의 민족주의에 관해서는 2007년 7월 14일 '한일, 연대21' 주최로 열린 '가해와 피해의 기억을 넘어서'라는 심포지엄을 통해서 "한 개인의 체험을 넘는 커다란 역사 맥락에 대한 언급이나 이해, 역사의 비판적 검토나 성찰과 같은 것이 텍스트와 작가에 대해서 요구되는 것은 당연하다"라는 논의가 전개되었다. 실제로 일제강점기와 한국전쟁을 둘 다 겪은 재미교포 작가 최숙렬씨는 이 책을 읽고 몹시 분노해 자신이 어린 시절 직접 보고 겪은 일제의 만행과 남북 분단 과정을 자세히 다룬 『떠나보낼 수 없는 세월』을 영어권에서 출간하기도 했다.

혐한의 계보

이처럼 작품 속 열두 살 소녀의 시선이 패전 후 일본 국민이 갖게 된 피해 담론을 정교화하는 것이라는 비판은 있지만, 이러한 역사 인식에서 구체적 문제가 되는 일본인들의 조선인 인식은 거의 고찰되지 않고 있다. 따라서 여기서는 『요코 이야기』 속에 나타난 일본인관과 조선인관에 대해 살펴보고, 궁극적으로는 일본인에 대한 한국인의 폭력 장면 등 작품에 내재되어 있는 혐한 인식을 고찰해보고자 한다.

『요코 이야기』의 줄거리는 다음과 같다. 조선 북쪽의 나남이라는 도시에 살고 있던 주인공 요코 가와시마는 일본이 태평양전쟁에서 패전하자 식민지인 조선에서 고국인 일본으로 돌아가야 하는 피란민이 되었다. 그녀의 오빠 히데요는 군수공장에 고용돼 있어 가족과 헤어지고, 오빠 역시 피란민이 되어 일본군과 조선인 양쪽 모두를 피해다닌다. 그녀의 가족들은 서울과 부산을 거쳐 배를 타고 일본으로 귀환할 때까지 조선인들로부터 위협을 받으며 여러 난관에 부딪힌다. 열두 살인 요코와 열일곱 살인 그녀의 언니, 그리고 그녀의 어머니가 후쿠오카에 도착하자 그들은 어머니가 자랐던 교토로 이동하고, 교토에 도착한 뒤 어머니는 조부모가 있는 아오모리를 향해 도움을 청하러 떠난다. 그러나 조부모는 폭격으로 인해 이미 오래전에 사망했다는 사실을 알게 된다. 다시 교토로 돌아와 요코에게 이런 소식을 전한 어머니는 끝내 역에서 숨을 거두고 만다. 어머니의 사망 후 악재 속에서 전전긍긍했던 요코 자매는 이윽고 몇 달 뒤 오빠 히데요를 만나 한자리에 모이게 되고, 히데요는 자신이 어떻게 북조선에서 탈출해 일본으로 귀환할 수 있었는지 그 과정을 이야기해준다.

앞서 언급했듯이 『요코 이야기』는 귀환한 시점인 1945년 8월 15일로부터 40여 년이 지난 1986년에 쓰인 작품이다. 작가 요코 가와시마 왓킨스(1933~)는 미국에 거주하는 일본계 미국인이다. 『요코 이야기』는 태평양전쟁에서 일본이 패전한 전후의 시점을 다루고 있다. 그러나 일본이 소련 및 중국 등과 벌인 제국주의 전쟁과 조선을 식민지화하고 조선의 항일 세력을 말살하기 위해 벌인 수많은 전쟁은 작품 속에 등장하지 않는다.

『요코 이야기』는 크게 두 부분으로 구성되는데 한국어판 기준으로 살펴보면, 총 287쪽 가운데 처음부터 174쪽까지(일본어판은 225쪽 중에서 처음부터 134쪽까지)는 1945년 7월 29일 밤부터 1945년 9월 말경 부산항을 떠나기까지의 과정을 회상하고 있다. 그 뒤의 내용은 1947년까지 교토에서의 생활을 시간 순서에 따라 서술하고 있다. 또한 이 작품은 1945년 당시 열두 살의 요코 가와시마 왓킨스와 그녀의 언니, 엄마의 귀환 과정을 주로 묘사하면서 중간중간에 그녀의 오빠가 북조선에서 어떻게 귀환했는지를 자신들의 귀환 과정과 구분하여 설명하고 있다.

일본의 전시 및 패전 상황 묘사

이 작품은 식민지 조선을 배경으로 하고 있지만, 태평양전쟁이 일어나고 일본이 점차 불리한 상황으로 내몰리면서 패전이 머잖은

혐한의 계보

상황을 잘 기술하고 있다. "오래전부터 학교는 조금씩 달라지고 있었다. 3교시를 마치면 모든 수업이 끝이었다. 남자 선생님들은 군복을 입었다. 도조 수상의 명령에 따라 여자들은 발목을 동여맨 황갈색 바지에 단순하게 재단된 긴소매 블라우스로 이뤄진 국민복을 입어야 했다. 여학생들도 마찬가지였다. 학교 일과 중에는 군대를 지원하는 일도 포함되어 있었다. 빈 깡통을 모은다든지, 병기창에서 뻣뻣한 군용 장갑을 끼고 큰 상자에 담긴 못쓰는 총알을 골라낸다든지 하는 일이었다."

주인공이 학교에서 직접 경험한 사실을 통해 태평양전쟁의 전시 상황을 묘사하는 장면으로, 이는 전쟁을 경험하지 못한 오늘날의 젊은이들에게 간접 체험을 하게 해주기도 한다. 전쟁의 험난한 분위기 속에서도 주인공 집안은 일본으로 되돌아갈 수 있다는 확신을 갖고 있음이 드러난다. 그렇기에 일본에 돌아갔을 때 도움이 될 만한, 남들에게 뒤처지지 않기 위한 여러 과외활동을 하는 모습이 그려져 있다. "시시각각으로 전쟁이 다가오고 있는데도 우리는 여전히 과외활동을 계속해야 했다. 서예뿐 아니라 다도, 꽃꽂이, 시 짓기, 독서, 일본 전통 무용 등 부모님은 우리가 배우는 그 어느 것 하나도 그만두지 못하게 했다. (…) 오월 어느 날, 저녁 식사를 하던 중이었다. 사흘이나 연달아 먹고 있는 당근과 두부 요리가 지겨워 나는 반찬 투정을 하기 시작했다." 과외활동뿐 아니라 음식 투정도 한다는 것은 전쟁의 와중에도 주인공 집안이 물질적·정신적인 여유를 누렸음을 보여준다. 이로 미루어 조선에서 거주한 일본인들이 풍요로운 생활을 했음을 알 수 있다. "매일 사이렌이 울렸다. 집에 있을 때면 우리는 비상 배낭을 움켜쥐고 방공호로 뛰어들었다. 학교 바깥에서 일하고 있을 때 공습이 시작되면, 땅바닥에 찰싹 몸을 붙였다. 미군 폭격기들은 언제나 편대를 지어 날았다. 에노모토 선생님은 그 폭격기들이 도쿄를 비롯한 일본의 큰 도시들을 공격했던 B-29인 것 같다고 했다. 비행기들이 날아올 때마다 나는 우리 마을도 온통 불바다가 되고, 우리도 다 타죽을지 모른다는 두려움에 떨었다. (…) 밤마다 경보 사이렌 소리에 잠을 깼다. 집 안이나 바깥이나 모두 캄캄했기 때문에 야간 공습은 더욱 무섭게 느껴졌다. 밤이면 비행기들은 아주 낮게 날면서 폭탄을 퍼부었다. 온 세상을 뒤흔들어놓는 듯했다. 우두두둑……."

여기서 언급된 미군 폭격기 B-29는 실제 태평양전쟁 때 사용된 항공기다. 1945년 3월 9~10일에 일어난 도쿄 대공습에서 히로시마와 나가사키에 원자폭탄을 한 발씩 투하한 기체이기도 하다. 더욱이 '우리 마을 혹은 고나마치この町'가 가리키는 곳은 조선 땅이다. 당시 일본이 조선 땅을 식민 지배하고 있었던 터라 미군 항공기가 조선까지 불바다로 만들고 조선인까지 타죽게 만들었음에도 도쿄 대공습에 대한 언급만 중점적으로 하고 있다.

소련군까지 조선 땅에 들이닥칠 것임을 나타내는 장면도 묘사된다. "'그만큼 급한 일이라 저도 있는 힘을 다해 달려온 겁니다. 소련군들이 상륙했다니까요. 그들이 지금 눈에 불을 켜고 여러분을 찾고 있단 말입니다. 잡히면 죽을지도 몰라요.' '왜요?' '남편분 때문이지요. 만주에서 일본 정부를 위해 일하고 계시니까요.' (…) '서울역 앞에서 만나자는 쪽지를 하나 남겨두고 떠나십시오.'" 작가의 아버지가 만주에서 일본 정부를 위해 고위 관리로 근무하고 있었기 때문에 소련군과 뒤에 나오는 인민군들이 눈에 불을 켜고 찾고 있는 상황이다. 또한 전쟁의 양상이 바뀌고 있으며, 이에 따라 주인공들은 조선의 동북쪽인 나남에서 서울역으로 피란갈 것을 예견하고 있다.

작가와 작가의 언니 그리고 어머니가 먼저 피란길에 오르면서 고생 끝에 서울역에 도착했고, 그곳에서 느낀 장면들이 묘사된다. "마침내 역이 보이는 곳까지 왔다. 대낮 같은 불빛이 역 광장을 훤히 밝히고 있었다. 그러나 그 밝은 불빛 아래 드러난 광경에 너무 놀란 나머지 나는 정신이 번쩍 들었다. 병원 트럭과 군용 트럭들이 마구 뒤엉킨 채 역 광장을 가득 채우고 있었기 때문이다. (…) 기차는 짙은 어둠을 뚫고 계속 달렸다. 아무리 창밖을 내다봐도 보이는 거라고는 어둠뿐이었다. 나는 배낭을 다리 사이에 끼운 다음 그 위에 머리를 얹고 잠이라도 좀 자려고 애를 썼다. 그러나 사나운 바람 소리에다 환자들의 끙끙 앓는 신음 소리 때문에 제대로 잠을 이룰 수가 없었다." 당시 조선의 서울역은 일본의 지배로 인해 병원 트럭과 군용 트럭들로 가득 차 있었고, 간신히 몸을 실은 기차 안은 어둠과 환자들의 앓는 소리로 가득 차 참혹했다.

태평양전쟁 중 피란 상황에서 일본인과 조선인 구별이 이뤄지고 있으며, 작가는 조선인 중에서도 공산당인지 아닌지 확실하게 구분이 이뤄지고 있음을 묘사하기도 한다.

"그들은 자기들처럼 철길을 따라 걷고 있는 수많은 조선인과 일본인을 만나게 되었다. 여자들과 아이들도 있었다. '이보게. 자네들은 일본인인가, 조선인인가?' 히데요네와 동행하게 된 한 노인이 일본말로 말을 걸었다. '저희는 조선 사람입니다. 그렇지만 공산당은 아니에요.' 경계심을 풀지 않은 히데요가 조선말로 대답했다. (…) '꼼짝 마!' 서툰 조선말로 누군가 소리 질렀다. 맞은편 수풀에서 러시아 군인 두 명이 기관총을 멘 채 뛰어나오고 있었다. (…) '너희는 인민군인가?' 러시아 군인이 물었다. '예, 그렇습니다!' 모두 동시에 대답했다." 작가의 오빠인 히데요는 공산당인 소련군과 인민군들이 아버지를 잡는 데 혈안이 된 것을 알고 있기 때문에, 그의 아들인 자신 또한 충분히 노리고 있을 거라 여겼다. 그래서 스스로 공산당이 아님을 조선말로 밝혀야 하는 조선에서의 전시 상황을 작품 속에서 묘사하고 있는 것이다. 주인공들이 조선말로 조선인인 척하는 장면들은 새로운 장소로 이동할 때마다 작품 곳곳에서 등장하고 있다.

작품 속 주인공들은 일본이 태평양전쟁에 진 것조차 모른 채 계속 피란길에 올랐다.

"뚱뚱한 (일본) 경찰이 이제 어디로 갈 거냐고 마지막으로 물었다. 북쪽에서 아들이 올 때까지는 여기 서울에 머물러야 한다고 어머니가 대답했다. 전쟁이 끝나는 대로 다시 나남으로 돌아갈 거라는 말도 덧붙였다. 경찰이 내뱉듯이 말했다. '전쟁은 이미 끝났소.' 우리는 모두 그만 넋이 빠져버렸다. '예? 언제요?' 다그치듯이 언니가 물었다. '어제였소. 그러니 이제 돌아갈 수도 없어요. 그래서 지금 저렇게 많은 피란민이 북쪽에서 내려오고 있는 거요. 이제 일본인들은 조선 땅에서 위험한 신세가 됐어요.' (⋯) '일본은 패망했소. 나가사키와 히로시마는 지금 지옥이나 매한가지요.'"

여기서 일본 경찰과의 대화는 주목할 만하다. 조선에서 근무하던 일본 경찰은 태평양전쟁이 일본의 패배로 끝나자 일본인 피란민들이 북쪽에서 계속 내려오고 있으며, 이제 조선 땅에서 위험한 신세가 되었다고 얘기하고 있다. 이는 당시 일본인들이 조선인을 보는 시선과 현재 작가의 한국인에 대한 시선을 알 수 있는 대목이기도 하다. 작품 속에서 이 같은 혐한 내용은 여러 군데에 나온다. 또한 나가사키와 히로시마는 지옥이라고 표현하는 부분에서 자칫 일본이 피해자라는 점만 강조한 것으로 이해될 수 있다.

패전 후, 조선에서 살고 있던 일본인 피란민들이 부산에서 배를 타고 일본으로 돌아가야만 하는 상황도 묘사되고 있다.

"마침내 사흘째 되는 날, 기차가 부산역에 닿았다. 부산역도 발 디딜 틈 없이 붐볐다. 우리는 항구 옆의 창고로 가라는 지시를 받았다. '여기서 우리 아들을 좀 기다리면 안 될까요?' 어머니가 조선인 관리에게 물었다. '그럴 수 없소. 이제 곧 여기서 조선의 독립 기념식을 할 예정이오. 그러니 어서 가시오.' (⋯) 독립을 기념하려는 사람들이 역으로, 역으로 몰려들고 있었다. 남녀노소를 막론하고, 오늘을 위해 제일 좋은 옷으로 갈아입은 조선 사람들이 깃발을 흔들면서 거리를 가득 메웠다. 사진을 찍고 있는 미국 군인들도 보였다."

부산역에 도착한 뒤 주인공의 어머니가 역에서 아들을 기다리고 싶다고 조선인 관리인에게 말하지만, 관리인이 일본인의 요청을 매몰차게 거절하는 장면이다. 그러나 작가가 당시 '타인에 대한 이해심'을 발휘해 조선인의 입장에서 바라봤다면, 오랫동안 간절히 바랐던 조선의 독립기념식에 일본인이 있길 원치 않는 이들의 마음을 이해할 수도 있었을 것이다.

주인공들은 고국인 일본에 돌아가면, 자국민에게 환영받을 것이고 조선 땅에서 받았던 위협이나 공포는 없을 것이라 여겼다. "저기다, 막둥아. 바로 저기가 일본이야. (…) 드디어 우리 나라에 온 거야. 우리를 환영하고 안전하게 지켜줄 우리 나라에 오게 된 거야. 할머니, 할아버지가 우리에게 맛있는 음식과 편안한 잠자리도 마련해주겠지." 그러나 그 모든 것은 산산이 부서진다.

"그러나 지금 폐허가 되다시피 한 후쿠오카의 풍경은 내게 말할 수 없는 충격을 안겨주었다. 불타버린 들판, 무너진 집들과 건물들, 심하게 타버려 가지 하나 없이 고통스럽게 서 있는 나무들. (…) 게다가 우리를 대하는 저 남자의 태도는 또 어떤가. 그는 마치 이렇게 말하는 듯했다. '도대체 왜 왔소? 우리는 당신들 없이도 잘 살고 있는데.'" 후쿠오카는 폐허가 됐으며, 오히려 주인공들은 일본인들로부터 왜 돌아왔냐는 눈치를 받는다. 잠자리에서 불안에 떠는 것 또한 조선에서와 크게 다르지 않았다.

"그날 밤 나는 몇 번이나 잠이 깼는지 모른다. 누군가 우리를 덮칠지도 모른다는 불안감에 눈을 뜨기도 했고, 우리 물건들을 다 훔쳐갈지도 모른다는 생각에 겁이 나서 나도 모르게 벌떡 일어나 앉기도 했다. 화장실에 갈 때도, 그곳에 남자들이 숨어 있을지도 모른다는 두려움에 자는 언니를 깨워야 했다."

게다가 패전 후 일본 거리의 명암이 극명하게 대비되는 모습은 주인공들을 적잖이 놀라게 만든다.

"그건 정말이지 또 다른 세계였다. 역에는 피란민들, 거지들, 부상병들, 소매치기들, 고아들, 창녀들이 기차역을 집 삼아 득시글거리고 있었다. 그러나 몇 발 떨어진 곳에서는 근사한 옷을 입고, 돌아갈 집이 있는 사람들이 평화롭게 직장을 향해 가고 있었다."

그리고 주인공들에게 맛있는 음식과 편안한 잠자리를 마련해줄 거라 믿었던 외조부모와 친조부모는 전부 미군의 공습 때 죽어 주인공들의 마지막 기대마저 사라진다.

"'할머니, 할아버지는 어떠세요?' 어머니는 힘이 하나도 없는 듯 천천히 고개를 저었다. '폐허가 (…) 되어버렸더구나. 죄다. (…) 너희 외조부모님도 친조부모님도 다 돌아가시고 말았어. 칠월에 있었던 폭격에.'"

이렇듯 이 작품은 일본의 패전 전후의 상황과 조선에서 피란길에 오르는 일본인 가족들의 곤경과 위험 요소, 그리고 일본에 도착했을 당시 폐허로 변한 도시와 일본인들의 냉대라는 상황만을 중점적으로 그리고 있다.

일본인관

『요코 이야기』에 등장하는 주인공들은 전쟁의 모든 책임을 일본 정부 탓으로 돌리고 있다. 작품 속에서 태평양전쟁 중, 주인공들 집에 험악하게 생긴 일본 경찰들이 쳐들어와 전쟁 물자를 조달하는 장면이 나온다.

"집주인의 허락이 있어야 드나들 수 있는 현관에 네 명의 일본 경찰이 군화를 신은 채 불쑥 들어섰다. (…) 험악하게 생긴 한 경찰이 어머니에게 명령했다. '우리는 지금 쇠붙이들을 모으는 중이다. 철이나 구리, 금, 은 이런 것들 말이야. 있는 대로 다 내와.' (…) '정부가 전쟁 물자를 조달하느라 혈안이 돼 있는 게 틀림없습니다.'"

또한 일본 정부가 결정 내린 진주만 공격을 주인공들은 부정하며 잘못된 일이라고 지적하고 있다.

"우리 나라가 전쟁을 일으키려고 진주만을 공격한 건 하나도 잘한 짓이 아니야. 우리 정부가 내렸던 이 결정에는 아버지도 동의하지 않으신다." "전쟁이 우리가 가지고 있던 모든 것을 빼앗아가고 있잖니. 평화라든지 사랑, 행복 같은 것 말이다. 남편이나 아들을 잃느니, 차라리 우리 나라가 지는 걸 보는 편이 낫겠다!"

작가의 아버지는 실제로 일본 정부의 고위 관리였음에도 불구하고 진주만 기습에 동의하지 않았다는 내용도 언급되고 있다.

주인공들, 즉 보통의 일본인들은 평화·사랑·행복을 원했지만,

일본 정부가 전쟁을 일으킨 것이라면서 전쟁에 대한 책임을 오로지 나라 탓으로 돌린다. 이는 평범한 일본인들은 전쟁에 대한 책임과는 무관하며, 억울한 피해자임을 강조하는 것이다. 이로써 그들은 조선의 식민 지배에 대한 사죄와 반성에 대한 필요성 및 의무로부터 자유로워지는 셈이다.

그러나 보통의 일본인들 역시 조선에 거주하면서 조선인들의 집과 토지를 수탈해 이를 기반으로 혜택을 누렸다. 일본은 1910~1918년 토지조사사업을 진행해 한국의 토지를 수탈했고, 이를 일본에서 넘어온 이민자들에게 싼값으로 넘겼다. 따라서 조선에 거주하게 된 일본인들이 피해자라고 주장하는 것은 이치에 맞지 않는다. 또한 현재 일본이 토지조사사업 등을 비롯해 불법적으로 수탈해간 토지는 여전히 당시 소유자들에게 100퍼센트 귀속되지 않은 상황이다. 따라서 당시 일제강점기에 보통의 일본인들이 조선인들에게 입힌 피해는 현재진행형이라고 할 수 있다.

『요코 이야기』에 태평양전쟁의 전후 배경 설명은 나오지 않는다. "조선의 동북쪽에 살고 있었지만, 우리는 일본인이었다. 기억에 없는 내 나라 일본은 사 년간이나 미국과 영국을 상대로 전쟁을 벌이는 중이었다. 아버지가 일본 정부의 관리로 만주에서 일하고 있었기 때문에, 나는 조선의 이 오래된 마을인 나남에서 자라게 되었다. 우리 집은 만주 국경으로부터 약 팔십 킬로미터 떨어진 곳에 있었고……." 영어판과 한국어판에만 막연하게 일본이 4년 동안 미국과 영국을 상대로 전쟁을 벌이는 중이라는 언급이 있을 뿐, 일본어판에는 이조차 번역과정에서 삭제해버렸다(My country, Japan, which I had never seen, had been fighting America and Britain for four years). 따라서 2013년에 일본어판이 나온 이유는 패전 후 일본의 전쟁 범죄에 대한 책임 희석과 역사 왜곡의 도구로 활용하기 위함이 아니었는지 의구심이 들 수밖에 없다.

또한 작가 자신이 겪은 고통을 반복해서 강조하는 내용이 등장한다. 대낮의 수업 중에도 미군 비행기가 식민지 조선의 하늘을 날아다녔으며, 이에 일본인들은 남녀노소 불문하고 겁에 질린 생활을 한 장면이 묘사된다.

"미국 비행기 세 대가 우리 머리 위를 줄지어 날아가는 중이었다. 그때 갑자기 '당장 고개 숙이지 못해!' 하고 에모토 선생님이 고함을 질렀다. 겁에 질릴 정도로 무섭고, 화가 단단히 난 목소리였다."

또한 이 작품은 일본이 태평양전쟁을 일으킨 내용은 한마디 언급도 없이 도쿄 대공습만 계속 언급한다. "나는 지난 사월 일본으로부터 날아든 끔찍한 소식을 떠올렸다. (…) 지시 사항을 다 알려주고 나서도 잠시 동안 창백하고 굳은 표정으로 서 있기만 하던 선생님이 이윽고 어렵게 입을 열었다. '이런 이야기를 하게 되어 참 슬프구나. 미군 폭격기가 도쿄를 공격했단다. 지금 도쿄는 거의 다 파괴되었다는구나.' (…) 정오 뉴스를 듣기로는 거의 대부분의 사람들이 죽었다고 한다. 도쿄는 지금 불바다가 된 모양이다."

작가의 친오빠인 히데요가 피란길에서 만난 노인, 즉 일본인 남

혐한의 계보

자 두 명이 조선말로 일본의 패전 상황을 주고받는 내용도 등장한다.

"'할아버지는 남쪽으로 가시는 길인가요?' 히데요가 조선말로 노인에게 물었다. '나는 일본으로 돌아갈 거네. 그럴 수만 있다면 말이야. 일본이 전쟁에 지다니…… 이런 통탄할 일이……' 히데요는 너무 놀란 나머지 하마터면 비명을 지를 뻔했다. '전쟁에 지다니요? 그럼 전쟁이 모두 끝났다는 말씀입니까? 언제요?' (…) 노인이 서툰 조선말로 대답했다. '팔월 십칠일이네. 모든 게 다 끝장났어. 라디오에서 천황이 하는 말을 들었지.' 갈라지는 음성으로 노인은 말을 이었다. '미국이 히로시마와 나가사키에 엄청난 폭탄을 떨어뜨렸다는 이야기도 들었네. 다 끝난 거야!' 쭈글쭈글한 노인의 얼굴 위로 눈물이 강처럼 흘러내렸다."

일본이 패한 상황에서 조선 땅에서 일본어로 대화하는 것은 어쩌면 자신들의 신변에 위험을 가져올지 모른다는 공포가 있었기 때문일 것이다. 또한 미국이 히로시마와 나가사키에 원자폭탄을 투하했다는 내용은 작품 안에서 반복해서 언급되고 있다.

미군이 환자 수송용 기차의 엔진을 공격한 것에 대해 국제법을 어기고 있다며 일본인이 지적하는 장면도 등장한다. "엔진 두 개가 화염을 내뿜으며 타고 있었다. (…) '환자 수송용 기차나 배는 공격하지 못하게 되어 있습니다. 국제법으로 정해진 거죠.' 분노에 찬 군의관이 말했다." 진주만 공격 등 일본군 또한 국제법을 어긴 사례가 있음에도 불구하고, 미군의 일방적인 잘못만 지적하는 모습은 『요코 이야기』가 보통의 일본인이 겪은 고통을 강조하는 데 치우쳐 있기 때문이다. 일본군의 진주만 공격 외에도 연합군 포로 학대 및 불법 처형 등 일본군이 저지른 잔혹한 일은 수없이 많다. 1942년 필리핀에서 미군과 필리핀 포로 7만 명을 강제로 행군시키는 과정에서, 구타와 굶주림 등으로 1만 명을 죽음으로 몰아넣은 '죽음의 바탄 행진'을 자행한 것 또한 일본군이었다.

태평양전쟁에 대한 일본 정부로의 책임 전가와 보통의 일본인은 피해자임을 가장 감성적이고 함축적으로 표현하는 부분은 다음과 같다.

"서서히 멀어져가는 조선 땅을 물끄러미 바라보며 서 있는 언니의 뺨에 눈물이 흘렀다. 집을 떠나온 이후로 처음 보는 언니의 눈물이었다. 나는 도로 어머니 곁으로 가 가만히 앉았다. 얼룩진 어머니의 얼굴에도 눈물이 끊임없이 흘러내리고 있다. (…) '그래…… 다시는, 우리가 사는 동안 다시는 전쟁이 없기만을 바라는 수밖에.'"

작가의 언니와 어머니가 조선 땅을 떠나면서 흘린 눈물에는 많은 의미가 담겨 있을 것이다. 조선 땅에서 위협과 공포에 시달리면서 끼니조차 제대로 때울 수 없었고, 제대로 씻거나 잠을 잘 수도 없었던 서러움, 친오빠와 아버지의 생사조차 확인할 수 없는 상황 등 복잡한 감정이 얽혀서 흐르는 눈물일 것이다.

이렇듯 작품 속에서 주인공 가정은 일본의 전쟁과 침략을 반대하는 견해를 취한다. 이것은 전쟁에 대한 모든 잘못을 일본 군인과 정치인들 탓으로 돌리는 반면, 주인공 가족을 비롯한 보통의 일본인은 피해자로 옹호하는 셈이다. 이는 보통의 일본인들에게 전쟁 가해 책임이 없다고 주장해온 전형적인 일본식 평화주의의 일환이며, 나아가서는 일본의 역사 왜곡 논리의 근간이 되고 있다.

한편 『요코 이야기』를 평화에 대한 메시지를 던지는 반전작품으로 평가하는 시선도 있다. 하지만 이 작품은 오히려 '가족애' 쪽으로 훨씬 더 많이 기울어 있다. 미군의 폭격으로 인해 도쿄가 불바다가 되었다는 소식을 접한 주인공이 울고 있는 다른 아이들을 가엾게 보긴 하지만, 정작 본인의 할머니와 할아버지는 도쿄와 멀리 떨어진 곳에 살고 있었기 때문에 안심된다는 내용이 나온다. "'정오 뉴스를 듣기로는 대부분의 사람이 죽었다고 한다. 도쿄는 지금 불바다가 된 모양이다.' 아이들이 삽시간에 울음을 터뜨렸다. 나는 그 아이들이 가엾어 견딜 수가 없었다. 그러나 또 한편으로는 우리 할머니, 할아버지가 일본의 북쪽 지방에 살고 있다는 사실에 얼마나 안심이 되던지."

주인공의 어머니는 가족을 잃는 것보다 고국인 일본이 전쟁에 지는 것이 차라리 낫다는 얘기를 한다. "전쟁이 우리가 가지고 있던 모든 것을 빼앗아가고 있잖니. 평화라든지 사랑, 행복 같은 것들 말이다. 남편이나 아들을 잃느니, 차라리 우리 나라가 지는 걸 보는 편이 낫겠다!" 가족을 지키는 것에 평화와 사랑, 행복이라는 것을 더함으로써 가족을 지키는 것이 곧 평화, 사랑, 행복과 동일시되고 있다.

주인공의 친오빠는 피란길에 오르기 위해 마지막으로 집에 들러 물건들을 가방에 넣고 나오다가, 집으로 되돌아가 '오래된 가족 앨범'을 옆구리에 끼고 나오는 장면이 자세히 묘사된다. "좁은 대나무 숲길을 향해 걸음을 재촉하던 그가 무슨 생각이 났는지 도로 집으로 달려갔다. 거실로 뛰어 들어가 어느 구석에선가 본 기억이 있는 오래된 가족 앨범을 집어들었다." 또한 거실에 널브러져 있는 둘째 여동생의 겉옷을 보더니, 물건을 잔뜩 들고 있음에도 불구하고 여동생의 옷까지 챙긴다.

혼자 피란길에 오른 주인공의 친오빠 히데요는 문득 하늘을 줄지어 날고 있는 기러기 무리를 보게 되고, 자연스레 감정이입을 하면서 가족에 대한 그리움을 품는다. 그는 자신도 피란길에 있지만 어머니와 아버지, 여동생들의 안위를 걱정하면서 역경을 반드시 헤쳐나가겠다고 굳게 다짐한다. "V자 모양으로 줄을 지은 기러기들이 따뜻한 곳을 향해 날아가고 있었다. 나도 저 기러기들 중 하나라면 얼마나 좋을까 생각했지만 (…) '어떻게 해서든 이 역경을 헤쳐나가야 한다.' 어머니와 동생들 생각이 간절했다. (…) '어머니와 동생들도 어쩌면 모진 고생을 하고 있을지 몰라. 무슨 일이 있어도 서울까지 가야 해!' 다짐하고 또 다짐했다. 멀리 떨어져 있는 데다 살아 계신지조차 알 수 없는 아버지 생각도 났다." 그리고 가족들에게 따뜻한 곳을 제공해줄 고국으로의 피란길을 재촉하는 장면이 작품 중간중간에 나온다.

히데요뿐만 아니라 주인공 자신도 가족에 대한 사무친 그리움

혐한의 계보

을 고난과 역경을 극복하는 에너지로 삼고 있다. 요코 가족은 조선의 나남에서 서울을 거쳐 부산에서 배를 타고 고국인 교토까지 힘겹게 돌아왔지만, 막상 주인공은 학교에서 같은 반 친구들에게 왕따와 괴롭힘을 당한다. 소외된 주인공은 가족에 대한 그리움과 이를 통한 외로움을 주먹을 쥐거나 손가락을 세게 깨무는 행동으로 나타내는 장면이 나온다. "나는 주먹을 꼭 쥐었다. 어머니와 언니를 생각하며 외로움을 이겨내기 위해 엄지손가락을 세게 물었다. (…) 연신 닦아내는데도 눈물은 주체할 수 없이 계속 흘렀다. 어머니와 언니 생각이 간절해졌다. 아버지와 오빠도 너무 그리웠다."

특히 『요코 이야기』에서는 주인공 어머니가 죽음을 맞는 순간을 자세하게 묘사하고 있다.

"'언니가 오거든 깨우렴, 막둥아.' 이상한 일이었다. 그 순간 나는 갑자기 훌쩍 커버린 느낌이 들었다. 이제는 내가 어머니를 보호해야 한다는 사실을 한순간 깨달은 것이다. 내 외투를 끌어당겨 어머니의 시린 어깨를 덮어주었다. 어머니의 고개가 한쪽으로 푹 꺾였다. 오른팔도 축 늘어지더니 아무 움직임이 없었다. 그게 무엇을 의미하는지 나도 알고 있었다. 나는 목이 터져라 비명을 질러댔다. '어머니! 우리 어머니가 돌아가셨어요! 우리 어머니가 돌아가셨어요!' 큰 소리로 엉엉 울면서 나는 계속 소리를 질렀다. (…) 어머니와의 마지막 순간을 위해 언니와 나는 젖은 천으로 어머니의 얼굴을 닦고, 머리카락도 가지런히 빗겨드렸다. 하염없이 눈물이 쏟아졌다. 어머니는 여전히 전시 복장인 국민복을 입고 있었다. (…) 일본에서는 시신을 완전히 태우지 않는다. (…) 우리는 나남에서부터 줄곧 가져왔던 나무젓가락으로, 이제는 몇 개의 뼈로만 남겨진 어머니의 유골을 휴대용 식기에 담았다. 나는 가슴이 미어지도록 울었다. 어머니! 어머니!"

이런 점으로 미루어 『요코 이야기』는 반전 작품이라기보다 '조선인에 대한 강한 편견 및 선입견'과 함께 '가족애'에 대한 내용에 더 많은 비중을 둔 작품으로 볼 수 있다.

아래는 아직 소식조차 알 수 없는 아버지와 오빠에 대한 그리움 및 귀환을 하다 쇠약해져 돌아가신 어머니에 대한 그리움이 사무치는 장면이다.

"아버지와 어머니가 그리워 견딜 수가 없었다. 하루빨리 아버지가 돌아오셨으면. 아버지의 그 넓은 품에 안길 수 있었으면. (…) 우리도 언제쯤이면 남들처럼 아버지, 오빠와 함께 살 수 있을까. 자기 부모님, 형제자매들과 함께 한집에서 살고 있는 아이들은 얼마나 좋을까. 식사 때마다 내게는 다른 집들의 행복한 모습과 유쾌한 웃음소리가 보이고 들리는 것 같았다."

주인공 가족과는 대조적으로 한집에 가족이 함께 모여 생활하는 아이들의 모습과 웃음소리가 대비되면서 그리움은 극대화된다. 그런 와중에 언니가 자신을 먹여 살리기 위해 구두닦이 일을 해 온 사실을 알고 주인공은 오열한다. "그동안 언니는 구두닦이 일을 하면서 나를 먹여 살려온 것이다. 시린 손을 호호 불어가며 지금 저렇게 버는 돈을 언니가 오늘 저녁 어디에 쓰려는 것인지 짐작이 갔다. 새해를 맞아 맛있는 설음식들을 장만하고 싶었으리라. 아, 언니! 나는 북받치는 눈물을 삼켰다.”

주인공의 눈물 속에는 피란길 와중에 언니와 티격태격 싸우고, 언니가 주인공을 정말로 싫어할 것이라고 생각했던 자신의 철없는 모습에 대한 뉘우침과 반성도 포함되어 있을 것이다.

귀환과정과 어머니의 죽음, 그리고 언니와 둘만의 생활고를 통해 주인공은 점차 성숙해가는 모습을 보이고 있다. 그러던 중 주인공은 언니를 돕기 위해 상금을 타고자 수필 공모전에 응모하고, 마침내 당선된다. “급기야 신문을 집어들고 읽어나가기 시작했다. ‘중고등부/사가노 여학교생 일등 차지’. 머리기사에는 이렇게 씌어 있었다. 내가 쓴 수필 제목인 ‘타인에 대한 이해심’과 나란히 내 이름이 선명하고 커다랗게 인쇄되어 있었다. (…) 감격에 찬 나는 마음속으로 통쾌하게 웃고 또 웃었다. 그 자리에서 벌떡 일어나 환호성이라도 지르고 싶었지만, 그럴 수는 없었기 때문에 주먹만 꼭 쥐고 있었다. 언니가 얼마나 좋아할까!” 수필 제목은 ‘타인에 대한 이해심’이지만, 여기서 이해심의 대상에 ‘조선인’은 포함돼 있지 않음을 작품 속에서 엿볼 수 있다. 그렇기에 『요코 이야기』를 반전작품이라고 보기에는 무리가 있으며, 오히려 귀환과정과 그 이후의 ‘가족애’에 대한 작품으로 읽는 게 맞을 것이다.

조선인에 대한 일본인의 묘사

가와시마 왓킨스는 『요코 이야기』에서 '타인에 대한 이해심'이라는 수필로 공모해 수상했다고 하지만, '조선인'에 대한 주인공의 이해심은 작품에서 잘 나타나지 않는다.

작가는 고국인 일본의 식민 지배로 인해 조선인들이 일본인 피란민의 고통보다 더한 고통을 겪었던 것을 전혀 이해하지 못하며, 이해하려는 시도조차 하지 않는다. 오히려 원인은 생략한 채, 조선인들이 일본인을 '적'으로 인식하고 있다는 결과만 끊임없이 언급하고 있다.

"'게다가, 육군 병원을 늘려야 하기 때문에 강제로 조선인들의 논밭을 빼앗고 있다는구나. 막둥아, 북조선 사람들이 '반일 공산군'이라는 단체를 만들었단다.' 조선은 일본 제국의 지배 아래 있었다. 그래서 조선인들은 일본인들을 미워했으며, 전쟁에 대해서도 달가워하지 않았다. (⋯) '하나, 둘, 셋, 넷!' 조선말로 커다랗게 구령을 붙이는 소리가 들려왔다. '하나, 둘, 셋, 넷!' 그들은 우리 쪽으로 가까이 다가오고 있었다. 나는 너무도 무서워 옴짝달싹할 수조차 없었다. '조선인들이 틀림없어. 반일 공산군 말야.' 언니가 속삭였다. 그때 또 한 번 크게 외치는 소리가 들렸다. '그만! 모두 뛰어서 강변으로 달려간다. 이제부터 적들을 죽이는 연습을 할 것이다!' 그들이 말하는 적이란 일본인이 틀림없을 거라고 나는 생각했다. (⋯) '저 기차를 탈 수 있다는 허락을 받았어요.' 어머니가 말했다. 조선인 역장이 우리를 쓱 훑어봤다. 그의 눈길이 어찌나 차

갑게 느껴지던지 나는 다시 떨리기 시작했다."

조선은 오랜 기간 일본의 식민 지배하에 있었기에 조선인들이 일본인을 적으로 인식하는 것은 당연했을 터다. 그러나 작가는 일본과 일본인이 역사의 가해자라는 점에 대한 인식 부족을 드러내고 있을 뿐이다.

일본인을 미워하는 조선인과 일본인들을 괴롭히기 시작한 조선인에 관한 내용도 등장한다.

"사방을 헤매던 언니의 눈에 옥수수밭 하나가 들어왔다고 한다. 생각지도 못한 음식으로 우리를 깜짝 놀라게 해주고 싶은 마음에 언니가 옥수수 몇 단을 막 뽑아들었을 때였다. 갑자기 어디선가 옥수수밭 주인이 나타나 언니를 붙잡았다. 그는 언니에게 일본말로 욕을 해대며 옥수수들을 다 내려놓으라고 말했다. 조선말을 능숙하게 할 줄 알았던 언니는, 자기는 일본 사람이 아니라고 둘러댔다. 어머니와 동생이 굶주리고 있으며, 게다가 동생은 부상을 당해 아파하고 있다고 울먹거렸다. (…) 그는 일본인을 미워하는 사람이었다. 옥수수를 훔쳐가는 도둑을 잡기 위해 그러잖아도 마침 망을 보고 있던 중이라 했다. 일본이 전쟁에 지는 날은 참 경사스러운 날이 될 거라고 말하면서 농부는 땅에다 침을 퉤 뱉었다. (…) 가까운 마을에서 이발소를 하며 살아온 이야기, 더 이상은 살 수가 없어 조선인 친구에게 이발소를 팔았고 이제는 가족들과 함께 일본으로 돌아가는 중이라는 이야기를 들려주었다. '조선 사람들이 일본 사람들을 괴롭히기 시작한 뒤로는 편안하게 잠들 수가 있어야 말이지요.'"

한편 일본인을 괴롭히는 조선인상 이상으로 『요코 이야기』에서 가장 논란이 되는 것은 조선인을 사악한 사람, 강간자, 폭행자로 묘사한 내용이다. 특히 일본이 조선을 식민 지배한 역사적 배경에 대한 설명 없이 조선인이 일본인을 가해하는 것으로 묘사하고 있다.

"이제 그만 떠나야겠다고 주섬주섬 식기들을 챙기고 있을 때였다. 인민군 군복을 입은 군인 세 명이 어디선가 갑자기 나타나 우리를 내려다보고 있었다. 등골이 오싹해지면서 꼼짝도 할 수 없었다. '일어서!' 한 군인이 소리쳤다. 그가 기관총을 우리 앞에 들이 댔다. 다른 두 명도 마찬가지였다. 다리가 후들거려 간신히 일어섰다. 나는 어머니에게로 좀더 다가갔다. '움직이지 마!' 군인들이 소리쳤다. 입안이 마르기 시작했다. 다리가 후들거려 제대로 서 있을 수 없을 지경이었다. '거기 있는 것들은 다 뭐야?' 북쪽 사투리를 쓰며 언니가 대답했다. '우리 소지품들이야요.' 군인들이 일제히 언니를 처다봤다. '너는 몇 살이냐?' 언니는 아무 대답도 하지 않았다. '데리고 놀기에 적당히 자란 것 같은데.'"

작품 속에 묘사되어 있는 일본인에 대한 조선인의 성희롱 장면 중 하나다. 조선인의 성희롱 발언 직후, 미군의 폭격기에서 투하된 폭탄 파편이 몸에 박혀 인민군들은 그 자리에서 죽는다. 이들이 주인공의 언니를 관심 있게 처다보면서 오늘 밤 즐기기에 적당한 나이라며 성희롱하는 장면이다. 이때 중요한 것은 주인공의 언니가 북쪽 사투리를 쓰면서 대답했다는 것이다. 이것은 마치 인민군이 조선인과 일본인 여자아이들을 가리지 않고 성노리개로 여겼다고 오인할 수 있는 부분이다.

『요코 이야기』에서는 조선인과 인민군을 명확히 구분하지 않은 채 등장시킨다.

"나남에서 온 다른 세 친구와 함께 히데요는 조립된 기관총들을 상자에 꾸려 넣고 있었다. 테두리를 금속으로 단단히 두른 나무 상자였다. (…) 세 친구가 화장실로 들어갔을 때, 갑자기 어디선가 우레 같은 고함 소리가 나더니 인민군들이 병기창 안으로 뛰어들었다. (…) 인민군들도 마구 총을 쏘아댔다. (…) '움직이지 마! 움직이면 쏜다!' 서툰 일본말로 명령하는 소리가 들렸다. 조선인이구나. (…) '포로들을 후송한 다음 무기들을 챙길 것이다. 시체들을 다 확인하라. 만약 아직도 숨 쉬고 있는 놈이 있으면 쏴버려!' (…) '문을 잠가라. 무기들을 바깥으로 다 옮긴 다음 다이너마이트로 건물을 즉시 폭파시켜라.'"

서툰 일본말을 사용하는 조선인들이 일본인 시체들을 툭툭 치면서 확실하게 죽었는지 일일이 확인을 하고, 행여 숨이 조금이라도 붙어 있으면 확인사살하는 장면이다. 끝내 다이너마이트로 건물까지 폭파시키는데, 조선인들이 일본인들을 흔적도 없이 다 죽이는 것을 강조하는 데서 더 나아가, 작품 속 인물의 대사를 통해 선량한 조선인들까지 학살하고 있다고 언급한다.

"여기는 지금 일본인들을 다 죽이고 있잖아. 너무 무서워.' 훌쩍거리면서 마코토가 말했다. '그래, 그러자. 근데 일본 교복을 입고는 마을을 빠져나가지 못할 거야.' (…) '방법이 하나 있어. 우리 식구랑 친하게 지냈던 이씨 아저씨네 집으로 가는 거야. 몇 년 동안이나 우리 집에서 성실하게 일을 해준 분들이거든. 조선 사람이긴 하지만 공산당은 아니야. 틀림없이 우리에게 옷을 빌려줄 거야.' 그러나 막상 이씨 아저씨네 집에 도착했을 때, 그들은 모두 할 말을 잃고 말았다. 한여름의 뜨거운 열기에 이미 부패하기 시작한 이씨 아저씨와 아주머니의 시체를 발견한 것이다. 코를 찌르는 악취가 사방으로 퍼지고 있었다. 같은 조선인만큼은 무사하리라 생각했는데. 히데요가 울부짖었다. '나쁜 놈들! 우리 집을 난장판으로 만들고, 값진 물건을 다 훔쳐갔어. 이제는 선량한 사람들까지 모조리 학살하고 있잖아!'" 그러나 작품 속 내용을 자세히 살펴보면, 무고한 조선인을 무자비하게 죽인 것이 아니라, 일본인 밑에서 급여를 받으며 동포보다 본인의 안위를 우선시한 조선인을 표적으로 삼은 것으로 보인다.

조선인을 강간자로 묘사한 내용은 계속해서 등장한다. "오 주째 서울에 머물고 있던 어느 날이었다. 겁에 질려 창백한 얼굴로 달려온 언니가 소리쳤다. '서울을 떠나야겠어요, 어머니. 조선 남자 여러 명이 숲으로 여자들을 끌고 갔어요. 거기서 한 여자애가 강간 당하는 걸 봤어요.' 언니는 부들부들 떨고 있었다." 특히 작품 속에서는 강간자를 지칭할 때 인민군이 아닌 '조선인'이라는 표현을 사용해 작가의 혐한에 대한 인식이 가장 두드러지게 나타난다.

앞서 피란길에서 주인공들이 이미 성희롱을 당한 상황에서 실제로 조선인 남자들에게 강간당하는 현장을 목격하게 된다. 이후 주인공과 주인공의 언니는 머리를 짧게 자르고, 가슴에 붕대를 두른 뒤, 시체의 군복을 벗겨 옷을 갈아입고 피란길에 다시 오른다.

작가는 작품 속에서 조선인 남자들이 폭력적이고 강간을 일삼는 이유로 수십 년간 일본의 지배를 받다가 이제 막 자유의 몸이 되었기 때문이라고 말한다.

"한번은 해방을 자축해 마신 술에 곤드레만드레 취한 조선 남자 몇 명이 우리를 빙 둘러쌌다. 한 남자가 앞뒤로 몸을 비틀거리면서 언니를 붙잡고 늘어졌다. '야, 너 남자야, 여자야?' 언니가 대답했다. '남자예요.' '여자 목소리처럼 들리는데, 어디 한번 만져보자.' 언니는 태연한 표정으로 대꾸했다. '만져봐요.' 나는 애가 타 죽을 지경이었다. 제발 누군가 달려와서 우리를 좀 구해주었으면. 제발. 그러나 누구도 젊은 여자들을 도와주려고 하지 않았다. 혹시 조선 사람들을 더 화나게 만들면, 창고와 창고 안의 사람들까지 한꺼번에 몽땅 불태울지도 모른다고 겁을 냈기 때문이다. 조선인들은 수십 년간 일본의 지배를 받다가 이제 자유의 몸이 된 것이다. 한 남자가 언니의 가슴에 커다란 손을 집어넣었다. '밋밋하잖아. 사내놈들은 흥미 없어.' 남자들은 다시 사람들 틈으로 비틀거리며 걸어갔다. 자기들을 만족시킬 여자들을 찾기 위해서였다. 그러다 누구라도 하나 눈에 띄면 어딘가로 데려갔다. 귀를 찢을 듯한 여자들의 비명이 허공에 메아리쳤다. (…) 물이 졸졸 흐르는 작은 냇가를 지나게 되었다. 물을 좀 마실까 하고 발길을 멈추는

데 비명이 들려왔다. 잡초더미 안쪽에서 한 남자가 소녀의 몸을 덮치고 있는 중이었다. 내가 들은 소리는 남자를 떨쳐내려고 거칠게 발길질을 하던 여자가 질러댄 것이었다."

이제 막 조선이 일본으로부터 자유의 몸이 되었기 때문에 조선인 남자들의 강간과 폭행성이 분출되었다는 표현은 조선인에 대한 편견과 선입견을 드러낸다. 『요코 이야기』의 저자는 모국인 일본이 조선에 저지른 잘못을 전혀 모르진 않았을 것이다. 그럼에도 불구하고 작품에 내재되어 있는 혐한 인식은 당시 일본에게 식민 지배를 당한 조선인들의 고통과 아픔을 전혀 이해하지 못함을 드러낸다. 게다가 조선인들을 화나게 하면 모든 것을 불태울지도 모른다며, 일어나지도 않은 일을 작품 속에 언급함으로써 편향된 한국인상을 재생산하고 있는 것이다.

『요코 이야기』의 가장 두드러지는 특징은 조선이 일본 식민 지배에서 해방된 직후, 마치 조선인을 가해자인 것처럼, 일본인을 피해자인 것처럼 묘사하는 것이다.

"일본으로 가는 화물선은 일주일이 지나야 온다고 했다. 그러나 한 번에 백 명만 탈 수 있었다. 게다가 일본인들은 총이나 칼 등 무기가 될 만한 것은 아무것도 소지할 수 없다고 했다. (…) 마침내 배가 선착장으로 들어왔다. 조선인 관리가 사람들의 숫자를 헤아렸다. '아흔일곱, 아흔여덟, 아흔아홉, 백!' 백 명이 채워졌다. 그때 누군가 갑자기 울음을 터뜨렸다. "제발 아버지랑 같이 가게 해주세요!" 중년의 일본인 여자였다. '무슨 소리요? 규칙은 규칙인데, 당신네 일본인들도 우리한테 언제나 그렇게 말하지 않았소?' 이 사람도 다른 조선인 관리처럼 사납게 보였다. '아버지가 너무 늙으셔서 저라도 옆에서 보살펴야 합니다. 돈을 더 낼게요, 제발.' '어쨌든 규칙은 규칙이오.'"

작품 속 조선인 관리인들은 사나운 인상으로 묘사되며, 일본인들이 조선인한테 그랬듯이 규칙을 앞세워 조선인들이 일본인을 괴롭히는 일이 마치 식민 지배에 대한 앙갚음이나 보복의 일환으로 묘사돼 있으며 그 안에 내재된 작가의 의도성 또한 명백하다. 작가의 왜곡된 역사 인식과 혐한이 오랜 시간 고착화되어왔다고 볼 수 있다.

그러나 당시 조선총독부로부터 정부를 이양받은 조선건국동맹의 여운형은 총독부와의 교섭을 통해 일본인들의 안전을 최대한 보장하고자 했다. 정부를 이양받은 후, 방송을 통해 일본인에 대한 집단학살을 막기까지 했다. 조선총독부에서 발표한 자료를 보면, 1945년 8월 16일부터 23일까지 조선 전역에서 발생한 공식적인 폭행 사건은 913건이었다. 물론 혼란한 상황인 터라 모든 사건이 접수되지 못했겠지만, 일본인보다 조선인에 대한 피해가 더 많았다는 사실이 중요하다. 이는 일본인 상관은 먼저 피신했으며, 앞잡이 노릇을 한 조선인들에 대한 분노가 더 컸기 때문에 나타난 결과다. 덧붙여 소련군이 주둔했던 이북 지역은 미군이 주둔한 이남 지역과는 매우 달랐다. 소련군은 점령지에서 현지 조달 및 수탈을 자행했는데, 이는 한반도에서만 그런 게 아니라 모든 점령지에서 일어났던 일이다. 일례로 독일이 서쪽으로는 연합군에게, 동쪽으로는 소련군에게 공격을 받고 있었는데, 소련에게 점령당하거나 잡히면 상상을 초월하는 엄청난 수탈과 강간을 당했기에 마지막 순간까지도 소련군에게 저항을 한 바 있다.

『요코 이야기』 곳곳에는 조선인 혹은 인민군의 인정사정없는 잔인함이 묘사되어 있다. "'다 죽었어.' 인민군들의 목소리가 그가 있는 곳까지 들려왔다. '자, 짐 보따리를 뒤져봐. 돈이 될 만한 것들을 모두 챙기라고.' 또 다른 목소리가 말했다. '옷을 다 벗겨버려. 금니를 하고 있는 놈이 있으면 이도 다 뽑아버리고.' 히데요의 몸이 부들부들 떨렸다. 숨을 죽이고 기다렸다." 그러나 당시 조선인들을 폭발시킨 분노는 보통의 일본인들을 향한 게 아니었다. 대개 일본의 통치 시설과 친일파, 일본인 경찰관이었다. 물론 해방을 전후해 일본인이 다소 불이익을 받았을 수 있지만, 일제강점기에 조선과 조선인이 받은 피해를 고려한다면 '일본인도 피해자다'라는 논리는 일본인 입장에서 결코 가볍게 입에 담을 만한 게 아니다. 그럼에도 작가는 서울과 부산에서 두 달 가까이 생활하는 동안 굶주림을 겪고 조선인으로부터의 강간과 폭행을 당했다며 과장하여 언급한다.

혐한의 계보

『영원한 제로』의 가족애와 애국정신 및 가해 책임 희석

햐쿠타 나오키

햐쿠타는 "난징대학살과 위안부는 없었다" "도쿄재판은 도쿄 대공습이나 원폭 투하를 눈속임하기 위한 재판이었다"라는 지론을 전개한 작가다. 그는 아베 총리가 NHK 운영위원에 임명한 인물로 아베 총리와 대담한 것을 책으로 펴내기도 했는데, 거기서도 같은 주장을 반복하고 있다. 그는 강연회에서 "침략과 과오의 역사를 중·고등학교 역사 수업에서 굳이 가르칠 필요가 없으며, 성인이 되고 나서 알아도 된다"고 주장하기도 했다.

오랫동안 TV 방송작가로 일해온 햐쿠타는 작품에서 흔히 구어체를 구사한다. 그래서인지 구어의 인상적인 사용과 감정을 증폭시키는 방법에 있어 능란함을 발휘한다. 아베 총리와의 대담에서도 "더욱 강하게 호소하지 않으면 안 돼요! 그것도 반복 또 반복하고, 같은 내용이라도 몇 번이고 계속 말하는 것이 중요합니다"라며 방법론에 대해 이야기하고 있다. 히틀러의 대중 계몽 선전장관으로 나치 선전 및 미화를 책임졌던 요제프 괴벨스도 "사람들은 한 번 말한 거짓말은 부정하지만 두 번 말하면 의심하게 되고 세 번 말하면 이내 그것을 믿게 된다"고 말한 바 있다. 괴벨스는 TV와 라디오를 정치 선전에 활용한 선구자이며, 정치 쇼의 원조이자, 공약보다는 감성에 호소하는 선동 전략의 선구자였다. 햐쿠타의 발언 역시 단순한 선동에 불과하며, 본인도 억제 불능의 상태가 될 위험이 잠재되어 있다.

햐쿠타는 태평양전쟁 이후 자국이 "아이들에게 '일본을 싫어하게 만드는' 교육을 해왔다. '자학사상'에 의한 교육인 것이다. 아이들에게 주어야 할 것은 '프라이드'와 '자신감'이다"라고 기술하고 있다. 그러나 이것을 역사 교육에 적용하려 하면 오류에 빠질 수밖에 없다. 왜냐하면 '전전의 일본을 부정하기 위한 역사'와 '일본을 명예롭게 생각하도록 하기 위한 역사'는 동전의 앞뒷면에 불과하며, 둘 다 역사적 사실에서 멀어질 우려가 있기 때문이다. 이렇듯 뭔가 기준을 세운 뒤 역사를 논하는 것은 산더미 같은 사료 속에서 자기 논지를 증명하기 위해 편리한 자료만 골라 나열하는 것과 같다.

햐쿠타의 작품 가운데 『영원한 제로』와 『해적이라 불린 사나이』는 문학을 원작으로 해 영화와 드라마, 만화책으로까지 제작되었다. 두 작품 다 영화는 야마자키 다카시 감독이, 만화책은 스모토 소이치가 제작했다. 또한 아베 총리가 그의 영화 두 편을 모두 관람함으로써 흥행에 불을 붙였다. 아베 총리는 태평양전쟁을 다룬 영화인 「영원한 제로」를 보고 크게 감동했다고 거듭 말했는데, 이에 대해 중국 CCTV는 "아베가 일본을 영원한 제로로 만들려고 한다" "진정 전쟁을 시작하려 하는 것인가" "이것은 지극한 공포주의의 선전이다"라면서 비판과 경계 태세를 취했다. 『영원한 제로』는 550만 부 이상, 『해적이라 불린 사나이』는 400만 부 이상이 판매돼 초대형 베스트셀러에 올랐다. 또한 『해적이라 불린 사나이』에서는 주인공이 『영원한 제로』의 주인공과 직접 만나는 장면이 등장하기 때문에, 두 작품을 연장선상에서 연구할 필요가 있다. 특히 기존 텍스트에서 두 작품의 주인공이 만나는 장면에 대해 언급한 경우는 찾아보기 어려웠다. 그러나 작가가 작품에 설치해놓은 장치이기 때문에 시사하는 바가 있을 것이다. 이와 관련해 영화감독 야마자키 다카시 또한 "(「해적이라 불린 사나이」는) 「영원한 제로」와 태평양전쟁을 공통 소재로 하여 연결되는 이야기라고 강하게 생각했다"고 말하기도 했다. 따라서 앞서 언급한 두 작품을 함께 고찰해보고자 한다.

『영원한 제로』는 태평양전쟁을 현대 일본인에게 친근하게 체험시키고 문학으로 잘 재현함으로써 대히트를 친 듯하다. 이어지는 상승 효과로 『해적이라 불린 사나이』도 히트를 쳤는데, 두 작품이 큰 인기를 얻은 이유는 제1차 아베 정권 탄생 시점부터 현재까지 일본인들이 다양한 위기를 국내외적으로 겪음으로써 국가의식과 정치의식에 각성이 생겼기 때문으로 보인다.

이 작품을 둘러싼 일본 내에서의 논평을 보면 『영원한 제로』를 통해 그동안 역사를 몰랐던 일본인들은 반성해야 하며, 패전사관을 뛰어넘는 역사 교육이 중요하다는 논의가 주를 이룬다. 또한 연합군 최고사령부가 강요한 교육으로 인해 '일본인만 나쁘다'고 세뇌를 당했으며, 이로써 언론과 학계도 비겁해지고 '패전 이득자'가 생겨나 그 후손들이 언론 통제를 이어온 것이라고 분석하고 있다. 그러므로 현재를 살아가고 있는 일본(인)이 '잃어버린 20년'을 돌파하기 위한 비전을 두 작품의 시대 배경 속 인물인 '다이쇼 세대'에서 찾아야 한다고 주장한다. '다이쇼 세대'는 전쟁의 한복판을 통과했으며 패전 후 일본을 일으켜 세운 세대를 말한다. 그 세대가 사회에서 은퇴하기 시작한 게 1990년대이며, 그 이후 일본이 잃어버린 20년에 돌입한 것이라 주장하고 있다. 2006년 7월에 간행된 아베 총리의 『아름다운 나라』와 2006년 8월에 나온 『영원한 제로』의 발행 시기를 우연의 일치라고만 할 순 없으며, 작품은 전체적으로 볼 때 전쟁 부정을 심화시키기보다는 전후 민주주의를 부정하는 방향으로 독자를 이끌 위험성이 있다.

일본 내에서는 햐쿠타의 두 작품에 대해 비평보다는 찬사의 글과 함께 과거 전쟁 책임을 미화하려는 의도가 보이는 글들이 여러 잡지에 실려 있다. 따라서 현재 한일 양국 관계를 되돌아보는 데 정치 사회 분야에서 나타나는 우경화 및 보수주의가 문학작품에서는 어떤 방식으로 드러나는지 검토해볼 필요가 있다. 이로써 문학을 통해 특정 인물들을 신화화하여 일본인들에게 자긍심과 투지를 고취시키려는 의도와 나아가 두 작품에 내재된 왜곡된 민족주의를 파악해보고자 한다.

가족애와 애국정신

역사소설과 전쟁소설 장르로 분류되는 『영원한 제로』는 햐쿠타의 데뷔작으로, 태평양전쟁에 참전한 아버지와 친척의 영향을 받아 집필한 것이다. 처음에는 원고를 제출한 출판사들로부터 계속 거절당하다가 2006년 하위문화 계열 출판사인 오타출판太田出版을 통해 출간되었다. 2009년에는 고단샤에서 문고본으로 발매되었으며, 그 후 화제를 일으켜 2014년에는 아마존 'all-time 베스트 소설 100'에 선정돼 판매 부수 550만 부(2015년 1월 기준)를 돌파했고, 현재 50판까지 나온 상태다. 만화책은 2010년부터 2012년에 걸쳐 간행되었다. 영화는 2013년 12월에 같은 제목으로 개봉되었는데, 문부과학성이 '소년용' '청년용' '성인용' '가정용'으로 추천하면서 관객은 700만 명(2014년 4월 4일 기준)에 달했다. 이는 지난 10년간 일본 영화 부문의 최고 기록을 갱신한 것이다. 2014년 일본 아카데미상 최우수 작품상을 수상했으며, 2015년에는 TV 드라마로 방영되기도 했다.

이 작품은 제로센 조종사로서 수많은 전장에서 싸우고, 최후에는 특공대원으로서 사라진 할아버지 이야기를 패전 후 60년이 지난 여름에 전후 세대인 남매(저널리스트 지망인 30세의 여성과 26세의 남동생)가 당시 조종사들을 찾아다니는 형태로 진행된다. 그 과정에서 젊은이들이 특공이나 전쟁, 군대에 관한 사실을 경청하는 단순한 구성이다. 이런 구성은 영화 속 인물들이 마치 실존 인물인 양 착각을 불러일으키지만, 주인공 미야베 규조는 햐쿠타가 특공대에 관한 기록을 읽고 종합해 머릿속에서 만들어낸 가상의 인물이다. 그럼에도 주인공이 마지막까지 실제 전장에 참가하는 것으로 설정돼 있어, 여러 각도에서 비판받을 소지가 있다. 실제로 햐쿠타 나오키는 트위터에 "『영원한 제로』는 불쌍한 작품이라고 생각한다. 문학을 좋아하는 사람들로부터는 라이트노벨이라며 바보 취급을 받고, 군사 오타쿠로부터는 표절이라 불리고, 우익에서는 군의 상층부 비판을 못마땅하게 생각하고, 좌익에서는 전쟁 찬미라 비난받고, 미야자키 하야오 감독은 조잡한 작품이라 나무라며, 자학적인 사람들은 작가가 넷우익이라 판단한다. 사방에서 집중포화"라고 언급하기도 했다.

이 작품의 구체적인 내용을 살펴보면, 주인공인 미야베는 전투기 조종사답게 마지막을 맞아야 한다는 동료에게 "죽는 건 언제나 가능한 일이야. 살려는 노력은 해야 하지 않겠는가?' (…) '넌 가족도 없어? 네가 죽으면 슬퍼할 사람이 없느냔 말이야!' (…) '아무리 괴로워도 살아남도록 노력해.' (…) '(지금 나의 제1의 꿈은) 살아서 가족한테 돌아가는 것입니다'"라고 말한다.

이를 통해 독자는 전투기를 타고 죽을 각오로 적을 무찌르기 위해 생존하는 것이 아니라, 가족을 위해 생존하는 것으로 받아들일 것이다. 가족을 위하는 게 국가를 위하는 것과 다르지 않은데도 불구하고, 가족을 위한다는 슬로건은 시대를 넘어서 사람들이 모든 걸 쉽게 납득하도록 만들어준다. 실제로 일본은 태평양전쟁에서 총력전 체제를 펼치면서 국가는 가정의 확장이라 여겨 개인의 문제인 결혼·출산·가족애를 국가 정책에 직결시켰으며, 전쟁에 나가서 장렬히 전사하는 것을 집안의 명예로 당연하게 여기도록 선전했다. 이러한 작품을 통해 가족을 위해 혹은 국가를 위해 목숨을 버리게 만드는 이데올로기의 주입이 거부감 없이 이뤄

혐한의 계보

지는 것이다. 나아가 이 작품에서 가장 특징적인 부분은 다음과 같은 내용이다. "'지금 내가 이렇게 살아 있는 것은 오로지 미야베 씨 덕분입니다.' '미야베는 우리를 위해 죽었습니다. 아니, 미야베만이 아니라 그 전쟁에서 죽은 분들은 모두 우리를 위해 죽은 것입니다.' (…) '미야베씨는 목숨을 살려준 분입니다.' '아니 미야베씨는 진정 자신의 목숨을 걸고 저를 지켜주었습니다.' (…) '이 아름다운 나라를 지키기 위한 것이라면, 죽는다 하더라도 미련이 없다고 생각했다.'"

나라를 위해 싸우고 젊은 목숨을 버리면서까지 남은 가족을 위해 싸우는 것이 존경받을 만한 행위라는 메시지가 무의식중에 독자에게 주입되는 대목이다. 이런 내용은 작품 이곳저곳에 나타나며, 특공대가 '애국정신'을 지녔기 때문에 싸울 수 있었다고 말한다. 현실에서의 전쟁은 아군과 적군을 구별한 뒤, 적군이 항복할 때까지 죽이고 죽이는 싸움이다. 상대를 죽이지 않으면 자신이 죽게 되며, 살고 싶다는 본능에만 집중하게 되는 처절함이 지배한다. 따라서 현실 속 전장에서의 '애국정신'은 허울 좋은 말에 불과하다. 또한 나라를 위해 애국정신을 갖고 열심히 싸운 할아버지 세대를 '위대한 세대'라 부르면서 그들이 태평양전쟁 패전 이후의 일본을 다시 일으켜세운 것을 강조한다. 작품의 성격상 다이쇼 세대는 나라를 위해 열심히 싸웠다는 내용을 주인공들의 말로 반복하는 것만으로도 독자들에게는 은연중에 각인될 것이며, 이는 자신의 주장을 직접적으로 펼치는 것보다 더 큰 효과를 발휘할 것이다.

햐쿠타는 현대를 살아가고 있는 일본인들에게 모두가 칭찬하는 삶의 방식이 있으며, 삶의 목적을 잃은 젊은이들은 잉여 인간이 아니고, 나라를 위해 바치겠다는 자랑스러운 삶이 있음을 작품을 통해 이야기하고 있다. 또한 그는 전쟁에서 나라를 지킨 사람들 덕분에 지금의 일본이 있는 것이니 이 사실에 감사하고, 현재 일본의 풍요로움은 전쟁을 치르고 살아남은 이들이 일궈놓은 것이므로, 불평하기보다는 감사하는 마음으로 일본을 위해 열심히 일하길 바라는 것이다. 그는 작품 속에서 국가와 기업에 무슨 일이 생긴다면 자기 자신을 희생하는 것이 애국이며, 그렇게 하지 않는 것은 겁쟁이자 비겁자라는 걸 주인공들의 대사를 통해 되풀이하고 있다.

전쟁 가해 책임의 희석

2012년 일본의 전후 출생자는 1억 명을 넘었다. 2005년에 성인이 된 사람이 전체 인구의 2.3퍼센트, 전쟁 경험이 있는 사람은 약 1퍼센트밖에 안 된다. 이렇듯 전쟁 경험이 없는 젊은 독자들에게 햐쿠타의 작품은 위화감 없이 특공대를 받아들이고 체험하게 만든다. 작품에서 특공대원의 비극과 고뇌, 우수한 인간성 등을 강조하는 것은 '특공은 결코 헛된 작전이 아니었다'는 생각과 전쟁을 통한 일본의 '가해의 사실을 희석시키는 것'과 연결된다. 왜냐하면 작품에서는 태평양전쟁 당시 일본 병사들의 비참한 체험을 주장하는 반면, 일본이 다른 이웃 국가들을 침략하고 식민지화하

며 가해한 점은 언급하지 않기 때문이다. 이것은 '태평양전쟁'을 배
경으로 한 작품임에도 역사가 전혀 나오지 않는다는 것을 의미한
다. '진주만 공격' '미드웨이 해전' '솔로몬 해전' '과달카날' 등의 고
유명사 정도가 언급되는 데 그치며, 왜 그런 일이 일어났는지에 대
한 전후 배경 설명은 없다. 또한 '아시아' '한국' 등의 단어도 나오
지 않고, 어떤 나라와 싸웠는지에 대한 내용도 없다. 일본인이 적
극 참전한 태평양전쟁에 대해 자국민의 비극적인 체험만 강조하면
서 감정에 호소하는 건 역사를 왜곡할 소지가 너무나 다분하다.
이에 더해 상관에게 반항한 자가 특공훈련 교관을 계속 맡는 등
디테일 면에서 역사적 리얼리티가 결여된 내용이 작품을 채우고
있다.

우경엔터테인먼트로 평가받는 이 작품은 결국 '너희는 나라를
위해서 무엇을 할 수 있느냐'라는 질문을 독자에게 계속 던지고
있다. 또한 독자들의 평가를 보면 '감동했다, 울었다, 눈물이 멈추
지 않았다'는 언급이 많다. 작품의 시대 배경이 태평양전쟁인데도
불구하고 이 전쟁이 누구 때문에 일어난 것인지에 대한 성찰은 전
혀 살펴지지 않는다.

이 작품에서는 또한 역사적, 군사적인 지식이 부족한 사람이 쉽
게 알아볼 수 없으며 그들에게 착각을 불러일으키는 요소가 곳곳
에 있다. "거듭 말하지만, 제로센은 정말로 무적의 전투기였어요.
연합군에게는 제로센과 겨룰 만한 전투기가 없었어요.' (…) '반년
에 걸친 과달카날의 전투야말로 (아시아)태평양전쟁의 진정한 분수

령이었어요.' (…) '미국 항공 관계자는 (…) 정말 무서운 전투기를 만들어냈다는 사실을 알고 놀란 것이지요. 그리고 그들은 현시점에서 제로센과 대등하게 싸울 전투기가 없다는 것을 인식했다고 합니다.'"

과달카날 전투가 아닌 미드웨이 해전에서 이미 전세가 기울었다고 보는 게 태평양전쟁을 바라보는 일반적인 시각이다. 또한 제로센은 동시대에 활약한 영국의 '스핏파이어'나 독일의 '메서슈미트 bf109' 기체보다 우수하다고 말하기 어렵다. 게다가 오늘날과 달리 그 당시 미국의 군사력은 강하지 않았다. 특히 전투기 분야에서 다른 국가들과 비교했을 때 많이 뒤처져 있었다. 이런 상황에서 제로센은 비교적 최신 기체였고, 조종사 보호를 위한 최소한의 안전장치를 모두 제거하는 방식으로 기체 기동력과 항속거리를 늘렸다.

이로 인해 전문 조종사를 양성하는 데는 상당한 비용과 시간이 소요됨에도 불구하고 일본은 제로센을 출격시켰다가 조종사들을 많이 희생하게 됐으며, 태평양전쟁 말기에 베테랑 조종사의 극심한 부족에 시달리는 결과로 이어진다. 기체는 얼마든지 만들 수 있지만 10년, 20년 동안 양성해야 하는 조종사는 노력과 의지만으로 갖출 수 있는 게 아니다. 이 점을 다른 나라들은 제대로 인식하고 있었기 때문에, 제로센과 같은 제작 방식을 몰라서 못 한 게 아니라 만들지 않은 것이다. 따라서 작품에서 제로센이 마치 무적의 전투기인 양 표현되는 것은 잘못이며, 독자들에게 왜곡된 역사 인식을 심어줄 가능성이 높다.

이처럼 2000년대 보수우경화의 사회 풍조를 반영한 우경엔터테인먼트의 대표작인 햐쿠타의 『영원한 제로』는 상세한 시대 배경과 역사적 문맥을 생략한 채 일본인들의 비극적 형상을 구체화하고 있다. 이를 통해 실제 역사 속 가해자인 제국 일본은 소거되고, 진실과는 거리가 먼 허구의 역사가 소설로 새롭게 형상화되고 있다. 물론 이러한 작품이 의도하는 것은 여전히 새로운 국가주의 아래 독자들을 동원하는 것이며, 나아가 자국에 대한 긍정적 시선의 창출과 애국주의에 대한 호소일 것이다.

2.
『해적이라 불린 사나이』 속 자긍심
고취를 위한 서사시와 민족주의의 폐해

일본인의 자긍심 고취를 위한 서사시

『해적이라 불린 사나이』(상·하)는 2012년 7월에 발간돼 2013년 '제10회 일본서점대상' 1위를 차지했으며, 아베 총리도 페이스북을 통해 책을 추천해 누계 발행 부수 400만 부(2016년 11월 기준)를 돌파한 베스트셀러다. 오디오드라마는 2014년에 제작되었으며, 「해적이라 불린 사나이」도 「영원한 제로」와 동일하게 스모토 작가가 2014~2016년 만화책으로 간행했고, 2016년 말에는 영화로도 개봉됐다.

　내용은 주인공인 구니오카 데쓰조의 자전적 이야기다. 일본 4대 정유회사로 꼽히는 이데미쓰고산의 창업자인 이데미쓰 사조를 모델로 삼았다. 작품 속 구니오카상회의 모델도 이데미쓰고산인 것이다. 그 외 다른 남자 등장인물들도 실제 모델이 존재하며, 각각의 일화도 실화에 의거하고 있다. 구니오카상점은 큰 회사가 되어서도 출근부와 정년과 해고가 없었고, 현대의 월급쟁이 사회에서는 상상할 수 없을 정도로 사원을 신용하며 인간을 존중한 개인 상점이다. 또한 윤활유, 연료유(경유, 등유)로 불리는 석유제품의 취급을 생업으로 하면서, 전전과 전후에 전략 물자로서 석유의 중요성이 높아지는 시류를 타고 사업을 확대한다. 그러나 사업 확장은 신규 참가자에게 있어 기득권과의 싸움이자 부도 위기의 연속으로 다가온다. 다행히 그때마다 점주 구니오카와 사원들의 인간적인 매력, 경이적인 노력까지 덧보태져 난국을 극복한다. 그러다 기득권 영역의 독점으로 인해 국내에서 장사를 할 수 없다고 판단하고, 미지의 해외(만주, 동남아시아)에도 진출한다.

상권에서는 해양과 직접 관련된 일화는 적다. 초창기의 시모노세키 앞바다에서 어선의 연료유 판매, 상하이에서 석유 수입 기지 건설, 초대 닛쇼마루의 건조建造가 나온다. 하권에서는 해양과 관련된 분량이 늘어나며, 주요 일화로는 '닛쇼마루 사건'과 '도쿠야마제유소 건설'이 등장한다. 닛쇼마루 사건은 1953년 서방 석유 메이저의 봉쇄를 뚫고 이란과 석유 직거래에 나선 일이다. 이 사건은 전 세계적으로 주목을 받았으며, 석유의 자유무역이 시작되는 계기가 되었다고 한다. 또한 도쿠야마제유소 건설(1958년 1월)은 당시 2년 이상 걸리는 대규모 건설을 불과 10개월 만에 마쳤다고 한다. 이 같은 공사 기간의 단축은 기술 개혁으로 인한 것이 아닌, 건설과 관련된 사람들의 뜨거운 휴먼 드라마에 의해 이뤄졌다고 그려져 있다.

그러므로 이 작품은 태평양전쟁 패전 후 일본 기업인들이 국가 재건을 위해 어떻게 분투했는지를 그리고 있으며, 자신들의 잃어버린 긍지와 투지, 의리 등의 덕목을 일깨운다. 또한 독자에게 사람은 무엇을 위해 일하는가 혹은 일한다는 것은 무슨 의미인가에 대해 생각해볼 기회를 준다. 한 민족이나 국가의 운명을 짊어지고 있는 영웅적 존재를 주인공 삼아 그가 주도하거나 참여한 건국, 전쟁, 혁명, 천재지변과 같은 역사적 사건을 장중하고 엄숙한 분위기로 노래하는 것을 '서사시'라 한다. 20세기 들어서는 서사시에서 시적 요소가 약해지고 이야기 요소가 강화되면서 이와 같은 민족주의적 내러티브로 재탄생한다.

작품 속 주인공은 패전 직후 국내외에 쌓아둔 자산을 모두 잃고, 석유 제품을 취급할 수 없어 장사를 하지 못했던 때에도 인간 존중을 실천하기 위해 사원을 한 명도 해고하지 않은 채 기득권 영역과 싸우면서 회사를 부활시켜나간다. "점원은 가족과 다름없다. (…) 너희는 가족이 어려워지면 어린 가족을 버리는가. (…) 천 명에 달하는 점원이다. 그들이야말로 구니오카상점의 최고의 자재이며 재산이다. (…) 나는 인간을 신뢰하는 사고방식을 넓혀가는 것이야말로 일본인의 세계적인 사명이라고 생각한다. (…) 정의는 반드시 이긴다."

이처럼 인간 존중과 정의로 뭉친 주인공의 영웅화는 2000년대에 일본이 처한 어려움과 침체된 사회상에서 비롯된 측면이 있다. 일본 경제는 1990년대부터 계속 하향곡선을 그려왔으며, 2008년에는 미국발 글로벌 대침체가 일어났다. 게다가 2011년 3월에는 동일본 대지진이 발생했다. 일본은 큰 타격을 입었고, 세간에는 체념 분위기가 번지고 있었다. 이에 햐쿠타가 자신감을 잃은 경영자, 노동자 등에게 작품의 실존 인물인 이데미쓰와 이데미쓰를 지지한 남자들의 삶을 알리기 위해 작품을 집필한 흔적이 곳곳에 나타난다.

"전쟁에 진 일본이 불과 몇 년 만에 그런 큰 배를 만들고, 샌프란시스코에 나타났으니 대단한 것이라 생각했다. (…) '일본은 평화로운 나라가 되었습니다. 원래 일본인은 무엇보다 '와和'를 존중하는 민족입니다. (…) 일본은 전전에 갖고 있던 세계 최고 수준의 조선 기술을 회복했다. 데쓰조는 재건한 일본 기술력의 위대함을 세계에 보여주고 싶었다. (…) 데쓰조는 올림픽 개최 중계 방송을 보면서 마침내 일본이 여기까지 재건했는가를 생각하니 가슴이 뜨거워졌다. (…) 일본인이 긍지와 자신감을 갖고 있는 한, 지금보다 더 멋진 나라가 되어 있을 것이다. (…) 일본인이 본래 일본인의 미덕을 되찾는다면, 구니오카상점의 손익 따위는 중요한 것이 아니다. (…) 가장 중요한 것은 일본인의 긍지와 자신감을 잃지 않는 것. 그것만 잃어버리지 않는다면 두려워할 것이 없다. (…) 여러분만큼 훌륭한 사람들은 없습니다. (…) 타인의 생명을 존중하고, 또한 재해가 미치는 것을 두려워해 누구도 흉내 낼 수 없는 숭고한 행동을 했다."

햐쿠타는 태평양전쟁과 패전의 상흔에서 벗어나 일본의 조선 기술과 태평양전쟁 이후 재건에 성공한 정신력을 대단히 높이 평가하고 있다. 그는 작품에서 '일본인의 미덕' 혹은 '일본인의 긍지와 자신감'을 현대 일본인들이 가져야 한다는 메시지를 던진다. 또한 그는 닛쇼마루 사건은 일본이 국제적으로 영향을 끼친 최대 사건이었으며, 이것이 오늘날 역사 속에 완전히 파묻혔다고 주장한다. 즉 작가는 현대 일본인이 가장 원하는 것은 '일본인의 자긍심 고취를 위한 서사시'이자 '민족의 서사시'라고 본다. 태평양전쟁 이전의 것들이 전후 일본의 재건을 위해 도움이 됐다고 여기며, 그것을 중요한 주제로 다루고 있다. "만약 나중에 일본에 다시 국난이 닥친다고 해도, 일본 민족이라면 반드시 일어설 수 있다."

과거에는 '서구를 배우자'는 계통의 책이 일본 서점가에서 인기 있었는데, 최근에는 '서구도 일본을 훌륭한 나라로 본다'는 유의 책이 베스트셀러에 오르고 있다. 그런 분위기 속에서 '강한 일본'을 그리워하는 역사물이 인기를 끈 것이다. 또한 실제로 일본인에게 자신감이 있다면 외국에서 어떻게 보든 신경 쓰지 않을 텐데 경제가 어려워지면서 국민이 자신감을 잃은 것도 이런 소설을 읽게 만드는 이유가 될 것이다. 『해적이라 불린 사나이』는 1990년 이후 잃어버린 30년이라는 경제적, 사회적 침체 상황을 염두에 두고, 전후 폐허에서 일본의 경제를 다시 일으켜 세운 인물을 주인공 삼아 자국에 대한 자긍심 고취는 물론 위대한 재흥을 꿈꾸는 서사시를 의도하는 것으로 읽힌다.

『해적이라 불린 사나이』와 『영원한 제로』 주인공의 만남

앞서 언급했다시피, 『해적이라 불린 사나이』의 주인공인 구니오카와 『영원한 제로』의 주인공인 미야베가 직접 만나는 장면이 작품에 등장하는 것은 주목할 만하다. 두 작품의 주인공이 만나는 장면에 대해 언급한 사례는 찾아보기 쉽지 않으나, 작가가 작품에 설치해놓은 장치이기에 시사하는 바가 적지 않을 것이다. 작품에서 언급된 내용은 다음과 같다.

데쓰조는 에토 대령의 차를 타고, 상하이에 있는 해군 항공기지에 갔다. 광대한 비행장에 수십 대나 되는 비행기가 줄지어 있었다. 지금까지 뉴스영화에서는 몇 번 봤지만, 폭격기나 전투기를 가까이서 보는 것은 처음이었다. 데쓰조는 이들 비행기가 넓은 중국 대륙에서 폭주하고 있다는 사실에 일본인으로서 자랑스러움을 느꼈다. 잠시 후 서쪽 하늘에서 폭음이 들리고 편대가 내려왔다. "공습에서 돌아온 것 같네요." 짙은 녹색의 쌍발 대형 폭격기 뒤로 회색의 스마트한 비행기가 착륙했다. 뉴스영화에서도 본 적 없는 기체였다. "저것은 무슨 전투기입니까?"라고 데쓰조는 에토에게 물었다. "신형 전투기입니다. 올해 7월부터 정식 채용되었습니다. 세계 최강의 전투기입니다." "대단하네요." 데쓰조는 다시 한번 그 전투기를 봤다. 기체에서는 '최강'이라는 단어의 인상은 느껴지지 않고 오히려 우아하면서 가냘프게 보였다. 동시에 일종의 덧없음 같은 것을 느껐다. 일본적인 강함과 약함을 가진 비행기처럼 보였지만, 그 인상을 물론 입으로는 말하지 않았다.

『해적이라 불린 사나이』에서도 제로센에 대한 언급이 나오고 있다. 구니오카가 제로센을 실제로 처음 봤을 때의 느낌이 작품에 나오지만, 이것이 주인공의 모델이 된 실존 인물이 말하거나 생각한 내용인지는 알 수 없다. 따라서 이는 실존 인물에 대해 오해를 불러일으킬 수도 있는 장면이다. 또한 폭격기나 전투기가 중국 대륙에서 폭주하고 있는 사실을 일본인으로서 자랑스럽게 여긴 부분과 제로센을 보면서 일본적인 강함과 약함을 가진 비행기처럼 보였다고 말한 부분은 전쟁의 명암을 사실적으로 인식하려는 것과는 너무나 거리가 멀고 감정적으로만 서술하는 경향을 여실히 드러낸다.

『해적이라 불린 사나이』의 주인공인 구니오카가 해군 항공기지에서 만난 제로센 항공병인 '미야베'의 명찰을 확인하는 모습이 등장한다.

"이름은 있습니까?"라고 데쓰조가 물었다. "해군의 비행기는 완성된 해의 끝자리 숫자로 부릅니다. 그래서 올해 황기皇紀 2600년의 마지막 숫자를 따서, 영식 함상 전투기로 불리고 있습니다." "아, 제로 전투기입니까? 정말로 신기한 이름이네요." 그때 영식 함상 전투기에서 한 명의 젊은 항공병이 내려와 이쪽을 향해 오는 것이 보였다. 항공병은 사령부로 향하던 중, 데쓰조의 앞을 지나갔다. "수고 하십니다." 데쓰조는 무심코 항공병에게 고개를 숙였다. 젊은 항공병은 멈춰 서서, 해군식 경례를 했다. 데쓰조는 청년의 군더더기 없는 아름다운 움직임에 탄복했다. 스무 살을 조금 넘긴 키가 크고 마른 남자였지만, 온몸에서 용맹스러운 분위기가 넘치고 있었다. 가슴에 있다는 명찰에 '미야베宮部'라고 쓰여 있는 것이 보였다. 그 항공병의 뒷모습을 보면서 그와 같은 젊은이들이 일본을 위해 싸우고 있는 것을 생각하면 가슴이 뜨거워졌다. 자신 또한 일본을 위해 힘을 다해야겠다고 다짐했다.

여기서 등장하는 '미야베' 항공병은 『영원한 제로』의 주인공인 '미야베'와 이름이 똑같다. 하지만 『영원한 제로』의 미야베는 작가 자신도 실존 인물이 아니라고 인정했다. 작가가 특공대 관련 자료를 찾으면서 본인의 내면에 떠오른 형성된 이미지를 인물화한 것이라 했다. 그러나 독자 입장에서는 무분별하게 사용된 픽션을 사실로 받아들일 가능성이 크며, 그것을 입증하는 것이 작품의 판매 부수와 영화의 관람객 수로 이어진 것으로 보인다.

민족주의의 폐해

데쓰조는 1981년 1월 사내 잡지인 『월간 구니오카月刊國岡』에 「새

해 인사年頭の辭」라는 글을 게재했다. "나는 '일본은 전쟁에서 진 것이 아니다. 일본인이 도덕적으로 지나치게 퇴폐적이고 스스로의 민족성을 잃고 있어서, 웬만한 일로는 정신을 못 차리기 때문에 하늘天에서 패전이라는 큰 철퇴를 가한 것이다. 이는 하늘이 준 고귀하고 큰 시련이다. 따라서 불평이 아닌 3000년의 역사를 높이 평가하고 즉시 재건을 시작하자'라고 소리쳤다."

작가가 영웅화한 주인공 데쓰조의 "일본은 전쟁에서 진 것이 아니다"라는 작품 속 발언은 일본의 패전 자체를 부정하는 것으로 매우 위험한 발상으로 읽힌다. 왜냐하면 이 발언은 일본이 태평양 전쟁을 일으키고 다른 여러 나라를 식민 지배한 것에 대한 반성과 뉘우침보다는 자국의 민족성을 재평가하고 재건하는 데만 집중하기 때문이다. 역사보다는 재건에만 초점을 맞추는 것은 다른 곳에서도 나타나는데, 한 예로 간토대지진에 대한 내용을 살펴보자. "다이쇼 12년(1923) 9월 1일 오전 11시 58분, 간토 일대를 거대한 지진이 덮쳤다. 간토대지진이다. 도쿄와 요코하마는 지진과 화재에 의해 초토화되었다. 17만 호 이상의 집이 파괴되고, 38만 호 이상의 집이 탔다. 사망자와 행방불명자 수는 만 명 이상에 달했다. 많은 회사나 공장도 큰 피해를 받아 경제적 손실은 55억 엔이라고 했다. 그 당시 국가 예산이 14억 엔이기 때문에 바로 국가 존망의 위기였다. 도쿄 내에 있는 은행의 절반 이상이 파괴되고 금융업계는 대부분 기능이 정지되었다."

작품 속에 언급된 간토대지진과 관련된 내용은 이것이 전부다.

그 당시 유언비어로 인해 6661명 이상의 조선인이 무고하게 학살 됐는데, 이에 대한 언급은 없다. 게다가 위와 같이 역사적 사건을 일본이 경제적인 손실을 얼마나 입었는가에 초점을 둬 제한적으로 접근하는 것은 자신이 보고 싶은 부분만 보는 것이며, 자칫 일본에 불리한 역사 사실을 은폐하려는 것으로 읽힐 수 있다. 이런 부분은 계속해서 등장한다. "미국은 일본이 한반도와 만주를 침략했다고 규탄하지만, 일본은 조선과 만주, 타이완에 엄청난 자본을 투입해 다양한 시설을 만들고 법을 정비했습니다. 댐과 발전소 그리고 학교를 만들었습니다. 필시 조선과 만주, 타이완은 이 투자를 바탕으로 앞으로 크게 발전할 것입니다."

일본이 조선에 자본을 투자한 것은 중국과 전쟁을 치르기 위한 병참기지화 정책의 일환이었다. 이로써 조선은 군수산업만 기형적으로 성장하는 모양새가 되었는데, 이는 냉전시대의 소련이나 현재의 북한과 비슷한 양상이었다. 또한 남면북양정책南綿北羊政策을 통해 남쪽에서는 면화를 키우고, 북쪽에서는 면양을 사육하는 정책으로 조선의 기형적인 농업과 산업 발전으로 이어졌다. 즉 일본은 조선을 발전시키기 위해서가 아닌 온전히 제국 확장에 최적화된 도구로 삼아 일을 벌였던 것이다.

작가가 역사 인식이 부족한 상태에서 글을 썼다는 게 단적으로 드러나는 부분은 다음과 같다. "데쓰조가 태어난 메이지明治 8년 (1875)부터 일본은 계속 부국강병으로 힘차게 나아갔다. 서구 열강이 아시아를 식민지화하는 가운데 일본이 살길은 그것밖에 없었다. 만약 청일전쟁과 러일전쟁에서 패배했다면 일본은 다른 아시아 국가들과 마찬가지로 러시아와 영미에 식민지화될 것임에 틀림없다." 우선 지적할 것은 청일전쟁과 러일전쟁은 '조선 침탈을 위해 일으킨 전쟁'이었으며, 영토 전쟁이 아니었다는 점이다. 만약 작가의 논리대로 청일전쟁에서 청나라가 이겼다면 러일전쟁이 아닌 청러전쟁이 일어나는 게 역사 흐름에 맞을 텐데, 이처럼 역사 사실까지 바꾸려는 작가의 논리는 납득되기 힘들다. 또한 두 전쟁은 동북아시아 국가끼리의 패권 싸움이었으며, 열강들 사이의 싸움에서 다른 한쪽 강대국이 반대쪽 강대국의 식민지가 된 선례는 없었다. 일본군 또한 해외 원정 능력이 있었던 만큼 군사능력에 있어 뒤처지지 않았던 터라 일본이 식민지가 될 가정을 세우는 발상 자체는 터무니없는 것이다. 따라서 청일전쟁과 러일전쟁에서 일본이 진다면 영미의 식민지가 될 게 틀림없다는 식의 논리는 잘못되었다. 게다가 작가의 주장대로 논리가 성립되려면 청일전쟁과 러일전쟁이 일본 영토에서 발발해야 역사적으로 전후 사정이 맞을 텐데, 이 또한 비약적인 생각이다.

더욱이 청일전쟁과 러일전쟁은 '조선 침탈을 위해 발발한 전쟁'인 만큼, 이처럼 비논리적인 내용은 일본의 조선 침략과 식민 지배를 미화하는 것을 넘어 정당화하는 것으로 오인될 수 있다. 1905년 러일전쟁 발발 당시, 조선이 일본의 속국이 아님에도 러시아 함대 감시 목적으로 일본은 조선으로부터 독도를 강제로 빼앗았다. 따라서 독도는 한국이 일본으로부터 식민 지배를 받기 전

일본에게 가장 먼저 강제 병탄된 한반도의 땅인 것이다.

햐쿠타는 『영원한 제로』와 『해적이라 불린 사나이』를 통해 현재의 일본(인)이 완전히 잊고 있는 과거 일본인의 저력을 일깨워주고자 한 듯하다. 경제 대침체와 동일본 대지진으로 인해 현세대가 내비치는 체념적 분위기와 달리, 다이쇼 11년에 태어난 부모 세대인 전전파와 전쟁 중에 태어난 전중파는 그렇지 않았다는 것이다. 그가 주장하려는 바는 패전으로 많은 일본인이 죽고 해외 자산을 몰수당하며 막대한 전쟁 배상금을 지불했는데도 불구하고, 20년 뒤에는 승전국이었던 영국과 프랑스를 제쳤다는 것이다. 그리고 전전의 프로젝트였던 신칸센과 도쿄 올림픽 개최를 패전 후에도 살아남은 사람들이 실현시켰다는 것이다.

『영원한 제로』의 시점은 1940년대가 아닌 현대로, 오늘날을 살아가는 젊은이와 할아버지인 미야베를 일치시켜 그리고 있다. 그동안 특공대를 다뤘던 작품들은 동시대인의 시점이거나, 아가와 히로유키의 『구름의 묘표』[1]에서처럼 해군 예비 학생의 시점을 취하고 있었다. 그러나 이 작품에서는 현대의 시점으로 이것을 바라보고 있기 때문에, 특공대에 특별한 관심을 가진 사람만 읽었던 기존 작품들과는 달리 널리 공감을 얻으면서 결정적인 차이를 만들어낸다. 또한 '안타깝게도 나는 죽겠지만, 당신은 부디 살아주세요'라는 메시지로 인해, 지금 일본의 번영과 풍족함을 지탱해주는 것이 과거 일본인의 긍지와 용기임을 인식시키는 작용을 한다.

일본의 우경문학은 역사를 배우고 자신의 주장을 생각하는 것이 아닌, 작가의 주장을 정당화하기 위해 역사를 활용하고 있다. 이는 지난 시대의 과오에 대한 인식보다 1930~1940년대 제국 일본을 그리워하는 데서 우경화 및 민족주의가 나타났기 때문인 듯하다. 결국 두 작품은 '너희는 가족과 사랑하는 사람들이 살고 있는 아름다운 나라 일본을 지키기 위해 목숨을 버릴 각오가 되어 있는가!'라는 메시지를 은연중에 던지고 있다. 이는 일본 사회의 불만을 애국심이라는 통로를 이용해 해소시킴으로써 당장 어려움에 빠진 국민을 자극해 순간적인 단결을 가져올 수는 있다. 하지만 작품에서 나타난 것과 같은 역사 인식은 독자들에게 나쁜 민족주의 의식만 심어줄 우려가 크다.

더욱이 앞서 언급했다시피, 『영원한 제로』의 주인공은 실존 인물이 아니며, 『해적이라 불린 사나이』는 실존 인물을 중심으로 썼다. 그럼에도 두 작품이 전전과 전후를 배경으로 하고 있어, 독자들은 둘을 시대순으로 이어서 역사적 사실로 수용할 가능성이 있다. 더욱이 실존 인물을 바탕으로 한 『해적이라 불린 사나이』의 주인공이 『영원한 제로』의 주인공을 만나는 장면, 즉 작가가 작품 속에 만든 장치로 인해 『영원한 제로』의 주인공이 마치 실존 인물인 것처럼 인식되는 작용을 한다. 따라서 실존 인물화된 주인공이 작품 안에서 반복적으로 '아름다운 나라 일본을 지키기 위해 목숨을 버릴 각오를 가져야 한다'고 말하는 감정적인 호소는 독자들에게 자연스레 주입될 가능성이 크다.

이처럼 우경문학이 일본 문학 내에서 하나의 장르로 성장해 과거 역사에 대한 구체적 배경을 제시하지 않고 일본의 민족성을 재평가하며 일본을 재건하는 일에만 집중하는 모습은 매우 우려스럽다. 분명 이것은 독자들에게 왜곡된 민족주의 의식을 심어줄 수밖에 없다. 더구나 이러한 우경엔터테인먼트 문학이 단순히 문학 분야만의 현상이 아니라 2000년대라는 시대적, 사회적 풍조와 궤를 같이하면서 현실의 역사수정주의자의 논리, 보수우파들의 논리와 서로 영향을 주고받는다는 점을 주목해야 할 것이다.

3.
정치화하는 혐한과 『개구리의 낙원』

『개구리의 낙원』은 제목처럼 개구리들의 이야기를 소재 삼아 현대사회를 그리는 우화다. 이 책은 작가 햐쿠타가 "『영원한 제로』를 뛰어넘는 나의 대표작"이라고 자부한 것이기도 하다. 집필 시기는 2015년 가을이며, 2016년 2월에 출판됐다. 현대 일본 사회 및 국제사회를 소재로 삼은 만큼 발매하고 한 달여 뒤 SNS상에서 반응이 뜨거웠다. 출간된 이후로 줄곧 베스트셀러 자리를 지키고 있기도 하다. 그동안 『영원한 제로』와 『해적이라 불린 사나이』를 포함해 20권 이상의 책을 낸 햐쿠타 자신조차 뜨거운 반응에 놀랄 정도다. 2016년 3월 『개구리의 낙원』 사인회를 열기 전 누군가 폭파 위협을 가해 행사 당일 입구에는 10명이 넘는 경찰관이 배치됐으며, 행사장 내에서도 사복경찰관이 대기했다. 이와 관련해 『산케이신문』과 『마이니치신문』에서는 작은 크기로 기사를 게재했고, 『아사히신문』『요미우리신문』『닛케이신문』은 일절 보도하지 않았다. NHK를 포함한 방송국들에서도 폭파 예고에 대한 내용을 보도하지 않았는데, 이에 대해 햐쿠타는 매스컴에서 자기 책을 소개하고 싶지 않아서라고 주장한다. 왜냐하면 작품 속에 등장하는 디브레이크가 매스컴, 대중매체 혹은 민주당을 비유한 것으로 분석될 수 있기 때문이며, 언론사로서는 이를 거북하게 받아들인다는 것이다.

2006~2015년 햐쿠타 작품의 발행 시기와 아베 총리가 집권한 시기를 살펴보면, 2006년 7월 아베 총리의 『아름다운 나라』 발행, 2006년 8월 『영원한 제로』 출간, 2006년 9월 아베 신조 1차 내각 성립, 2012년 7월 『해적이라 불린 사나이』 출간, 2012년 12월 아베 신조 2차 내각 성립 순으로 이뤄졌다. 게다가 2014년 12월의 아베 신조 3차 내각 성립과 2015년 가을에 쓰기 시작한 햐쿠타의 『개구리의 낙원』은 아베 정권의 지향성과 밀접하게 연관되어 있다. 여기서는 『개구리의 낙원』의 다양한 논점을 아베 정권과의 상관관계라는 관점에서 분석해 2010년대 우경엔터테인먼트 작품의 시대적 스펙트럼을 분명히 하고자 한다.

과거 역사에 대한 책임 희석

작품에 등장하는 청개구리들은 나파주 나라의 평화를 유지시켜 준다고 생각해온 '3계三戒'와 '사과의 노래謝りソング'에 대해 의문을 품기 시작한다. 옴개구리가 3계로 인해 다른 나라를 침범하지 않

기 때문에, 그리고 스팀보드라는 늙은 독수리가 지켜주고 있다는 이유로 나파주가 평화를 유지하는 게 아니라는 의혹을 제기하고 있는 것이다. 이는 햐쿠타가 독자들에게 3계, 즉 평화헌법 9조에 대해 다시 한번 생각해봐야 하며, 스팀보드, 즉 미국이 일본을 반드시 보호하고 지켜줄 거라고 맹신하면 안 된다는 메시지를 던지는 것이다.

모든 의혹은 늪개구리가 옴개구리에 대해 반복해서 말한 '잔혹한 개구리'라는 단어에서 시작된다.

"소크라테스는 (…) 피에르가 말한 '나파주의 개구리는 잔혹한 개구리'라는 말이 더 신경이 쓰였습니다. 그래서 신경 쓰이는 점을 로베르트에게 말했습니다. '그러고 보니 로라들도 한때 자신들의 선조가 과오를 저질렀다는 얘기를 했지'라고 로베르트는 말했습니다. '그렇구나. 게다가 '사과의 노래'나 나폴레옹 바위와 관련된 일도 있어.' 소크라테스, 아무래도 이 나라에는 뭔가 비밀이 있는 것 같아.' '어쩌면 과거에 엄청나게 끔찍한 일이 벌어졌는지도 몰라. 그리고 옴개구리들은 그 일을 계속해서 사과하고 있는 거야.' 소크라테스는 혹시 '3계'의 비밀도 거기에 있을지 모른다고 생각했습니다."

젊은 옴개구리들이 아닌 선조들이 저지른 과오로 인해 '사과의 노래'가 생긴 것이며, 그 과오로 나폴레옹 바위와 관련된 일이 발생했다는 것이다. 작품에서 은유적으로 표현하고 있는 나폴레옹 바위는 미국의 히로시마 원폭 투하를 의미한다. 또한 로라는 나파

혐한의 계보

주 나라의 암컷 옴개구리인데, 옴개구리를 굳이 암컷과 수컷으로 구분해 마치 로라들만이 선조들의 과오를 꼬집어서 언급하는 듯한 뉘앙스가 읽힌다. 이는 일본의 젊은 남성들보다 젊은 여성들이 작가의 주장에 반反하고 있다는 점을 표현한 것으로 보인다. 결국 작품 결말에서 3계를 맹신한 로라는 비참하고 잔인한 죽음을 맞는다.

주인공 청개구리인 로베르트와 소크라테스가 나파주 나라의 과오를 살펴보기 위해 하인츠에게 이에 대한 내용을 물어보고자 했다.

"조사해볼 필요가 있겠어." 로베르트 말에 소크라테스는 고개를 끄덕였습니다. "누구한테 물어보는 것이 좋을까?" "하인츠는 어때? 그러면 뭔가 알고 있을지도 몰라." (…) "피에르가 나파주의 개구리는 흉폭하고 잔혹한 개구리라고 말했어요." 하인츠의 표정이 조금 어두워졌습니다. "피에르뿐만 아니라, 엔엔 나라의 개구리들은 줄곧 그렇게 말하고 있습니다." "진짜 그러합니까?" "다들 진짜라고 말합니다"라며 하인츠는 말하기 좀 거북한 듯이 답했습니다.

여기서 하인츠는 청년 옴개구리인데, 전쟁 경험을 하지 않은 젊은 세대에게 과거에 있었던 전쟁에 대해 질문한다는 설정 자체가 모순으로 보이는 대목이다. 결국 자세하고 명확한 해답을 얻지 못하는 결과로 이어진다. 더욱이 나파주 나라 선조들의 과오에 대한 질문이라고 하면 태평양전쟁과 관련된 역사적 내용일 것이다. 그럼에도 불구하고 작품에서 하인츠의 표정이 어두워지는 모습과 말하기 거북해하는 모습은 마치 선조들의 과오를 숨길 수 있으면 끝까지 숨기고 싶다는 내적 갈등이 밖으로 표출된 것이라 할 수 있다. 이는 작품 속 옴개구리들에게, 그리고 이 작품을 접하게 될 태평양전쟁 피해 국가 및 국민에게 또 다른 상처를 안겨줄 수 있다.

젊은 옴개구리인 하인츠는 나파주 선조들의 과오가 아주 '옛날 일'이라고 반복적으로 언급하며, 본인과는 전혀 상관없는 일인 듯 설명하고 있다.

"어떤 잔혹한 짓을 한 거야?" "훨씬 오래전의 일이라고 들었습니다. 우리 선조들이 늪개구리의 아이들을 많이 잡아먹었다는 것입니다. 그리고 늪개구리를 노예로 만들었다고. 나파주에 있는 늪개구리들은 그 후손이라고 합니다." 소크라테스와 로베르트는 놀랐습니다. "그건 확실한 얘기입니까?" "옛날 일이기 때문에 저는 보질 않았습니다. 하지만 어른들은 모두 진짜 있었던 일이라고 말합니다."

선조들이 늪개구리를 많이 잡아먹었다는 것은 조선인 학살을, 노예로 만들었다는 것은 강제징용 및 일본군 '위안부'를 의미할 것이다. 특히 조선인 학살 중 가장 잔인하고 인명 피해가 컸던 사건은 간토대지진 당시 유언비어로 인해 6661명 이상의 조선인이 무고하게 학살된 일이었다. 하지만 젊은 옴개구리는 직접 눈으로 보지 않았다는 이유로 사실로서 존재하는 역사에 대해 본인이 보고 싶은 부분만 보려 한다. 단순하게 '많이'라고 언급하는 것과 '6661명'은 커다란 차이가 있으며, 이러한 기술은 자칫 자국에 불리한 역사 사실을 부정하고 은폐하려는 것이 아닌가 하는 오해의 여지를 남긴다.

젊은 옴개구리는 끝까지 자기네 선조들이 저지른 잔인한 역사적 사실을 부정하고 있다.

> "졸지에 믿을 수가 없군. 왜냐하면 우리가 만난 나파주의 개구리들은 정말 친절한 개구리들뿐이었어. 그런 일을 했을 거라고는 생각되지 않아." 하인츠도 울상을 지었다. "실은 나도 믿고 싶지 않아요. 우리의 먼 선조들이 그런 잔인한 짓을 했다는 것을. 하지만 디브레이크는 절대로 틀림없다고 말하고 있습니다." "디브레이크라고?" "이 나라에서 가장 박식합니다. 매일 아침과 저녁, 연꽃의 늪지대에서 모두를 모아 여러 가지 일을 알려줍니다."

여기서는 앞의 텍스트에서 말한 '어른들'의 구체적인 대상 중 하나로 '디브레이크'를 정확하게 가리키고 있다. 작품에 자주 등장하는 개구리 중 하나가 디브레이크다. 즉 작품에서 언급하듯이 매일 아침저녁 조간신문과 석간신문을 발행해 온갖 일을 알려주는 것은 일간지에 해당된다고 볼 수 있다. 작가는 디브레이크를 결코 권력자는 아니지만 보이지 않는 권력을 갖고 있으며, 다른 개구리들을 조작하는 존재로 묘사한다. 그리고 디브레이크 자신들은 스스로를 정의이자 양심이라 믿고 있다며, 작가는 작품을 통해서 그들을 비아냥거리고 있다. 그런데 이 작품에 등장하는 디브레이크는 『아사히신문』을 지칭하며, 햐쿠타는 작품 내에서뿐만 아니라 현실에서도 『아사히신문』 논조에 대해 비판적인 입장을 강경하게 드러내왔다.

재일한국인에 대한 편견과 선입견

나파주와 옴개구리에 대해 찬양과 찬사를 보내고 있는 소크라테스와 로베르트가 옴개구리를 만나는 장면은 다음과 같이 그려진다.

그때, 마치 두 마리를 바보 취급하는 웃음소리가 머리 위에서 들려왔습니다. 올려다보니 연못 근처에 있는 나뭇가지 위에 한 마리의 젊은 옴개구리가 있었습니다. 옴개구리는 나뭇가지에서 소크라테스 일행 주변으로 뛰어내려왔습니다. "나파주가 훌륭한 나라라고?" "응 그렇게 말했어. 국가뿐만 아니라, 나파주의 개구리들도 훌륭한가봐." 옴개구리는 '흥' 하며 코웃음을 쳤습니다. "너희는 외지인이구만. 나파주의 개구리들에 대해 아무것도 몰라." "그렇지 않아. 나파주의 개구리들은 모두 상냥하고 친절해." 로베르트가 말했습니다. "그렇게 보였다면 너희 눈은 있으나 마나네." 젊은 옴개구리가 비웃으며 말했습니다.

작품 중간에 청개구리인 소크라테스와 로베르트가 만난 옴개구리는 소크라테스와 로베르트를 바보 취급하고 있다. 그러나 작품에서 이 옴개구리는 실제로 옴개구리가 아닌 옴개구리를 닮은 늪개구리였음을 알 수 있다.

청개구리인 소크라테스와 로베르트가 나파주와 옴개구리를 칭찬하는 근거는 앞서 말했듯이 '3계'와 '사과의 노래'다. '사과의 노래'를 통해 모든 대상에게 사과하고 축복이 깃들기를 바라는 것은 사상을 뛰어넘는 아름다움이라고 표현하고 있다. 이런 사과의 노래를 더욱 견고하게 한 것이 3계라 여기고 있다. '개구리를 믿고, 개구리를 해치지 않고, 개구리를 해치려는 힘을 기르지 않는다'는 국가 원칙에 의해 황소개구리들이 나파주에 침입하려는 것을 포기했기 때문에 평화로운 국가가 되었다는 것이다. 햐쿠타는 작품에 등장하는 황소개구리들이 북한이라고 직접 언급하기도 했다.

작품 속에서는 또한 늪개구리인 피에르를 생김새가 닮은 옴개구리와 헷갈려하는 장면이 나온다.

"너희가 그렇게 생각했다면, 나파주 개구리들이 본성을 드러내지 않았기 때문이야. 원래 나파주 개구리는 정말 흉폭하고 잔혹한 개구리란 말이야." "거짓말!" "거짓말이 아니야. 너희가 지금껏 봐온 가장 잔혹한 개구리보다 훨씬 더 잔혹한 개구리가 나파주 개구리야." "아까부터 당신이 말하는 내용은 겸손해서 그런 것입니까? 아니면 쑥스러움을 감추려고 일부러 그러는 것입니까?" 소크라테스가 말했습니다. "겸손이라고? 내가 그럴 필요가 있나?" "왜냐면 자기 자신들의 얘기를 너무나 나쁘게 말하고 있으니까." 그 개구리는 웃었습니다. "나는 옴개구리가 아니야." 자세히 보니, 옴개구리를 닮았지만 몸 색깔이 조금 달랐습니다. "나는 늪개구리인 피에르야. 옴개구리와는 달라." "너무 닮아 있어서 잘못 봤어." 로베르트의 말에 피에르는 갑자기 화를 냈습니다. "저 못생긴 옴개구리와 닮았다고?! 잘 봐. 전혀 다르잖아. 저런 열등한 개구리와 나는 조금도 닮지 않았어. 그런 말을 한 번 더 하면 가만두지 않을 거야."

옴개구리와 늪개구리를 구별하지 못하자 늪개구리는 격하게 화를 낸다. 늪개구리는 나파주라는 국가에 살고 있으면서 나파주의 국민인 옴개구리와 비슷하게 생긴 것으로 보아 재일한국인임을 유추할 수 있다. 이런 사실은 작품 후반으로 갈수록 더 분명해진다.

그런데 여기서 중요한 사실은 늪개구리가 옴개구리를 혐오하고 있는 장면은 작가 자신이 품어왔던 생각의 표출이라는 점이다. 실제로 햐쿠타는 한국과 일본을 헤어진 남녀관계로 바라봐야 한다고 말한 바 있다. 즉 한국을 여자로, 일본을 남자로 인식하고 있는 것이다. 그의 주장은 한국과 일본이 옛날에 결혼해서 같이 살다가 이혼하면서 자식들에게 일본은 나쁘다라는 획일적인 교육을 받게 하면서 어른으로 성장시켰다는 것이다. 또한 재일한국인을 포함한 한국(인)이 일본을 싫어하는 원인으로 한국에는 산케이신문사나 Will 같은 언론사가 없었던 탓에 일본을 공통의 적으로 간주하는 기반이 자생적으로 형성된 것이라고 지목한다.

재일한국인에 대한 적대감

이 작품에서는 재일한국인에 대한 혐오를 은유적으로 표현하는데, 작품이 전개되면서 이런 인식은 더 확대되어간다.

『개구리의 낙원』은 결국 나파주가 망하는 것으로 결론 난다. 3계가 나파주에 평화를 가져다주는 것이라 굳게 믿었던 옴개구리들이 황소개구리들에 의해 점령당하는 것이다.

이튿날 황소개구리들이 대규모로 중앙 초원에서 나파주의 중심지로 향해 왔습니다. 옴개구리들은 겁에 질리면서도 황소개구리가 제 것인 양 나파주 나라를 누비며 다니는 것을 먼발치에서 바라보고 있었습니다. 황소개구리를 대환영한 개구리들도 있었습니다. 피에르들, 즉 엔엔 나라의 늪개구리였습니다. 피에르는 손을 흔들면서 황소개구리에게 다가가 그 무리 안으로 들어갔습니다. 이윽고 황소개구리는 나파주의 중심지 대부분을 점거했습니다. 연꽃의 늪도, 축제 광장도, 원로회의가 열리는 작은 섬의 연못도 모두 황소개구리들 것이 되었습니다.

여기서의 황소개구리들은 앞서 언급했듯이, 포괄적으로 공산주의를 가리킨다. 북한과 중국 그리고 남한에서도 공산주의를 지향하는 이들을 비유적으로 통칭하는 것이다. 작품에서 나파주를 점령한 황소개구리를 유일하게 환영한 개구리는 늪개구리들로 표현된다. 즉 작가는 늪개구리로 비유한 재일한국인들을 무엇보다 경계해야 할 대상으로 여긴다. 비유적인 표현을 쓰면서 재일한국인들이 마치 일본이 공산주의 국가가 되길 바라는 식으로 그리는 것은 '증오'를 내재화한 인식이라 할 수 있다. 이러한 인식은 은연중에 드러나는데, 재일한국인들이 일본의 미래에 일말의 도움도 안 되며 몰아내야 할 '적'이라고 간주하는 식이다. 또한 이 작품을 접한 일본 독자들과 그들의 서평을 보면 『개구리의 낙원』이 현재 일본의 상황과 매우 유사하다는 내용이 많은데, 그런 까닭에 그저 우화로만 치부하긴 어렵다.

다음 구절에서는 나파주가 황소개구리들에게 점령당한 뒤, 가장 큰 반사이익을 얻은 개구리들이 늪개구리라고 한다. 왜냐하면 나파주의 모든 옴개구리가 황소개구리들의 노예가 되었기 때문이다.

황소개구리가 나파주를 빼앗고 나서 누구보다 생활이 나아진 것은 피에르들, 즉 늪개구리였습니다. 옴개구리가 아닌 청개구리인 소

혐한의 계보

크라테스와 로베르트는 노예가 되지 않았습니다. 하지만 소크라테스는 더 이상 나파주에서 살고 싶은 마음이 사라졌습니다. (…) "나파주에 와서 언제부턴가 3계는 멋진 것이라 생각하고 있었다. 하지만 3계는 나파주의 옴개구리들을 지켜주지 못했다. 평화로웠던 나파주가 왜 이렇게 된 것일까." "잘 모르겠지만, 3계는 종교 같은 것이 아니었을까. 나파주의 옴개구리들은 순교한 거야." 소크라테스가 말했습니다. "신앙에 순직한 옴개구리들은 행복했을까." "모르겠어. 로베르트는 어떻게 생각해?" 로베르트는 조용히 고개를 흔들었습니다.

결국 옴개구리들이 믿었던 3계가 무용지물이 되는 순간이다. 작가가 아베 정권에서 강력하게 추진하려는 평화헌법 9조에 대한 개헌 필요성을 이해하기 쉬운 우화로 형상화하고 있는 것이다. 그 속에서 작가는 현재 일본이 재일한국인을 위해 어떤 정책도 펼쳐서는 안 되며, 기존 정책들 또한 축소 및 폐지해야 한다는 의도를 내비치고 있다.

더욱이 작품 마지막에서는 나파주 나라의 암컷 옴개구리인 로라가 황소개구리들에게 팔다리가 찢기고 잡아먹힌 뒤, 땅에 던져지는 장면이 적나라하게 나열된다. 로라는 잔인하게 죽어가는 와중에도 나파주에는 3계가 있기 때문에 다행이라는 마지막 말을 남긴다. 이런 극단적인 장면은 작품을 읽는 독자들에게 충격을 주기에 충분하며 실제로도 그랬다. 이것은 마치 과거 아시아 주변 국가들이 일본군에 의해 성노예로 취급당한 일본군 '위안부'들에 대해 복수하는 장면을 연상시켜, 과거사를 해결하려는 것이 아닌 더욱 악화시키는 방향으로 결론을 맺는 것처럼 보인다.

재일한국인에 대한 추방 의지

3장에서 언급했듯이, 혐한 담론 내용을 살펴보면 한국이 일본에 계속적인 사과를 요구함으로써 그에 의해 피로가 누적돼 오히려 혐한이 가속화되었다고 한다. 이와 관련된 내용이 이 작품에서도 나타난다.

> 로베르트는 그 기세에 눌려, "미안해"라며 사과했습니다. "흥. 옴개구리처럼 사과하면 용서받을 수 있다고 생각하겠지만, 이 몸은 용서 안 해준다. 네놈이 말한 것을 항상 기억할 거야. 절대로 용서해주지 않을 거니까 기억해둬. 그리고 하나 더 말해두는데, 이 몸의 국가는 엔엔이다. 엔엔은 세계에서 가장 위대한 나라야. 극락과 같은 국가지. 너희도 언젠가 가보면 좋을 거야. 나파주 따위 발끝에도 못 미치는 대단한 곳이니까." 피에르는 그렇게 말한 뒤, 배를 잔뜩 부풀린 채 사라졌습니다.

엔엔이라는 국가의 늪개구리가 나파주의 옴개구리를 절대 용서해주지 않을 거라는 내용에서 '엔엔ㅗㄴㅔㄴ'이라는 의미를 '끊임없이延々' 사죄를 요구하는 한국에 빗대고 있는 것으로 볼 수 있다. 이러한 엔엔 국가를 작품 속에서 위대하다고 말하는 것은 반어법으로 봐야 할 것이다. 왜냐하면 작가는 한국을 위해 일본이 철도를 건설하거나 인프라 정비를 해줬다고 보기 때문이다. 이것은 일본의 조선 침략과 식민 지배 미화를 넘어 이를 정당화하는 것이다.

더욱이 작가는 한국이 사죄를 반복적으로 요구하고 계속 일본이 나쁘다고 인식하고 있는 주요 요인으로 한국의 공산주의화를 꼽는다. 작가가 주장하는 것은 한국이 반일과 친북 노선으로 경도돼 있으며, 이는 일본에 위협이 되리라는 점이다. 이런 생각은 『개구리의 낙원』 결말에도 많은 영향을 끼친다. 나파주 나라가 황소개구리들한테 잔인하게 점령당하는 것으로 끝맺기 때문이다.

작품 속의 피에르가 옴개구리와 닮았다는 이야기에 화를 내면서 옴개구리를 싫어함에도 불구하고 피에르는 옴개구리의 나라에 여전히 살고 있는 사실에 대해 청개구리들이 이상하게 여기는 장면이 등장한다.

"황당하군. 옴개구리와 착각했다고 해서 저렇게까지 화내다니." 로베르트가 쓴웃음을 지으며 말했습니다. "맞아, 너무 비슷해 보였지만, 다른 개구리였어. 피에르 입장에서 보면, 닮았다는 얘기를 듣는 게 훨씬 싫은가봐. 게다가 나파주라는 나라와 옴개구리를 몹시 싫어하는 것 같았어." "근데 그러면 피에르는 왜 이 나라에 있는 거지?" "우연히 들른 것뿐이잖아." "엔엔이라는 나라가 나파주 이상으로 대단하다면 그곳에 꼭 가보고 싶네." "응."

이는 일본에 살고 있는 재일한국인들이 일본(인)이 싫으면 한국으로 돌아가라는 이야기와 같은 것이다. 늪개구리가 옴개구리를 절대 용서하지 않을 거면서 왜 나파주 국가에 살고 있는지 이해할 수 없다는 것이다. 이는 태평양전쟁의 패전국인 일본(인)으로서 취할 자세가 아니다. 재일한국인 2세와 3세들이 어떤 연유로 일본에 영주하게 되었는지부터 그들 입장에서 이해하는 게 필요하기 때문이다. 게다가 피에르의 말처럼 나파주 나라 이상으로 엔엔 국가가 대단하다면 꼭 그곳에 가보고 싶다고 소크라테스와 로베르트가 말하고 있지만, 작품에서는 그런 장면이 실제로 등장하지 않는다.

현재 나파주 국가에 살고 있는 피에르 가족들이 재일한국인 2세, 3세임을 설명해주는 장면은 다음과 같다.

소크라테스는 피에르라는 늪개구리를 만난 이야기를 했습니다. 그러자 하인츠가 대답했습니다. "분명히 피에르는 옴개구리가 아닙니다. 하지만 그들은 우리와 매우 비슷합니다. 외지에서 온 개구리들은 구별이 어렵겠죠." "피에르는 엔엔이라는 나라의 개구리라고 말했었어." "으음. 그렇지만 피에르는 나파주에서 태어나 나파주에서 자란 개구리입니다." "어, 그런가." "피에르의 아버지도 어머니도 나파주에서 태어나 나파주에서 자랐습니다. 그 아버지와 어머니도 나파주에서 태어나 나파주에서 자랐습니다. 그 아버지와 어머니도……." "이제 확실히 알겠어. 그러니까 피에르의 가족은 오랜 시간 나파주에서 살고 있는 거네." "그렇습니다." 소크라테스와 로베르트는 얼굴을 마주봤습니다. "그러면 피에르들은 도대체 왜 엔엔에 돌아가지 않고, 나파주에서 살고 있는 거야? 피에르는 나파주보다 엔엔이 훨씬 훌륭한 나라라고 말했어." 하인츠는 모르겠다는 듯이 양팔을 조용히 벌렸습니다.

늪개구리들이 외지에서 온 개구리들임을 하인츠는 재차 강조하고 있다. 하인츠는 나파주 국가의 옴개구리 청년으로 등장한다. 그러나 재일한국인들이 처음에 어떤 역사적인 배경으로 일본에서 살게 되었는지를 설명하는 부분은 없다. 여기에는 재일한국인 1세대 중 태평양전쟁 당시 강제징용된 노동자도 다수 포함되어 있을 것이다.

일본은 1930년대부터 본격적인 대륙 진출을 위한 침략 전쟁을 일으켰으며, 이는 1910년부터 식민 지배를 받던 한반도에도 커다란 영향을 미쳤다. 일본 정부는 1938년 4월 1일 국가총동원법을 제정·공포했고, 1939년부터 1945년 8월까지 '조선인 강제동원'을 했다. 동원 형식은 모집(1939~1942), 관 알선(1942~1944), 징용(1944~1945) 단계를 거치면서 강제성을 높여갔다. 강제동원된 조선인은 1943년 말까지 약 40만 명에 달했으나, 전쟁 막바지에

접어들면서 더 많은 노동력을 필요로 했다. 이에 조선총독부는 1944년 9월부터 '국민징용령'에 의거해 강제징용을 실시했다.

햐쿠타는 그의 작품에서 재일코리안의 이러한 역사적 문맥은 무시한 채, 은유로 이들에 대한 배척의식을 노골적으로 표현한다. 옴개구리 청년인 하인츠는 늪개구리들을 단지 외지에서 온 것으로 치부하면서 자자손손 대대로 나파주 국가에 살고 있는 것을 못마땅해함으로써 일본의 혐한 논자들이 재일코리안에 대해 갖고 있는 배외주의와 유사한 주장을 제기하고 있다.

전쟁 가능은 국가 존속의 필요조건

『개구리의 낙원』의 줄거리는 소크라테스와 로베르트라는 주인공 청개구리 두 마리가 악당에게 고향을 빼앗기고 세계를 방랑하는 장면에서 시작된다. 살기 위해 그들은 낙원을 찾아 여행을 떠난다. 하지만 어디든 자신의 고향처럼 몸집이 큰 개구리들이 작은 몸집인 개구리들을 잡아먹는 세상뿐이다. 천신만고 끝에 모두가 평화스럽고 풍요롭게 살아가는 옴개구리의 나라에 도착한다. 청개구리 두 마리가 도착한 낙원인 나파주는 일본을 상징하며, 나파주의 주인인 옴개구리는 일본인을 상징한다. 나파주NAPAJ를 거꾸로 읽으면 JAPAN이 된다. 나파주는 특이하게도 몸집이 큰 개구리들한테 습격을 받지 않는 그야말로 낙원이었으며, 옴개구리들은 평화롭고 온순했다.

그런데 살다보니 이 나라는 어딘가 뒤틀려 있다. 온 국민이 '(평화를 지키기 위해 애초에) 싸울 힘을 갖지 않는다'는 신조를 지키며 살고 있는 것이다. '3계'라는 국가 원칙이 있어서 '개구리를 믿고, 개구리를 해치지 않고, 개구리를 해치려는 힘을 기르지 않는다'는 것이다. 이에 따라 다른 개구리들이 나파주에 사는 옴개구리들을 건드리지 않는다고 주장한다. 이 3계는 원래 나파주 나라 위의 높은 바위에 자리 잡고 있는 스팀보드라는 독수리가 만들어준 것이다. 더욱이 밤에는 다 같이 모여 과거의 잘못을 사죄하는 노래도 부른다. '사과의 노래'를 합창하면서 옴개구리들이 한 짓을 사과하는 것이다. 이렇듯 평화에 흠뻑 취해 살아가는 옴개구리 나라를 늙은 독수리가 빙빙 돌며 지켜준다.

하지만 옴개구리의 나라를 지키던 한 마리의 독수리가 사라지자, 결국에는 황소개구리 떼가 옴개구리들이 살고 있는 이상향에 파국을 몰고 온다. 여기서 등장하는 늙은 독수리는 미국을 상징하며, 황소개구리 떼는 공산주의를 뜻해 북한이나 중국, 남한에서도 공산주의를 이상향으로 품은 이들을 통틀어 가리키고 있다. 작가는 중국이 초강대국으로 떠오르고 있고 북한이 핵미사일을 쏘는 상황에서 일본만 미국을 믿고 평화헌법을 지키며 넋 놓고 있어서는 안 된다는 주장을 우화를 통해 표출하고 있다. 미국, 중국, 한국, 일본을 둘러싼 국제 정세를 우화에 빗대어 최종적으로는 평화헌법 9조의 폐지를 주장하고 있는 것이다.

『개구리의 낙원』이 개구리를 소재로 삼은 이유는 군집을 이루는 습성이 인간과 닮았기 때문이다. 다양한 종류의 개구리가 등장하는데, 그중에서도 청개구리인 소크라테스와 로베르트는 이야기를 이끄는 주인공이다.『개구리의 낙원』은『영원한 제로』『해적이라 불린 사나이』와 함께 작가 자신이 "햐쿠타 나오키의 3부작"이라 일컫는 작품이다.『영원한 제로』와『해적이라 불린 사나이』가 과거 일본의 선조들에 대한 영웅적인 이야기를 소재로 삼고 있다면,『개구리의 낙원』은 현재 일본의 모습을 그리면서 미래의 일본을 시뮬레이션한 것이다.

우화 형식을 취하는 까닭에 문체가 평이하며, 내용은 정치적으로 해석하기 쉽고, 그 결말은 섬뜩하기까지 하다. 이렇듯 우화임에도 불구하고 현재 일본에서는『개구리의 낙원』을 '예언의 책'이라 부르기도 한다. 평화헌법 9조를 지킨다고 해서 평화를 유지할 수 있다고 여기는 전후 일본인들의 생각을 바꾸기 위해 이해하기 쉬운 우화 형식을 취한 것이다. 자기 나라는 다른 국가에 의해서가 아닌 스스로 지킨다는 상식과 그것을 가능케 하는 법적, 군사적인 정비의 필요성을 문학작품을 통해 주장하고 있는 것이다.

따라서 일본은 패전 이후 현대문학 속에서 가족애를 강조하면서 전쟁 가해 책임의 희석에 대한 속내를 드러내왔다면, 햐쿠타의『영원한 제로』『해적이라 불린 사나이』에서는 국가로 확대되면서 애국정신 강화로 이어지고, 일본인들에게 자긍심을 불어넣기 위한 과정에서 민족주의의 폐해가 적나라하게 드러나고 있다. 이는 마침내『개구리의 낙원』을 통해 동시대 보수우파의 주장과 궤를 같이하면서 강력한 혐한의식으로 나타나고 있다. 일본 현대문학 속 민족주의의 강화와 혐한이 노골적으로 변하는 과정에서 작품들은 단조로운 내용으로 구성되기보다는 오히려 정치적이고 군사적, 외교적 상황까지 은유하고 있어 그 심각성이 더해진다. 또한 햐쿠타의 작품들은 1990년대 초에 등장한 고바야시 요시노리의『고마니즘 선언』『신·고마니즘 선언』『신·고마니즘 선언 스페셜·전쟁론』에서 보인 논조들을 반복해서 재생하고 있다. 그런 데다 우화라는 장르를 취해 그 표현은 더욱 교묘해졌다고 할 수 있다.

5장

**지진을 통해 바라본
혐한**

1.
동일본 대지진 이후
사회 구호로 나타난 혐한

일본 사회에서 혐한 현상은 국가적 규모의 거대한 재해가 일어났을 때 반복적으로 나타났다. 1923년 간토대지진 이후 조선인 학살 사건과 2013년 동일본 대지진 이후의 혐한 시위가 그런 예다. 따라서 이 장에서는 혐한 현상을 거대 지진이라는 사건을 중심으로 하여 비교 분석하고자 한다. 혐한이라는 신조어는 현대에 등장했지만, 그 양상은 예나 지금이나 다르지 않음을 고찰해보려는 것이다.

간토대지진 이후 조선인 학살

간토대지진은 1923년 9월 1일 오전 11시 58분에 도쿄, 요코하마를 시작으로 주변 각지를 덮친 대지진이다. 피해는 1부府 8현縣에 이르며, 파괴되고 불탄 주택이 68만 호, 사망자 9만1000여 명, 부상자 10만4000여 명, 행방불명자만 1만3000여 명에 달하는 큰 재해였다. 도쿄는 괴멸 상태로 정치와 행정이 모두 마비되었다. 도쿄에서 화재가 발생한 데만 해도 187곳에 달했으며, 불길이 가장 빠를 때는 시간당 800m/s 이상의 속도로 거리를 삼켜나갔다.

메이지유신 이후 축적해온 근대 문명을 한순간에 앗아간 간토대지진 앞에서 일본인들은 망연자실했다. 상황이 어떻게 벌어지고 있는지 전혀 알 수 없는 대혼란 속에서 그들은 불안에 떨었다. 더 큰 문제는 대지진이 일어난 이튿날부터 시작되었다. "조선인이 폭동을 일으키고 있다. 폭탄을 소지하고, 방화하고, 우물에 독극물을 집어넣고 있다"와 같은 소문들이 떠돈 것이다. 당시 내무대신 미즈노 렌타로는 내란을 막기 위해 '지진을 틈타 조선인이 우물에 독을 타고 여기저기 불을 지르고 다닌다'는 유언비어를 퍼뜨리면서 '불령선인不逞鮮人'으로 불린 조선인들이 학살당하도록 만든 장본인이다. '불령선인'은 원래 일본의 식민 지배에 저항하는 이들을 지칭하는 말로 당시 일본 언론에서 많이 사용했다. 간토대지진이 발생하기 4년 전에 일어난 조선 독립을 위한 3·1 운동도 '불령선인의 폭동'으로 여겨졌다.

조선인을 '적敵'으로 인식한 내용은 시마자키 도손島崎藤村 (1872~ 1943)이 간토대지진 직후 『도쿄아사히신문東京朝日新聞』에 연재 발표한 지진소설인 「아들에게 보내는 편지」에서도 나타나는데, 이는 앞서 제시한 5단계 피라미드 중 1단계인 선입견에 의한 행위 중 적대감 표명에 해당된다. "적이 온다, 적이 온다. 옛날이야기가 아닌 한 믿을 수 없는 2000명이나 되는 적이 습격해온다는 소문은 그다음 날에도 계속되었다." 적이라면 모두를 위협하는 존재로서 공동으로 무찔러야 하며, 이는 곧 조선인이었다.

불안과 공포에 떨며 이성이 마비된 일본인들은 소문의 진위 여부를 파악하지도 않은 채 조선인 관련 유언비어를 그대로 믿었으며, 이는 2단계인 편견에 의한 행위와 3단계인 차별 행위로 이어진다. 폐허가 된 마을 사람들은 우유나 신문 배달부가 빠른 배달을 위해 표시해둔 'A' '↑' 등의 기호를 마치 습격할 대상이나 방화 계획을 알리기 위한 암호라고 제멋대로 해석했다. '조선인 폭동설'은 어느새 소문이 아니라 구체적 근거를 지닌 '사실'이 되었다. 이로 인해 지진 발생 이튿날인 9월 2일 오후부터 계엄령이 선포되었다. (공식적으로는 2일로 되어 있지만, 강덕상은 9월 1일 저녁이라고 근거를 제시하고 있다.) 군대·경찰의 출동과 함께 각지에서 자경단自警團 등이 조직되어 죽창과 일본도 등으로 무장한 후 조선인을 찾아내 잔인하게 죽였다. 4단계인 폭력 행위와 5단계인 제노사이드까지 발생한 것이다. 당시 자경단은 일반 시민들이 적극적으로 조직해 일정한 자위력을 갖춘 집단을 표방했으며, 실제로는 계엄사령부가 유도한 단체로서 일본도, 죽창, 도끼 등으로 무장하고 있었다.

물론 조선인들이 폭동을 일으킨다거나 방화를 하고 우물에 독약을 넣는다는 이야기는 유언비어였다. 그러나 그 파장은 대단해서 이로 인해 무고하게 희생된 조선인은 무려 6000명이 넘었다. 일본인들은 죽창, 칼, 일본도, 톱 등으로 학살했으며, 개인이 아닌 단체 행동이었기에 그만큼 죄책감에 대한 부담도 줄어들었을 것이다. 결국 천재天災와 인재人災가 더해져 참혹한 결과를 낳은 것이다.

간토대지진 당시의 유언비어는 일본 정부가 흘린 선동적 허위 정보였으며, 정부는 미진한 피해 대책으로 여론이 험악해지자 민중 폭동으로 번질 것을 우려해 지레 겁을 먹었다. 이에 민중의 불만을 돌리기 위한 돌파구를 마련하고자 무고한 조선인들을 활용했던 것이다.

중요한 점은 관헌과 일반 시민들, 즉 일본인 내면에 조선인에 대한 편견과 멸시가 분명히 존재했다는 것이며, 그로 인해 조선인 학살로까지 이어졌다는 사실이다. 여기서 1·2단계인 선입견과 편견에 의한 행위를 묵인하고 내버려둘 경우, 3·4단계인 차별과 폭력 행위로 이어지는 순차적인 모습이 나타난다. 이는 다야마 가타이 田山花袋(1872~1930)의 『도쿄진재기東京震災記』[1]에서도 잘 드러나는데, 조선인들의 인상을 묘사하면서 조선인으로 오해받는 것에 대한 거부감이 대화체로 표현되고 있다. "그게 자네는 좀 닮았다니까.' '내가 조선인하고?' '머리를 좀 기른 데가 닮았어.' '정말 참을 수 없군.' '너무 얼굴이 갸름하고 창백한 것도 닮았다니까.'"

당시 일본에 거주하던 조선인의 인상에 대해 말을 주고받는 장면인데, 조선인으로 오해받는 게 얼마나 위험한 일인지 잘 보여주고 있다. 실제로 당시에는 일본인들이 실제 조선인으로 오인받아 살해당하는 일도 적잖이 있었다.

게다가 일본 언론은 간토대지진 당시에 유언비어를 자극적으로 보도했고, 이는 조선인 학살을 부추기는 촉매제 역할을 했다. 『도쿄니치니치신문東京日日新聞』은 9월 1일자로 간토대지진에 대한 뉴스를 최초로 호외로 발간했고, 9월 3일에는 조선인에 대해 불령선인이라는 차별적 용어를 써서 1면으로 보도했다. 또한 "조선인 200명이 경찰과 충돌해 수십 명의 부상자가 발생했는데, 현장에서 20명을 검거했으나 모두 달아났다. 불령선인들이 절도와 강간을 저지르고 있다"고 보도했다. 이러한 내용은 모두 근거 없는 허위였으나, 광분한 일본인들은 9월 1일 저녁부터 조선인들을 학살하기 시작했다.

눈여겨볼 것은 일반 시민들이 그 학살의 선두에 섰다는 점이다. 물론 정부의 주동이 있었던 데다 자신들의 목숨과 삶의 터전을 위협할지 모르는 의구심을 불러일으키는 상대, 즉 조선인에 대한 보복 심리가 원인으로 작용했겠지만, 평소 일본인들이 조선인에 대해 어떤 입장이었는지 짐작할 수 있다. 이것은 조선인에 대한 적대감 표명과 의도적 차별 표현으로부터 시작해, 즉 1·2단계인 선입견과 편견에 의해 4단계인 폭력 행위에서 5단계인 제노사이드(민족 말살)로 이어졌다고 볼 수 있다.

동일본 대지진 이후 혐한의 양상

2011년 3월 11일 일본 도후쿠 지역에 대지진과 쓰나미가 발생했다. 동일본 대지진이라 불리는 이 재해는 후쿠시마의 원자력발전소 폭발이라는 인재까지 일으켰다. 천재와 인재가 겹친 일본의 위기 상황과 대혼란은 거의 100년 전의 간토대지진을 떠올리게 한다.

동일본 대지진 때도 간토대지진 당시와 유사하게 2단계인 편견에 의한 행위 중 의도적 차별 표현에 해당되는 허위 정보나 유언비어가 끊이지 않았다. 당시 인터넷상에 나타난 피해지와 관련된 헛소문으로는 "범죄가 일어나고 있다" "피해지에서 강도가 다발적으로 발생하고 있다" "칼을 들고 있는 외국인 절도단이 출현하고 있다" "시체에서 금품을 훔쳐가는 외국인이 있다"[2] 등이 있었는데, 소문의 근원지는 파악하기 힘들다.

소문이나 유언비어와는 반대로, 실제 피해지인 미야기현 내의 강도 건수는 3월 11일 지진 발생 후 한 달간 1398건으로, 전년도의 같은 기간 대비 오히려 36건이 줄었다. 이렇듯 사실 확인도 없이 근거 없는 유언비어가 난무한 이유는 기존에 가지고 있던 외국인 멸시 감정, 즉 편견이 더해져서 나타난 것이다. 특히 예전에는 피해지를 중심으로 헛소문이 퍼졌다면, 지금은 인터넷이나 휴대전화로 불특정 다수에게 더 쉽게 확산하는 경향을 보여 경각심을 나타낼 만하다.

나아가 동일본 대지진 이후에 보인 일본인의 행동 양상 또한 1·2단계인 선입견과 편견의 단계에서 한층 더 나아가, 3단계인 차별 행위 중 사회 배제에 해당되는 일들로 나타났다. 바로 일본 내에서 재일코리안을 배제하는 단계로 바뀌었는데, 동일본 대지진 이후 혐한 시위 건수가 늘어난 것이다. 실제로 2013년 10월 30일에 공개된, 외교부가 주일 공관별로 전수 조사한 결과에 의하면, 2009년에 30건에 불과하던 혐한 시위는 2011년에는 82건으로 늘어나더니 2012년에는 301건을 기록했다. 3년 사이에 10배 급증한 것이다. 재일코리안은 일주일에 다섯 번 이상꼴로 혐한에 노출된 셈이다. 혐오 발언은 "조센진朝鮮人을 죽이자, 학살하자"라는 폭력적인 구호로까지 나타났다. 일본에서 '조센진'은 한국인을 비하하는 용어로 심심찮게 사용되고 있다. 한 예로 2017년 8월 26일에는 일본의 게임회사 세가SEGA의 '용과 같이 극 2' 발표회 현장에서 출연 배우 한 명이 "오늘 무대에 올라온 몇 명은 '조센진'이니까. 조선에서 미사일이 날아오지 않길 빌고 있다. 잘 부탁드린다"고 발언하기도 했다.

또한 간토대지진 당시 조선인 학살의 결정적 발단이 된 유언비어들이 동일본 대지진 이후에도 유사하게 반복됐다. 유언비어는 앞서 설명했듯이 2단계인 편견에 의한 행위 중 의도적 차별 표현에 해당된다. 한 예로 혐한 시위의 현수막 가운데 간토대지진 때 등장한 '불령선인'이라는 단어가 여전히 사용되는 것은 재일코리안에 대한 선입견과 편견이 오랜 세월이 지나도 여전함을 보여준다. 따라서 혐한은 느닷없이 돌발적으로 일어난 현상이 아니며, 선입견과 편견이 차별 행위로 되었다가 마침내 폭력 행위로 분출되는 양상이다.

이에 대해 가토 나오키는 『구월, 도쿄의 거리에서: 1923년 간토대지진 대량학살의 잔향』[3]을 통해 인간을 인간으로 보지 않고, '열등하고 위험한 민족'이라는 기호로만 인식하는 것에 대한 경각심을 일깨우고 있다. 그는 간토대지진 당시 도쿄는 1990년대 유고슬라비아나 르완다 같은 대량학살의 도시였다고 말한다. 지금도 혐한 시위에서 "한국인 쫓아내라" "좋은 한국인도, 나쁜 한국인도 모두 죽여라" 등의 발언이 거침없이 나오는 현상에 대해서 그는 다음과 같이 지적했다. "그들이 외치는 함성이 90년 전 도쿄의 거리에서 울려 퍼졌던 '죽여라'라는 외침과 공명하고 있다." "극우 정치가의 선동이 계속되는 21세기 일본에서 간토대지진 대학살은 과거의 일이 아니다." "기억이 은폐되고 억압될 때 반성은 사라지고 잘못은 반복된다." "도쿄는 아직도 90년 전의 트라우마에 사로잡혀 있다. 살육에 대한 기억은 억압되고, '위험한 조선인'이라는 이미지만 남아 있다."

즉 1·2단계의 편견을 묵살한다면 간토대지진 당시 5단계인 학살이 일어나지 않으리라 단정할 수 없는 것이다.

반복되는 증오의 피라미드

현재 일본에서 일어나는 혐한 양상에 대해 법무성이 발표한 바에 따르면, 증오의 피라미드 3단계인 차별 행위를 통해 표출된 것은 2012년 4월부터 2015년 9월까지 1152건이다. 시위는 40퍼센트 이상이 도쿄를 중심으로 한 수도권에서 발생했다. 시위 빈도는 2012년 4~12월에 237건, 2013년에 347건, 2014년에 378건, 2015년 1~9월에는 190건이었다. 이는 37개월 동안 매일 하루에 최소 한 번 이상꼴로 혐오 발언이 있었다는 얘기다. 그 시위 건수나 내용은 인터넷에 게시된 동영상 등 공개된 정보를 토대로 분석한 결과이기 때문에 이를 통해 파악되지 않은 혐한은 더 있을 것으로 예상된다. 이 조사는 혐한에 대한 일본 정부 차원의 첫 실태 파악이었다.

2015년 초에는 재일한국인에 대한 뜬소문이 퍼지기 시작했다. 우익 인사들의 SNS를 통해 '7·9 재일한국인 추방일'이라는 글이 퍼진 것이다. "7월 9일부터 주변에 있는 재일한국인을 경찰에 신고해라. 그 사람들은 일본에서 쫓겨나게 된다. 7월 9일까지만 (재일한국인의 존재를) 참아라." 실제로 이날부터 이웃에 재일한국인이 살고 있으니 추방해달라는 이메일이 폭주했다고 한다. 불법 체류 외국인을 신고하는 사이트가 다운되었다고 하니, 여전히 1·2단계인 선입견과 편견을 거쳐 3단계인 차별 행위가 반복적으로 나타났음을 알 수 있다.

2016년 1월 13일 아베 총리가 일본 내의 혐한에 대해, "혐오 발언 문제는 일본인으로서 매우 수치스러운 일로 심히 우려하고 있다"라며 강한 유감을 표명한 바 있다. 그러나 혐한은 이후에 오히려 더 폭력적으로 이어졌다. 이에 신변의 위협을 느낀 재일한국인들이 일본에서 최초로 2016년 3월 16일 가나가와현 가와사키시 지역법무국에 피해 구제를 신청했다. 이어서 참의원 법무위원회에 출석해 혐한의 실태를 증언했다. 이런 행동을 하는 데는 사회적 정의에 기초한 과감한 용기가 필요했다. 혐한의 피해자인 한 재일한국인은 "아이들과 부모 앞에서 '죽어라' '죽여라'라고 하는데 절대 익숙해지지 않아요. 경찰에 신고하는 것도 무서워요. 더 표적이 되지 않을까 싶어서"라고 증언했다. 이것은 일본 정치인들의 망언보다 거리에서 보통 사람들이 한목소리로 외쳐대는 혐한이 더 강한 신변의 위협으로 다가옴을 의미한다.

가와사키시의 한 거리에서 극우 정치인이 혐한 발언을 했을 때 한 시민이 항의했다. 그러자 갑자기 건장한 남자들이 나타나더니 항의하던 시민에게 주먹질과 발길질을 가하기 시작했다. 이것은 4단계인 폭력 행위 중 폭행에 해당된다. 더욱이 현장에 있던 경찰들이 그 모습을 봤는데도 가해자들을 즉각 체포하지 않았다. 현재 일본 내에서의 재일코리안에 대한 혐한 양상이 3·4단계인 차별과 폭력 행위에 이르렀음을 알 수 있으며, 이는 간토대지진 당시 5단계에 해당되는 조선인 학살과 같은 악몽을 떠올리게 한다.

2016년 5월 24일에는 중의원이 일명 '혐오 발언 방지 법안'인

'일본 이외의 출신자에 대한 부당한 차별적 언동의 해소를 위한 대책 추진에 관한 법률안'[4]을 본회의에 통과시켰으며, 2016년 6월 3일자로 공포했다. 2015년 5월, 일본 야당(민주당, 사민당, 무소속) 측이 '인종 등을 이유로 하는 차별 철폐를 위한 시책의 추진에 관한 법률안'[5]을 참의원에 제출했을 때, 여당(자민당)에서는 "표현의 자유를 위축시킬 것"이라며 난색을 보였으나, 2016년 4월에 여당 측이 대안으로 '일본 이외의 출신자에 대한 부당한 차별적 언동의 해소를 위한 대책 추진에 관한 법률안'[6]을 제출했고, 5월 13일 참 의원 본회의에서 여당 측 법안이 다수결의 찬성으로 가결되었다. 그러나 법률 위반 시 구체적인 처벌 규정이 없으며, 국가와 지자체 가 해야 할 구체적인 역할이 명시되어 있지 않다. 따라서 생존이 걸려 있는 재일코리안에게는 유명무실한 법안이라고 할 수밖에 없다.

2016년 10월에는 오사카에 있는 초밥집에서 한국인 손님들에 게 고추냉이를 듬뿍 바른 초밥을 내놓았고, 이에 눈물을 흘리는 손님을 보며 비웃은 일이 발생했다. 또한 그달 난바발 간사이공항 행 급행 전철이 덴가차야 역을 출발한 직후 차내에서 40대 차장 이 일본어로 "오늘은 외국인 승객이 많이 타 매우 혼잡합니다. 일 본인 손님에게 불편을 끼쳐 죄송합니다"라는 안내방송을 했다. 한 버스회사는 '김총キムチョン(조센진처럼 한국인을 비하하는 말)'이라고 인쇄한 버스표를 팔기도 했다. 길거리에서는 묻지마 폭행 사건까 지 발생했고, 주오사카 대한민국 총영사관에서는 홈페이지에 "[안

전 정보] 우리 국민 안전 유의 당부"라는 공지를 올리기도 했다. 결국 증오의 피라미드는 일본 내에서 혐한이란 용어로 탈바꿈해 보통 사람들 속에서 반복되고 있다.

혐한 용어는 현대에 등장했다. 그러나 증오의 피라미드인 1·2단 계에 해당되는 선입견과 편견으로 인한 재일코리안에 대한 증오 는 과거와 현재가 다르지 않았다. 지진이라는 사건을 중심으로 바 라봤을 때, 간토대지진 당시 1·2단계인 선입견과 편견을 바탕으로 결국 5단계인 조선인 학살까지 참혹하게 일어났다. 동일본 대지진 이후에도 2단계에 해당되는 과거와 유사한 유언비어와 함께 여전 히 재일코리안에 대한 선입견과 편견으로 3·4단계에 해당되는 차 별과 폭행이 행해지고 있는 것이다. 이러한 단계적인 흐름은 과거 든 현재든 매우 유사한 양상으로 반복된다는 게 특징이다. 결국 혐한은 그 자체가 언어폭력인 동시에 물리적 폭력을 유인한다는 점에서 단순한 표현을 넘어서는 위험성을 내포한다.

증오의 피라미드는 한순간의 공격이 아닌 현재 재일코리안 6세 대에 걸쳐 일어나고 있으며, 차별의 공포와 폭력의 고통을 되살아 나게 해 차세대에게까지 평생 반복될지 모른다는 절망감을 수반 하고 있다. 참고로 독일에서는 현재 모든 국민이 유대인 학살에 대 한 역사 사실을 인식하고 있다. 과거사 반성을 기반으로 하고 있 어 유대인 학살 사실을 부정하는 것은 엄격히 금지돼 있으며, 혐 오 발언은 법적으로 형사 처분을 받는다. 독일의 혐오 발언 규제 조항은 극우 정치가의 발언에도 적용되고 있다. 따라서 혐한 또한 엄격한 법률 조항을 제정해 금지시킬 필요가 있는 것이다. 또한 일본의 근대사에 생략되어 있는 내용이 교육으로 실천되어야 하며, 재일코리안에 대해서도 타자와의 평등한 연대를 추구하는 사회적인 분위기와 객관적인 시각의 태도가 중요하다.

2.
혐한을 배경으로 한
『초록과 빨강』

『초록과 빨강』은 다섯 명의 젊은 남녀가 등장하는 청춘소설이면서 동시에 혐한이라는 주제를 다룬 후카자와 우시오深沢潮의 작품이다. 후카자와는 도쿄 출생이지만, 아버지 쪽에서 보면 재일한국인 2세이고, 어머니 쪽에서 보면 재일한국인 3세다. 후카자와는 자신 또한 국경을 넘으면 위화감이나 소외감을 느끼는데, 자기보다 더 젊은 재일한국인 3세, 4세라면 더 심하게 느낄 것이라고 말했다. 특히 작품에서는 고향을 가질 수 없는 재일한국인인 가네다 지에金田知英, 金知英라는 여주인공을 모델로 해 주변에서 일어나는 일본의 재일한국인 인식을 그리며, 혐한과 관련된 이야기들을 풀어가고 있다. 여기서는 『초록과 빨강』을 통해 일본의 재일한국인관과 혐한 시위 및 혐한 반대 운동인 카운터스를 살펴봄으로써 재일문학 속 혐한의 문제를 살펴본다.

재일한국인관

작품은 장별로 다른 주인공들의 이야기로 이뤄져 있으며, 여주인공에게만 두 개 장이 할애되어 있다. 재일한국인인 가네다 지에, 지에의 일본인 친구이자 K-POP에 빠져 있는 아즈사, 잠시 아즈사의 애인이었던 한국인 이준민, 일본인 중년 여성으로 카운터스 활동을 하게 되는 요시미, 재일한국인 대학원생인 가네다 류헤이 이렇게 5명의 이야기로 구성된다. 1장에서는 도쿄 신오쿠보에서의 혐한 시위가 나오는데, 실제로 일어났던 2013년의 혐한을 배경으로 하고 있다. 이런 혐한을 조우하게 된 사람들이 장별로 등장해 다양한 입장을 보여준다.

'초록' 여권과 '빨강' 여권

여주인공인 재일한국인 가네다 지에는 자신의 출신을 알게 된 뒤에도 그것으로 인해 일본에서 일상을 영위하는 데 별 영향을 받지 않았다. 오히려 한국인임을 인지하는 것은 미디어에서 한반도 관련 정보가 나오거나 한일전 스포츠가 있을 때뿐이었다. 이때조차 지에는 자신이 한국인이라는 것에 강렬한 위화감을 갖는 인물이다. 그러나 '초록' 여권에서는 다음과 같이 그녀가 재일한국인임을 분명히 말해주고 있다. "이 작은 여권 책자 하나에 의해 재차 음성으로 '당신은 일본인이 아닙니다. 한국인입니다'라고 선고를 받은 느낌이 들어 기분이 혼란스러웠다. (…) 여권의 이름이 가네다 지에가 아닌 것, 그 색깔이 초록색인 것. (…) 초록색의 카드, 특별 영주자 증명서를 꺼낸다. 김지영. 국적은 대한민국. (…) 즉, 그녀는 재일한국인이다." 작품의 제목처럼 여기서부터 차별이 시작되고 있는 것이다.

'초록' 여권을 가진 사람은 한국어를 할 줄 아는 게 당연하며, '빨강' 여권을 가진 사람은 한국어를 못 하는 게 당연한 암묵적 사회 분위기도 그려지고 있다. "입국 심사 때, 상당한 마음의 준비를 했다. 퉁명스러운 심사관은 여권에서 시선을 옮겨 지에를 한번 쳐다본다. 뭔가 한국어로 말을 했지만 전혀 모르겠다. '네?'라고 반문하자, 스탬프를 난폭하게 누른 뒤 여권을 닫고 던지듯이 건네주었다. 한국어를 못 하는 것을 비난받았다는 생각이 들어 순간 언짢은 기분이 되었지만……" 그러다보니 아이러니하게도 그 반대의 경우는 '초록' 여권인 재일한국인이 한국어를 못 하면 비난받고, '빨강' 여권인 일본인이 한국어를 잘하면 칭찬을 받는다. 하지만 이 과정에서 재일한국인인 주인공은 대한민국에서 소외감을 넘어 외지인으로 취급받는 것에 대한 박탈감을 느끼는 것이다.

일본에서의 재일한국인

주인공 지에의 친구인 K-POP을 좋아하는 아즈사는 한국인 부산 남자 준민과 교재를 하다가 남자 쪽 가족의 반대에 부딪혀 일방적으로 이별 통보를 받는다. 그 뒤로 아즈사는 한국과 한국인을 싫어하고, K-POP도 더 이상 좋아하지 않게 된다. "어쨌든 한국은 싫어졌어.' 나는 친구에게 이 정도로까지 미움 받는 나라의 국적을 가진 인간인가를 생각하면 사라져버리고 싶다." 재일한국인 지에는 친구인 아즈사가 반감을 갖고 있는 한국 국적인 것에 대해 다시 한번 괴로워한다.

또 다른 주인공인 류헤이는 성이 가네다이며 재일한국인이다. 어느 날 그는 일본인 친구들에게 본인이 재일한국인임을 밝히지 않은 상태에서 친구로부터 혐한 발언을 듣게 된다. 그 발언을 하는 친구에게 한국(인)이 왜 싫으냐고 반문하니, 오히려 류헤이를 반일자로 몰아간다. "류헤이야말로 한국을 좋아하다니 달라졌네. 혹시 너 반일인 거야? (…) 역시 일본에 비하면 한국은 사람도 국가도 답답한 거 아닌가 하고 생각하게 돼. 신용할 수 없다는 생각이 들어. 왠지 언제까지나 일본을 원망할 것 같은 느낌이야. (…) 비난하고 있잖아. 나를 비난하고 있어. 그래서 짜증난단 말야, 재일이라고. 그러고는 늘 입버릇처럼 차별, 차별이라며 시끄럽다고. (…) 한국은 반일 국가잖아." 마치 한국은 이유 없이, 근거도 없이 일본(인)을 원망하고 비난하는 반일 국가로 묘사되어 있다. 이것은 일본(인)의 한국(인)에 대한 혐한으로 인해 일본에서 재일한국인이라는 신분을 더욱 숨기고 살 수밖에 없는 위축된 환경을 반영하고 있다.

그러므로 작품에서는 반일 국가인 한국이 일본으로부터 미움 받는 것은 당연하며, 심지어 일본인의 마음속에는 혐한이 존재할 수밖에 없다고 말한다.

"일본인은 모두 마음속으로는 한국인을 차별하고 있으니까.' (…) 그럼에도 어머니로부터 이야기를 듣고 나서 자신이 뭔가 귀찮은 존재라는 생각이 들어서 인터넷에 '재일한국인'이라고 검색해봤다. 그러자 눈 뜨고 볼 수 없는 비방 중상의 말이 늘어선 사이트에 접속되어 슬퍼져서, 두번 다시 검색하지 않기로 했다. (…) '주간지도 한국에 대한 욕뿐이잖아. 아버지가 말한 대로 일본인은 정말로 한국을 싫어하네.' (…) '한국인이 비판받고, 미움 받는 것은 어쩔 수 없을지도 모르겠네.'"

온라인상에는 한국에 대한 비방 또는 중상모략의 말이 증가하고, 주간지에도 한국에 대한 욕들이 가득 실린다.

재일한국인이 범죄를 많이 일으킨다는 편향된 시각과 함께 '총チョン'이라고 재일한국인을 비하하며 일컫는 모습이 일본 현대문학에서도 나타남을 알 수 있다. "재일의 범죄도 많으니 (재일을) 좋아해야 한다는 게 더 힘든 일 아냐? (…) 축복받은 재일인 건가. 혹시 네 부모도 세금을 안 낸 건 아니지? 혹시 파친코? (…) 총을 감싸는 거야. 나 혼자 나쁜 놈 같잖아." 그리고 재일한국인이 일본 내에서 특별하게 우대받는 혜택이 존재하지 않음에도 '축복받은 재일한국인'이라고 하여 저변에 편견이 깔려 있음을 알 수 있다.

작품을 통해 재일한국인들 중에서도 자신의 정체성을 직접 마주하려는 용기 있는 자가 있는 반면, 그 복잡한 정체성을 쉽게 받아들이지 못하는 이도 있음을 알 수 있다. "결국 전후부터 줄곧 재일은 일본에게도 한국에게도 짐과 같은 존재였구나." 작가는 국

혐한의 계보

가와 인간은 별개라는 인식을 가져야 함에도 불구하고, 지금까지 재일한국인은 그 복잡한 정체성으로 인해 일본(인)과 한국(인) 어디에서도 환영받지 못했음을 지적하고 있다.

재일한국인, 숨기고 싶은 것

주인공 지에는 친한 친구인 아즈사에게조차 본인이 재일한국인이라는 것을 밝히길 주저한다.

"가끔 대학 친구가 한국이나 한국인을 멸시하는 대화 내용을 들으면, 더욱 출신 따위 숨기고 싶어진다. (…) 아즈사는 지영이 재일한국인이라는 걸 알게 되면 어떤 반응을 보일까. 아무리 K-POP을 좋아한다고 해도 실제로 재일이라는 사실을 듣는 것은 너무나 괴로울 수 있는 것이 아닌가. (…) 지금까지 재일한국인인 것을 숨겨왔기 때문에, 특별히 차별받는 일은 없었다."

결국 작품에는 친한 친구인 아즈사가 K-POP을 좋아하는 것과 재일한국인 친구를 좋아하는 것은 별개라는 메시지가 함의되어 있다. 그러다보니 자연스럽게 누구에게도 재일한국인임을 스스로 먼저 얘기하지 않는 것이다.

아즈사는 K-POP을 열렬히 좋아하는데도 불구하고, 일본인 친구가 많이 있는 SNS상에서는 본인이 좋아하는 한국 가수에 대해 언급조차 안 한다. "페이스북에는 대학 친구들이 많아서 K-POP이나 한국 관련된 이야깃거리들은 게시하지 않았다." 이것은 일본 내에서 K-POP이 인기 있는 것과 혐한이 줄어들 것이라는 상관관계가 반드시 일치하지 않음을 의미한다.

사실 주인공 지에의 아버지는 과거에 자살을 했는데, 지에는 자살 이유를 나중에야 알게 된다. 일본에서 재일한국인으로 살아가면서 겪는 힘듦과 역경을 견디지 못하고 선택한 일이었던 것이다. "어릴 때 조선 국적이었던 것은 말하지 않았다. 자신이 한국인이라는 사실을 16세까지 몰랐다는 것도 생략했다. 복잡하기 때문에 설명을 시작하면 끝이 없다. 심지어 아버지가 자살했다는 것도 감췄다. (…) 왜 자살했는지, 재일이었기 때문인지, 아니면 다른 이유가 있었는지, 사실을 아는 것이 무서워 어머니에게 물어본 적이 없다." 이런 복잡한 가정사로 인해 주인공은 더더욱 재일한국인이라는 사실을 주변에 말할 수 없었다.

그러나 지에가 아즈사에게 재일한국인임을 밝혔을 때, 돌아온 대답은 "일본인으로 보이니까 괜찮아"였다. "'전학을 자주 가서 외롭지 않았어? 재일한국인이라고 여러 가지 일들이 있었던 거 아냐?' (…) 전학 갈 때마다 친구들과 친해지느라 고생했지만, 그건 별로 말하고 싶지 않다. (…) "하긴, 지에ちえ는 전혀(재일로 안보여). 일본인으로 보이잖아."" 이것은 재일한국인이 한국인처럼 생기면 차별을 받으니 위험할 수도 있지만, 일본인처럼 생기면 덜 위험하니 다행이라는 의미를 내포하는 것으로 볼 수 있다. "아무 관계도 없는 남에게 이토록 거리낌 없이 재일한국인이었다는 것을 말하는 사람이 있다는 것이 지에는 이해가 안 된다. (…) 재일한국인인 것은 힘껏 숨기는 편이 좋은 게 아닐까. (…) 혹은 귀화했으니까 이

혐한의 계보

제 일본인이니까 재일이었다고 말할 수 있는 것일 수도 있다. (…) 하지만 나 자신을 한국인이라고 생각하지 않으면서 다른 사람에게 한국인이라고 말하는 것은 이상하다는 생각도 든다. (…) 류헤이를 일본인이라고 믿고 있는 그들에게 이제 와 한국인이라고 말할 필요가 없다는 생각이 들었다." 이처럼 일본에서는 재일한국인을 오롯이 일본인으로 받아들이지 않으며, 오히려 한국인으로 바라보는 시각이 존재함을 알 수 있다.

정체성의 갈등과 고민

작품에 등장하는 재일한국인은 '한국 국적'을 취득함으로써 한국의 뒷받침을 얻게 된 재일을 의미한다. 이들은 일본에서 선입견과 편견에 의해 사회적인 차별을 받는 존재다. 주인공 지에와 친한 친구인 아즈사는 지에가 재일한국인임을 알게 된 후 일본이 좋으면 아예 귀화할 것을 권유하고 있다. "그럼 귀화해서 일본인이 되면 되잖아." "뭐?" "그 편이 취직하는 데도 유리하잖아." "재일보다는 일본인으로 있는 편이 살기 편하니까 단지 그것뿐. 그런 사회인걸." "지금까지 애써 재일사회와 엮이지 않으면서 너에게도 한국인인 것을 되도록 의식하지 않도록 해왔는데, 굳이 너 스스로 (한국으로) 가다니." (…) K-POP과 한류와 재일은 전혀 다른 문제다." K-POP을 열렬히 좋아하는 아즈사가 친구 지에에게 귀화를 권유하는 것은 K-POP 붐이 일어난다고 해서 재일한국인에 대한 시선과 차별이 없어지지 않음을 뜻하는 것으로 보인다. 뿌리 깊게 이어져온 혐한에 대해 일시적인 K-POP 붐은 개선책이 될 수 없는 것이다.

지에의 어머니 또한 재일한국인이라는 이유만으로 집을 빌리지 못했던 적이 있기 때문에 응당 재일한국인보다는 일본인으로 귀화해서 살아가는 게 훨씬 편하다며 주인공인 딸에게 권유하고 있다. 일본 내에서의 재일한국인에 대한 이 같은 사회적 차별로 인해 그다음 세대인 재일한국인들에게도 영속적인 불안과 공포가 뒤따를 수밖에 없는 것이다.

한편 작품 속 남자 주인공인 류헤이는 귀화한 재일한국인이다. "국적은 일본으로 돼 있지만 피가 바뀐 것이 아니기 때문에, 나는 내 자신을 지금도 한국인이라고 생각해." 류헤이는 자신의 뿌리를 찾아 대구에서 유학생활을 했던 인물이다. 유학생활 당시 한국인들에게 재일교포라고 먼저 밝히면, '한국인인데 한국어를 못 하네' 혹은 '군대 안 가서 좋겠네' 등 달가워하지 않는 반응을 몸소 겪어온 인물이다. 그러다보니 류헤이 또한 뿌리인 재일한국인에 대한 인식보다는 또 다른 국적을 얻은 일본인이라는 자각에 초점이 맞춰지면서 재일교포라는 사실을 의도적으로 밝히지 않고 있음을 알 수 있다.

그러던 중 류헤이는 일본인 친구들과의 저녁 식사 자리에서 그중 한 명이 재일한국인을 심하게 욕하는 내용을 듣게 된다. 류헤이는 '싫은 인간들은 그냥 싫다'는 편견을 내비친 친구에 대한 반감으로 자신이 재일한국인임을 밝히게 된다. 상대의 출신을 알고

난 뒤에도 일본인 친구가 그런 얘기를 계속할 수 있는지 궁금했기 때문이다. 아니나 다를까, 주고받는 대화 내용은 더 험악해졌고, 결국 일본인 친구는 자리를 피한다. 재일한국인들의 뿌리인 대한민국에 대한 의식과 삶의 터전이 된 일본에 대한 의식 사이에서 갈등은 불거질 수밖에 없었다.

작품 속 주인공 지에와 류헤이는 각자 한국으로 여행을 떠났다가 만나 수원 화성에서 통성명을 하게 되는데, 지에라는 이름이 일본인스럽다는 남자의 말에 지에는 꺼림칙함을 느낀다. "'저, 지에입니다.' 성을 생략하고 알려준다. (…) '비교적 고풍스러운 이름이네. 최근의 이색 이름과는 달리 그야말로 일본인스럽네.' (…) '일본인 같다는 얘기를 들어서 꺼림칙하다.'" 앞에서도 친구 아즈사가 "일본인으로 보이잖아"라고 얘기했을 때 지에는 '어떤 사람처럼 보이는 것' 자체를 기뻐하지 않았다. 자신은 자기 자신일 뿐이며, 다른 사람들도 그렇게 봐주길 원했던 것이다. 결국 『초록과 빨강』은 재일한국인을 한국인으로 구별하는 데서부터 재일한국인에 대한 편견과 선입견이 시작된다는 메시지를 던지고 있다.

한 사람의 인격

이 작품에서는 한국인의 일본어 발음과 관련된 내용도 등장한다.

"'호떡. 한국의 간식.' 웃으면 한 겹인 눈이 더욱 가늘어져서 착하게 보인다. '츠'의 발음이 '츄'에 가깝게 울리는 것이 그야말로 한국인 같다. (…) '하나에씨와 아즈사씨.' 준민은 반복해서 말한 뒤

'그럼 나중에'라며 테이블로부터 멀어졌다. 아즈사의 '즈'가 '주'에 가까운 것이 K-POP 아이돌이 말하는 일본어 같아서 가슴이 뭉클해진다. (…) '세계 시계는 어디에 있습니까.' 남성은 준민의 질문을 듣고 얼굴을 찌푸리며 '한국인이냐? 시끄럽네'라고 중얼거리며 가버렸다. 발음으로 눈치챘나보다."

위의 내용으로 미루어 현대에 접어들어서도 여전히 미묘한 발음 차이에 따라 한국인과 일본인을 구별하고 있음을 알 수 있다. 이런 차별은 시대 불문하고 이어져오고 있다. 단순히 구별하는 것을 넘어 차별 행위로 이어지고 있다는 게 문제의 심각성을 말해준다.

또한 이 작품에도 간토대지진 당시 조선인 학살 사건이 등장한다. 작가는 당시에도 발음의 미묘한 차이를 이용해 조선인과 일본인을 구별했으며, 그것이 지금도 반복되고 있음을 꼬집고 있는 것이다. 간토대지진 때 발음으로 조선인을 가려내 학살했기 때문에 발음으로 사람을 구별하는 것은 인격적인 대우라고 볼 수 없다는 것이다. 이렇듯 현재에도 일본 내에 거주하고 있는 재일한국인에 대해 한 사람의 인격으로 바라보고 있지 않은 사회적인 시선은 작품 곳곳에서 나타난다.

"'나 말야, 아즈사한테 나쁜 의도가 없었다는 거 알고는 있는데.' (…) '내가 재일한국인이라는 걸 알자마자, 아즈사가 나에 대한 생각이나 태도가 갑자기 바뀌는 게 이상하지 않아?!' (…) '재일한국인이나 한국인이라는 가면을 아즈사한테 씌워서 그 가면의 얼

혐한의 계보

굴로만 본다는 생각이 들어.' 지에의 얼굴이 슬퍼 보인다. (…) '재일 한국인인 걸 알게 되었다고 해서, 나를 재일동포라는 이유로 좋아하는 걸 원치 않았어. 나 자신을, 인간 자체로서 좋아해주길 바랐어.'" 한 사람의 인간과 국가를 동일시함으로써 그로 인해 발생하는 선입견과 편견은 과거에도 차별 행위로 이어져왔고 지금도 이어지고 있다.

혐한 시위

『초록과 빨강』에는 실제 존재했던 혐한 시위가 그려진다. 작가 후쿠자와는 2013년 2월 도쿄 신오쿠보 혐한 시위 현장에서 직접 체험한 것을 소재로 했다고 밝혔다.

일본 혐한 논자들의 발언을 살펴보면 조선인과 재일한국인이라는 단어를 섞어가면서 사용하고 있다.

"스피커로 크게 떠드는 여성의 목소리가 귀에 들려왔다. '조선인' '조선인'이라는 단어가 명확하게 들린다. '때려 죽여라.' '목 졸라 죽여라.' '서울 거리에 불을 지르자.' '신오쿠보에 가스실을 만들자.' (…) 이번에는 '재일한국인'이라는 단어가 들려서 반사적으로 거리 쪽을 본다. '목을 매달아라.' '독을 마셔라.' '돌아가, 범죄자.' '바다에 빠트리자.' 노골적인 증오가 지에를 향해 날아온다. (…) 마스크로 얼굴을 가리고, '바퀴벌레, 구더기' '조-센 돌아가.' '일본에서 내쫓아라.' '조선인 여자를 강간하라' 등을 태연하게 말하는 모습……."

이는 1923년의 간토대지진 이후 조선인들에 대한 유언비어가 일파만파 퍼지면서 6661명 이상의 조선인이 학살당한 사건, 그리고 2011년의 동일본 대지진 이후에 혐한 시위가 급증하면서 재일한국인에 대해 유사한 유언비어가 난무한 것과 일맥상통함을 보여준다. 따라서 과거의 사건들이 결코 과거에만 머물고 있지 않으며, 현재진행형임을 보여준다. 재일한국인들이 일본 땅에서 영원히 사라지기를 바라며, 공존하고 상생하는 존재가 아닌 없애버려야 할 존재로 취급하고 있다.

작품은 이러한 혐한 시위를 그저 일부 사람만의 주장으로 치부하고 내버려두면 안 된다고 말하고 있다. "그 끔찍한 시위 영상을 보고 나는 소름이 끼쳤어. 저것이 일본인의 본성이 아닌가 하고 의심이 들어.' (…) 코리안이라는 이유만으로 열등 민족이라고 주장하는 차별 선동 시위를 하는 사람들과 나의 어머니는 발상이 비슷하다. 그런 생각을 가지고 있는 사람이 많기 때문에 시위를 하는 그들이 특별한 것이 아니라는 걸 직계가족을 보더라도 느끼고 있는 사실이 슬프다. 차별은 일상 곳곳에 숨어 있다. (…) 밖에 나가면, 전철 안의 천장에 달린 광고에 한국을 폄하하는 표제가 늘어서 있다. 혐한 책이 '잘 팔리는 책 순위'에 있는 것을 보고, 서점에 들어가는 것을 주저한다. 인터넷은 특히 심했다. 사이트 상단에 나열된 뉴스 중, 무심코 한국 관련 기사의 댓글을 보면 차별 발언의 총출연으로 잠시 회복할 수 없을 정도로 기분이 우울해진다. (…) 모든 (일본) 사람이 모든 (한국) 사람을 싫어하지 않는다고 해도, 신오쿠보에서 데모를 하는 사람들만이 특수한 것은 아닐 것이다."

혐한 반대 운동(카운터스)

'카운터counter'는 영어로 '반대하다' '받아치다'라는 뜻이다. 혐한 시위나 혐오 발언에 반기를 들고 행동으로 나선 사람들을 일컫는 카운터스Counters는 2013년 일본 온라인에서 등장한 시민단체다. 다음은 작품에서 카운터스가 혐한 시위를 막기 위해 슬로건을 제작하고 시위대를 직접적으로 저지하거나 시위대가 남긴 혐한 낙서들을 지우는 내용이다. "시위를 막으려고 합니다.' 그렇게 말하고 나서, 반으로 접은 카드를 건네받았다. 핑크색의 하트 마크와 '사이좋게 지내자'라는 문장이 있다. (…) 폭언을 뱉는 집단에 대해 주변을 둘러싸고 있는 사람들이 '돌아가, 돌아가'라며 소리를 높여 항의하고, 차별적인 언동을 없애려 하고 있는 것을 알게 되었다. (…) '빌어먹을 총.' '구더기 코리안 돌아가.' (…) 이 낙서를 지운다. 차별을 지운다."

인종차별을 하는 혐한 시위로 인해 이들의 구호와 운동에 반대하는 카운터스의 움직임이 나타났다. 그러나 카운터스에 대해 일각에선 그리 탐탁지 않아 한다. "열심히 한다고 해야 되나, 시위나 헤이트 스피치와 관련된 카운터의 트위터잖아. (…) 잘 모르겠지만, 너무 장황해. 예예라는 느낌. 교장 선생님의 설교라고 해야 되나, 도덕 시간 이야기 같아. 차별은 안 된다는 당연한 얘기를 집요하게 말하고, 정의감에 넘쳐 있어서 너무 싫어. 나는 훌륭합니다라고 어필하는 거잖아. 어울리기 힘든 스타일이야." 카운터스가 트위터에 올린 글들을 지루한 설교에 비유한다든지 지나친 정의감에 젖어 있는 집단으로 비꼬는 모습이 작품에 나타난다.

또한 혐한 시위대의 발언에 대해 보통의 일본인들은 SNS상에서 무관심으로 일관한다. "트위터의 타임라인에서도 시위에 대해 화를 내는 것은 일부뿐이다. 그것도 봄 무렵에 최고일 뿐 지금은 카운터의 사람들 정도밖에 문제시하지 않는다. (…) 하나에 씨의 말처럼 보고 싶지 않다고 얘기하는 것도 수긍이 간다. 본인의 타임라인에는 좋아함, 근사함, 싹트는 등과 같은 기분 좋은 말들이 나열되길 바란다." 자신들의 SNS상의 계정에는 아름답고 좋은 글들만 올리고 싶기 때문이다. 개인적인 영역 안에는 근사해 보이지 않는 혐한과 관련된 언급이 나오는 걸 꺼리며, 문제의식조차 지니고 있지 않음을 알 수 있다. 이로써 미루어볼 때, 혐한 시위와 카운터스의 대치는 장기전이 될 가능성이 높으며, 혐한 문제의 근본적인 해결 또한 쉽지 않다고 예측된다.

재일한국인 친구를 두고 있는 아즈사는 자발적으로 카운터스 활동에 참여한다. 그러나 이내 자신이 하고 있는 카운터스 행동들에 대해 회의감을 느끼기 시작한다. "카운터 세력의 '돌아가'라는 구호에 묻혀서 시위대가 뱉는 차별적인 비방은 전혀 들리지 않게 되었다. (…) 한국 화장품 가게, 한국 요리 가게, 카페, 호떡점 그러한 거리의 풍경이 일그러져 보이고, 아즈사는 가슴이 쥐어뜯기는 생각에 사로잡힌다. 나는 도대체 무엇을 하고 있는 것일까. 이렇게 괴로운 생각을 하기 위해 일부러 찾아올 필요가 있었을까. (…) 아즈사는 시위대를 쫓는 동안 자신이 하고 싶은 것은 사실 이런 일이 아니라는 감정이 끝까지 따라다니고 있었다." 혐한 시위대와 카운터스가 점령하고 있는 신오쿠보가 일그러져 보이는 것이다. 아즈사는 단지 신오쿠보에 올 때 즐거운 기분으로 올 수 있으면 그만이고, 싫어하는 사람을 어떻게 하려는 게 아니라 좋아하는 사람을 더욱 좋아하면 된다는 생각을 더욱 강하게 갖기 시작한다. 이것은 혐한에 대한 문제를 적극적으로 해결하기 위한 의지나 생각이 없는 모습이다.

작품 속에서 카운터스의 가족들 또한 카운터스에 대해 부정적인 시각을 노출한다. "'너, 뭔가 이상한 운동 같은 거 한다고? 좌익 운동인가……' 가족으로부터는 버려지고, 일도 없다. 친구들도 거의 없다. 무엇을 위해 살고 있는지 모르겠다. (…) 그리고 병까지 걸렸다. (…) 본질을 잃어버렸다는 것이다. (…) '결코 영웅주의에 빠지지 마라.'" 작품에서 실제로 카운터스로서 행동했던 친척을 만나 듣게 되는 이야기는 일본 내에서 카운터스로서 활동할 여건과 입지가 매우 좁다는 것이다. 게다가 카운터스가 처음 목적과 달리 본질이 훼손되었을 경우 가족과 친구와 사회로부터 버려지기 쉽기 때문에 카운터스를 향해 영웅주의에 빠지면 안 된다고 충고하고 있다.

이처럼 『초록과 빨강』은 일본 내 재일한국인으로서의 삶을 중심으로 하여 주인공들이 한국과 일본에 대해 느끼는 감정의 변화를 뚜렷하게 새기고 있다. 또한 한일 간의 일상화된 역사의식의 차이와 재일한국인의 경계 넘기에 관한 인식의 변화가 나타나는 작품이다.

1부

1장

1 정현상, 「30년 日 거주 언론인 유재순이 전한 밑바닥 여론」, 『신동아』, 2019년 10월호.

2 정현상, 위의 기사 참조.

3 최현철, 「혐오, 그 분석과 철학적 소고」, 『철학탐구』 46, 2017

4 윤지영, 「전복적 반사경으로서의 메갈리안 논쟁: 남성 혐오는 가능한가」 『한국여성철학』 24, 2015

5 박혜순, 「혐오를 넘어 환대로」, 『인문학연구』 30, 2018

6 마사 누스바움, 박용준 옮김, 『정치적 감정』, 글항아리, 2019, 265쪽

7 마사 누스바움, 위의 책, 269~270쪽

8 이상의 논의는 마사 누스바움의 『정치적 감정』의 295~302쪽의 내용을 정리한 것이다. 누스바움은 오늘날 혐오 감정에 대해 가장 깊이 있고 통합적인 연구를 진행한 학자다.

9 高橋貞樹, 『被差別部落一千年史』, 岩波文庫, 1992

10 위의 책, 158쪽

11 진언종의 독자적인 신도 해석을 바탕으로 한 신불습합神佛習合 사상으로, 본지수적설本地垂迹説에서 그 근거를 찾아볼 수 있다. 진언밀교眞言密教에서 설명하는 금강계金剛界와 태장계胎藏界로 신불의 관계를 평가하고 있다. 메이지 유신 이후 신불혼효神仏混淆의 금지로 쇠퇴되었다.

12 위의 책, 193~194쪽

13 히로타니 마미廣谷眞實, 박용구 옮김, 「日本における嫌韓言説に見られるレイシズムとその特徴」, 『일어일문학연구』 98, 2016, 308쪽

14 개번 매코맥, 「동아시아의 일본 문제」, 『황해문화』, 2018년 9월, 250쪽

15 이병선, 「일본 극우파와 친한파의 실체」, 『월간 말』, 1992년 5월, 108~109쪽

16 위키백과(https://ko.wikipedia.org/wiki/야마구치_오토야) 참조.

17 이병선, 위의 글, 106쪽

18 고길희, 「일본의 '한류'와 '혐한류'로 본 한일관계」, 『일본근대학연구』 17, 2007

19 사죄를 표현하거나 간청하기 위해 땅 위에 무릎을 꿇고 엎드리는 일본식 행위.

20 李明博 天皇陛下侮辱発言(2012年08月22日)
日王は韓国民に心から土下座したいのなら来い、重罪人に相応しく手足を縛って頭を踏んで地
面に擦り付けて謝らせてやる。重罪人が土下座もしない、言葉で謝るだけならふざけた話し
だ、そんな馬鹿な話しは通用しない、それなら入国は許さないぞ

21 이지행, 「방탄소년단 티셔츠 논란과 쟁점」, 『문화과학』 97, 2019년 3월, 216~217쪽.

22 이지행, 위의 논문, 220쪽 참조.

23 김숙현, 「일본회의와 아베 정권의 정책 성향과의 상관관계 연구」, 국가안보전략연구원

24 배문규 기자, 『경향신문』, 2019년 9월 23일

25 홍성목, 「혐한 현상에 나타난 일본 쇼비니즘의 원류」, 『일본연구』 70, 2016, 186쪽

26 노멀라이징 논의는 「앱노멀 저팬: 일본 내 극우–극좌 정치담론에 나타난 민족(네이션)
의 미학적 기제」(『문화와 정치』 3-1, 2016) 참조.

2장

1 이영주, 「미디어의 광기와 자본주의적 우울」, 『문화과학』 45, 2006, 189쪽

2 정근원, 「성과 매스 미디어와 자본주의」, 『기독교사상』 39-8, 1996, 28쪽

3 JTBC 뉴스룸, 2019년 8월 16일

4 JTBC 뉴스룸, 2019년 8월 19일

5 김진우, 「한국 때리기의 구조」, 『경향신문』, 2019년 8월 27일

6 신숙옥, 「김종배의 시선집중」, MBC라디오, 2019년 8월 22일

7 황효원, 「영화 1987, 文 지시로 제작?…日 가짜 혐한 보도 넘실」, CBS노컷뉴스, 2019년
9월 18일

8 김병규, 「"韓 인연끊자" 혐한 쏟아낸 日주간지…비판에 뒤늦게 애매한 사과」, 『연합뉴스』,
2019년 9월 2일

9 백원근, 「독극물 같은 일본 '혐한 출판물' 언제까지 이대로?」, 『한겨레』, 2019년 11월
15일

10 최선영, 「한일 간 혐한뉴스 거래 유감」, 『한겨레』, 2019년 10월 22일

11 박홍원, 「정치의 미디어화: 이론적 검토 및 전망」, 『언론정보연구』 55-2, 2018년 5월,
6쪽

12 박홍원, 위의 논문, 24쪽

13 박성우, 「미디어화, 해방과 소외의 파르마콘」, 『언론정보연구』 55-2, 2018년 5월, 53쪽

2부

1장

1 이렇듯 혐한은 1990년대 초에 등장해 담론과정을 거쳐 고유명사가 되었음에도 불구하고, 영문 표기는 Kenkan in Japan, Anti-Hallyu, Hating Korea statement, Anti-Korea, Anti-Korean, Anti-Korean Sentiment, Hate Speech against Koreans 등 제각각이다. 따라서 K-Culture 즉 K-Pop, K-Beauty, K-Food 등과 같이 혐한을 지칭하는 용어를 통일성 있게 함으로써 혐한, 즉 K-Hate에 관한 이해를 더욱 쉽게 도모하는 것은 유의미할 것이다. 게다가 한류, 즉 K-Wave와 K-Hate는 서로 힘겨루기를 하면서 공존해온 개념이자 현상이다. 덧붙여 'K-○'라는 수식어가 붙을 경우에 그 문화를 누리는 사람들이 한마음이 된다는 점을 강조하고자 하는 의미 또한 내포되어 있다. K-Hate는 필자가 직접 정의한 용어임을 밝힌다.

2 이 책에서 사용하는 간토대지진 조선인 학살과 관련된 6661명이라는 수치는 상하이 임시정부의 기관지인『독립신문』에 발표된 학살자 수를 기준으로 작성했다.

3 가이낙스는 1984년에 설립됐으며, 애니메이션을 주력으로 한 영상 작품, 컴퓨터 소프트웨어의 기획 및 제작, 판매를 주요 사업으로 하고 있는 기업이다. 1995년에는 애니메이션「신세기 에반게리온」을 제작했으며, 1980년대 후반부터 컴퓨터 게임 제작을 시작했다.

4 오히려 한국 출판계에서는 일본 문학에 대한 긍정적 관심이 뜨거웠다. 2018년 한국 출판 분야에서 종합 베스트셀러 50위 안에 든 일본 책은 7권에 이른다. 2018년 11월 월간 베스트셀러 1위는 일본 소설인 야쿠마루 가쿠의『돌이킬 수 없는 약속』(북플라자, 2017)일 정도다. 국내 베스트셀러 100위 안에 포함된 일본 책은 2015년에 9권에서 2017년에는 12권으로 늘어났다.

5 『월간중앙』,「위험수위 넘은 일본인의 혐한嫌韓 의식」2015년 8월 17일자.

2장

1 マンガ嫌韓流

2 もう, 無韓心でいい

3 どの面下げての韓國人

4 「妄想大國」韓國を嗤(わら)う

5 ディス・イズ・コリア

6 笑えるほどたちが悪い韓國の話

7 いま, 話したいこと: 東アジアの若者たちの歴史対話と交流

8 ブリッジ・フォー・ピース

9 法廷で裁かれる日本の戰爭責任̶日本とアジア・和解と恒久平和のために

10『한국일보』와『요미우리신문』이 실시하는 여론조사로 10년째를 맞고 있다.

11 [私見直言]日韓の歴史認識にギャップ＝小川郷太郎<駐韓日本大使館公使〉

12 [世界の論調] 中央日報(韓國) 総領事館乱入で日本の嫌韓ムード憂慮

13 日韓の相互‘嫌惡’を憂う

14 따라서 일본의 5대 일간지에서 1992년부터 최근까지 혐한 외에 ‘혐미’나 ‘혐러’ ‘혐
중’(중국을 싫어하다)에 대한 추이를 살펴보는 것 또한 필요해 보인다.

15 韓國ドラマで天皇狙撃シーン 反発の右翼が在日韓國公館に乱入 きしみ再燃も

16 第2部・韓國特集―政治, 外務省外交安保研究院孔魯明氏に聞く, 南北統一環境作り

17 皇室外交・残るは韓國だけ 薄れる拒否感情, 熟しつつあるご訪問の幾

18 せいわせいさくけんきゅうかい

19 人氣ジワリ, 韓流ミュ_ジカル~ドラマ, 音楽のブームに続くか

20 熱血! 與良政談:「嫌韓」と決別する一歩に=與良正男

21 후루야 쓰네히라古谷経衡는 1982년 삿포로시 출생으로 리쓰메이칸대학 문학부 사학
과 졸업했다.

3장

1 ‘謝罪’するほど悪くなる日韓關係

2 종군위안부의 ‘종군從軍’이라는 말에는 ‘종군기자’ ‘종군간호부’처럼 자발적으로 군을 따
라다녔다는 의미가 들어 있다. 일본군 ‘위안부’를 강제로 동원했던 일본의 역사적 책
임을 은폐시킨다는 점에서 잘못된 표현이며, 일본군 ‘위안부’라는 표현이 정확하다. 물
론 피해 여성들이 군인들을 ‘위안’한다는 명분으로 성적 학대를 겪어야 했다고 호소한
다는 점을 생각하면 ‘위안부’라는 용어도 적절치 않은 것은 분명하다. 다만 당시 일본
군 문서에 ‘위안부’라는 용어가 나타났다는 점을 고려할 때, ‘위안부’ 제도의 운영을 보
여준다는 점에서 일본군 ‘위안부’라는 말은 유효하다. 이때 ‘위안부’라는 말에는 한국이
동의하지 않는다는 의미로 따옴표를 사용하기로 학술적으로 합의되어 있다.

3 ‘재산과 청구권에 관한 문제 해결 및 경제협력에 관한 일본과 대한민국과의 협정’에 따
라 일본은 경제 협력이라는 명목으로 무상 3억 달러, 장기저리대부의 유상 2억 달러를
한국에 제공했다.

4 2012.5.24 선고 2009다22549 판결 〔손해배상(기)〕등〕.

5 新・ゴ_マニズム宣言

6 新・ゴ_マニズム宣言SPECIAL・戦争論

7 新ゴ_マニズム宣言スペシャル・台湾論

8 ご_まんかましてよかですか?

9 私の戦争犯罪: 朝鮮人強制連行, 三一書房, 1983

10 慰安婦「謝罪の碑文」取り消し

11 櫻井よしこ, 直言!: 日本よ′のびやかなれ, 世界文化社, 1996

4장

1 阿川弘之, 雲の墓標, 新潮社, 1958

5장

1 東京震災記, 博文舘, 1924년 4월

2 "犯罪が起きている" "被災地で強盗多発" "ナイフを持った外國人窃盗グループが出現している" "遺体から金品を盗む外國人がいる".

3 加藤直樹, 九月′東京の路上で: 1923年関東大震災ジェノサイドの残響, 2014, ころから

4 本邦外出身者に対する不當な差別的言動の解消に向けた取組の推進に関する法律案

5 人種等を理由とする差別の撤廃のための施策の推進に関する法律案

6 本邦外出身者に対する不當な差別的言動の解消に向けた取組の推進に関する法律案, 愛知治郎 외 제출.

참고문헌

□ 텍스트

小林よしのり, 『新·ゴ一マニズム宣言 第6巻』, 小學館, 1999.

小林よしのり, 『新·ゴ一マニズム宣言 第3巻』, 小學館, 1997.

野坂昭如, 『アメリカひじき·火垂るの墓』, 新潮文庫, 1968.1.

百田尙樹, 『永遠の0(ゼロ)』, 講談社, 2009.

_____, 『海賊とよばれた男 上』, 講談社, 2012.

_____, 『海賊とよばれた男 下』, 講談社, 2012.

_____, 『カエルの楽園』, 新潮社, 2016.

深沢 潮, 『緑と赤』, 実業之日本社, 2015.

ヨコ·カワシマ·ワトキンズ, 『竹林はるか遠く: 日本人少女ヨーコの戦争体験記』, 株式会社ハ一ト出版, 2013.

노사카 아키유키, 『반딧불이의 무덤』, 서혜영 옮김, 다우, 2003.

요코 가와시마 왓킨스, 『요코 이야기』, 윤현주 옮김, 문학동네, 2005.

햐쿠타 나오키, 『영원의 제로』, 양억관 옮김, 펭귄카페, 2014.

□ 국외 단행본

Henry, Jenkins, *Convergence Culture: Where Old and New Media Collide*, New York University Press, 2006.

Morris-Suzuki, Tessa, *The Past within Us: Media, Memory, History*, W. W. Norton, 2004.

Watkins, Yoko Kawashima, *So far from the Bamboo Grove: by Yoko Kawashima Watkins 1st Beech Tree ed*, Beech Tree Books, 1994.

阿川弘之, 『雲の墓標』新潮社, 1958.

稲葉正夫, 『岡村寧次大將資料―戰場回想編』, 原書房, 1970.

安倍晋三・百田尚樹, 『日本よ, 世界の真ん中で咲き誇れ』, ワック, 2013.

上杉聰, 『脱ゴーマニズム宣言 小林よしのりの「慰安婦」問題』, 東方出版, 1997.

大高未貴, 『父の謝罪碑を撤去します: 慰安婦問題の原点「吉田清治」長男の独白』, 産経新聞出版, 2017.

岡崎久彦, 『なぜ, 日本人は韓国人が嫌いなのか』, ワック, 2006.

加藤直樹, 『九月, 東京の路上で: 1923年関東大震災ジェノサイドの残響』, ころから, 2014.

小林よしのり, 『新・ゴーマニズム宣言SPECIAL 戦争論』, 幻冬舎, 1998.

櫻井よしこ, 『直言!: 日本よ, のびやかなれ』, 世界文化社, 1996.

島崎藤村, 「子に送る手紙」, 『島崎藤村全集 第11巻』, 新潮社, 1950.

西岡力, 『よくわかる慰安婦問題』, 草思社, 2007.

野坂昭如, 「妹の死と淡い恋」, 『アドリブ自叙伝』, 筑摩書房, 1980.

_____, 『俺はNOSAKAだ』, 文藝春秋, 1972.

_____, 『アメリカひじき・火垂るの墓』, 文藝春秋, 1968.3.

_____, 『オール読物』, 文藝春秋, 1967.10.

高原基彰, 『不安型ナショナリズムの時代: 日韓中のネット世代が憎みあう本当の理由』, 洋泉社, 2006.

竹田恒泰, 『日本はなぜ世界でいちばん人気があるのか』, PHP研究所, 2010.

_____, 『面白いけど笑えない中国の話』, ビジネス社, 2013.

_____, 『日本人はいつ日本が好きになったのか』, PHP研究所, 2013.

_____, 『笑えるほどたちが悪い韓国の話』, ビジネス社, 2014.

田山花袋, 『東京震災記』, 社会思想社, 1991.

栃林秀外, 『零戦の軌跡:『永遠の0』に描かれた激闘の記録』, 双葉社, 2013.

豊田有恒, 『いい加減にしろ韓国―日本を嫉妬し, 蔑む真の理由』, 祥伝社, 1994.

_____, 『韓国へ, 怒りと悲しみ』, ネスコ, 1996.

_____, 『韓国が漢字を復活できない理由』, 祥伝社, 2012.

_____, 『本当は怖い韓国の歴史』, 祥伝社, 2012.

_____, 『どの面下げての 韓国人』, 祥伝社, 2014.

秦郁彦, 『慰安婦と戦場の性』, 新潮社, 1999.

樋口直人, 『日本型排外主義 在特会・外国人参政権・東アジア地政学』, 名古屋大学出版会, 2014.

古谷経衡, 『若者は本当に右傾化しているのか』, アスペクト, 2014.

_____, 『反日メディアの正体「戦時体制(ガラパゴス)」に残る病理』, ベストセラーズ, 2013.

_____, 『ネット右翼の終わり-ヘイトスピーチはなぜ無くならないのか』, 晶文社, 2015.

_____, 『戦後イデオロギーは日本人を幸せにしたか』, イースト・プレス, 2015.

_____, 『もう, 無韓心でいい』, ワック, 2014.

松田美佐, 『うわさとは何か: ネットで変容する '最も古いメディア'』, 中公新書, 2014.

三田英彬, 『〈評傳〉竹久夢二: 時代に逆らった詩人画家』, 藝術新聞社, 2000.

三橋貴明, 『本当はヤバイ! 韓国経済 迫り来る通貨危機再来の恐怖』, 彩図社, 2007.

_____, 『トンデモ! 韓国経済入門: 歪んだ資本主義はどこへ向かうのか!?』, PHP研究所,
    2008.

_____, 『いよいよ, 韓国経済が崩壊するこれだけの理由』, ワック, 2013.

_____, 『日本経済は, 中国がなくてもまったく心配ない』, ワック, 2013.

_____, 『愚韓新論』, 飛鳥新社, 2014.

武藤秋一, 『従軍日誌』, 1938.2.21, 1938.3.12, 독립기념관 소장본.

室谷克実, 『悪韓論』, 新潮社, 2013.

_____, 『呆韓論』, 産経新聞出版, 2013.

_____, 『ディス・イズ・コリア 韓国船沈没考』, 産経新聞出版, 2014.

_____・三橋貴明, 『「妄想大国」韓国を嗤(わら)う』, PHP研究所, 2014.

室田元美, 『いま, 話したいこと〜東アジアの若者たちの歴史対話と交流〜』, 子どもの未来社,
    2014.

山野車輪, 『マンガ 嫌韓流 1・2・3・4』, 晋遊舎, 2005-2009.

山野車輪, 『マンガ 嫌中国流』, 晋遊舎, 2008.

山野車輪, 『外国人参政権は, 要らない』, 晋遊舎, 2010.

吉田清治, 『私の戦争犯罪: 朝鮮人強制連行』, 三一書房, 1983.

鄭大均, 『韓国のイメージ: 戦後日本人の隣国観』, 中公新書, 1995.

□ 국외 논문 및 잡지

Levin, Brian, The Long Arc of Justice: Race, Violence, and the Emergence of Hate
    Crime Law, *HATE CRIMES*, Volume 1, Greenwood Publishing Group, 2009.

Henry, Jenkins, Textual Poachers: Television Fans & Participatory Culture,
    Studies in Culture and Communication, New York: Routledge, 1992.

Deverall, Richard L-G, Are We Rebuilding Tojo's 'Red Army'?, *The New Leader*,
    Harry S. Truman Library, 1951.

Meibauer, Jörg, Hassrede-Von der Sprache zur Politik, Hassrede/Hate
    Speech-Interdisziplinäre Beiträge zu einer aktuellen Diskussion, Gießener
    Elektronische Bibliothek 2013.

浅野健一, 「小林よしのり氏と現代の若者」, 『インパクション』102號, インパクト出版会, 1997.

板垣竜太, 「〈嫌韓流〉の解剖学現代日本における人種主義−国民主義の構造−」, 『「韓流」の
　　うち外: 韓国文化力と東アジアの融合反応』, 御茶の水書房, 2007.

越前谷宏, 「野坂昭如「火垂るの墓」と高畑勲「火垂るの墓」」, 『日本文学』通号54(4), 東京: 日本
　　文学協会, 2005.

大月隆寛, 「「はだしのゲン」や「火垂るの墓」に涙したアナタへ「戦争＝悲惨」という図式の貧
　　困」, 『正論』通号428, 東京: 産経新聞社, 2007.

岡崎優子, 「山崎貴[監督]インタビュー: 立派な人を描く傳記映畫にはしない」, 『キネマ旬報』,
　　キネマ旬報社, 2016.

菊地昌典, 「昭和一桁世代の反国家的原型: 「火垂るの墓」と戦争体験」, 『國文學:解釈と教材
　　の研究』通号19(15), 東京: 學燈社, 1974.

小浜逸郎, 「『永遠の0(ゼロ)』が教えるもの」, 『Voice』435巻, PHP研究所, 2014.

櫻井よしこ, 「『カエルの楽園』私はこう読んだ: "ユデガエル"にならないために」, 『Hanada』,
　　東京: 飛鳥新社, 2016.6.

清水節治, 「「戦災孤児」の神話−−「火垂るの墓」」, 『日本文学誌要』通号36, 東京: 法政大學
　　國文學會, 1987.

鈴木琢二, 「もうひとつの「火垂るの墓」」, 『新潮45』通号35(2), 東京:新潮社, 2016.

瀬戸川宗太, 「政治に歪められた映畫たち:『海賊とよばれた男』から『スノーデン』まで作品の
　　出來より「右翼」「左翼」のレッテルが優先する奇妙奇天烈」, 『Voice』473巻, PHP研究所,
　　2017.

田中明・佐藤勝巳, 「「謝罪」するほど悪くなる日韓關係: '慰安婦問題'は甘えの構造を助長した
　　だけだ」, 『文藝春秋』3月號, 文藝春秋, 1992.

秦重雄, 「永遠のゼロ: 小說を檢證する」, 『部落問題研究』213巻, 京都: 部落問題研究所,
　　2015.

原尻英樹, 「[世界のコリアン]「嫌韓流」にみる日本定住コリアンのイメージ: 朝鮮蔑視觀と自
　　己中心性の病」, 『アジア遊學』Vol. 92, 勉誠出版, 2006.

百田尚樹・西村幸祐, 「大特集 靖国神社へ行こう! [特別對談] 完成した『永遠の0』を試寫室
　　で見たら, どんどん涙が流れて止まらなかった」, 『ジャパニズム』14巻, 青林堂, 2013.

百田尚樹, 「『カエルの楽園』は「悪魔の書」ではない」, 『Hanada』, 東京: 飛鳥新社, 2016.6.

_____, 「[Books&Trends]『海賊とよばれた男 上・下』を書いた作家百田樹氏に聞く」,
　　『週刊東洋經濟』6459巻, 東洋經濟新報社, 2013.

_____, 「『カエルの楽園』刊行記念インタビュー: 現代を俯瞰する物語」, 『波』, 東京: 新潮
　　社, 2016.3.

_____, 「トランプ大統領誕生で『カエルの楽園』が豫言の書になる日」, 『週刊新潮』, 東京:
　　新潮社, 2016.5.

_____・井澤元彦, 「百田尚樹『カエルの楽園』vs.井澤元彦『日本』人民共和国」: [ビッグ對
　　談]「ゆでガエル楽園国家」日本が植民地にされる日」, 『歴史通』, 東京: ワック, 2017.4.

正岡茂明, 「甲陽園地下壕, 火垂るの墓, そして今後」, 『歴史と神戸』, 通号39(6), 神戸: 神戸史

学会, 2000.

三浦小太郎,「『永遠の0』と第二次安倍政權」,『伝統と革新』15巻, たちばな出版, 2014.

渡部昇一・百田尚樹,「『永遠の0(ゼロ)』で敗戰史觀を超えよ: GHQの洗腦と思想彈壓を破り
　　日本人の勇氣を取り戻す」,『Voice』433巻, PHP研究所, 2014.

吉見義明,「陸軍中央「從軍慰安婦」政策-金原節三「陸軍省業務日誌摘錄」中心に-」,『戰爭責
　　任研究』창간호, 1993.

米山リサ,「日本植民地主義の歴史記憶とアメリカ:『ヨウコ物語』をめぐって」,『東アジア歴史
　　認識論争のメタヒストリ__ : 『韓日, 連帯21』の試み』, 青弓社, 2008.

□ 국외 신문기사

「グロ__ブ185号〈Re:search〉噂の深層 朝日新聞GLOBE編集部・小山謙太郎」,『朝日新聞』,
　　2016年9月4日.

「「安倍首相は現実主義者だ」(中)古谷経衡氏に聞く__ネット右翼の実態とは」,『朝日新
　　聞』,2016年4月23日.

「ヘイトスピーチ抑止へ法案」, 2016年4月6日.

「"『永遠の0』を見て, とても感動したと何度も繰り返した"中国の国営中央テレビ, 安倍首相
　　を批判」,『朝日新聞』, 2014年1月3日.

「首都圏大地震の現実味「安政の大地震」から150年°不気味な類似性」,『朝日新聞』, 2005年
　　6月24日.

「日韓の相互'嫌惡'を憂う」,『朝日新聞』, 1992年8月12日.

「[世界の論調] 中央日報(韓国) 総領事館乱入で日本の嫌韓ム__ド憂慮」,『朝日新聞』,
　　1992年4月18日.

「"『永遠の0』を見て, とても感動したと何度も繰り返した"中国の国営中央テレビ, 安倍首相を
　　批判」,『朝日新聞』, 2014年1月3日.

「映画「海賊とよばれた男」山崎貴監督「永遠の0」と対になる物語」,『産経ニュ__ス』, 2016年
　　12月9日.

「元在特会の桜井誠氏の「嫌韓」11万票は想定内だった? 縮みゆく東京の極右地図 古谷経衡
　　(評論家・著述家)」,『産経新聞』, 2016年8月8日.

「皇室外交・残るは韓國だけ°薄れる拒否感情, 熟しつつあるご訪問の幾」,『産経新聞』,
　　1992年10月29日.

「未来志向の歯車回せ(政治部長 内山清行)」,『日本経済新聞』, 2015年12月29日.

「「臆病な零戦操縦士」に込めた思い 百田尚樹さんに聞く: 映画「永遠の0(ゼロ)」原作者」,『日
　　本経済新聞』, 2013年12月20日.

「第2部・韓国特集―政治, 外務省外交安保研究院孔魯明氏に聞く, 南北統一環境作り°」,『日
　　本経済新聞』, 1992年6月16日.

「熱血！与良政談：「嫌韓」と決別する一歩に＝与良正男」,『毎日新聞』, 2016年1月6日.

「[私見直言]日韓の歴史認識にギャップ＝小川郷太郎〈駐韓日本大使館公使〉」,『毎日新聞』, 1992年3月4日.

「人気ジワリ, 韓流ミュージカル〜ドラマ, 音楽のブームに続くか」,『読売新聞』, 2015年12月21日.

「韓国ドラマで天皇狙撃シーン 反発の右翼が在日韓国公館に乱入 きしみ再燃も」,『読売新聞』, 1992年4月22日.

□ 사이트 □

세가SEGA 게임 속 용과 같이 성우 한국인 조센진 비하 망언 유튜브 영상
: ttps://www.youtube.com/watch?v=qfSvePTud7E&feature=youtu.be
衆議院議員 サイト
: http://www.shugiin.go.jp/

□ 국내 단행본

강덕상·야마다 쇼지·장세윤·서종진 외,『[동북아역사재단 기획연구 57] 간토대지진과 조선인 학살』, 동북아역사재단, 2013.

김남은·신경미·최가형·손주연 외 22인,『일본과 중국의 문화 콘텐츠 엿보기』, 트리핍, 2018.

김태기,『한일민족문제연구』제11호, 한일민족문제학회, 2006.

두산동아,『중학교 역사교과서-민족 운동의 전개 / 1. 일제의 억압과 수탈-』.

坂本樹德,『新聞を知り読み』, 大韓公報社, 1984.

야마다 쇼지,『(간토대지진) 조선인 학살에 대한 일본 국가와 민중의 책임』, 논형, 2008.

야스다 고이치,『거리로 나온 넷우익: 그들은 어떻게 행동하는 보수가 되었는가』, 후마니타스, 2013.

야쿠마루 카쿠藥丸岳,『돌이킬 수 없는 약속(誓約)』, 북플라자, 2017.

오구라 기조,『일본의 혐한파는 무엇을 주장하는가』, 서울대학교 일본연구소, 2015.

윤상인 외,『일본문화의 힘: 세계는 왜 J컬처에 열광하는가』, 동아시아, 2006.

윤상인,『문학과 근대와 일본』, 문학과 지성사, 2009.

이연식,『조선을 떠나며: 1945년 패전을 맞은 일본인들의 최후: 역사 논픽션』, 역사비평사, 2012.

정재철,『문화연구이론』, 한나래, 1998.

정진성·장태한,『일본군 '위안부' 문제에 관한 국외자료조사연구(II)』, 여성부, 2003.

한국문학평론가협회, 『문학비평용어사전』, 국학자료원, 2006.

한국정신대문제대책협의회·한국정신대연구소, 『강제로 끌려간 조선인 군위안부들』, 한울, 1993.

한일여성공동역사교재 편찬위원회, 『여성의 눈으로 본 한일 근현대사』, 한울, 2005.

해외문화홍보원, 『2018년도 국가이미지 조사 보고서』, (주)글로벌리서치, 2019.

□ 국내 논문 및 잡지

강무자, 「파라오의 폭격 속에서 살아나와」, 『강제로 끌려간 조선인 군위안부들2』, 한국정신대문제대책협의회·한국정신대연구회, 1997.

강기철, 「『만화 혐한류』의 상업적 전략과 보수 저널리즘의 확대」, 『일어일문학』 제56권, 대한일어일문학회, 2012.

강동국, 「동아시아 정세분석: "혐한류(嫌韓流)"와 일본 내셔널리즘 이해와 대응」, 『동아시아 브리프』 제1권 제1호, 성균관대학교 성균중국연구소, 2006.

강정숙, 「제2차 세계대전기 인도네시아로 동원된 조선인 여성의 간호부 편입에 관한 연구-留守名簿를 중심으로」, 『한일민족문제연구』 제20권 제20호, 한일민족문제학회, 2011.

김명섭·오가타 요시히로, 「'재일조선인'과 '재일한국인'」, 『21세기 정치학회보』 제17집 제3호, 21세기정치학회, 2007.

김용서, 「韓日間의 紛爭構造와 그 對策-現實의 理論的 分析과 政策建議-」, 『전략논총』 제1권, 한국전략문제연구소, 1993.

김웅기, 「혐한(嫌韓)과 재일코리안: 재특회(在特會)의 논리에 내포된 폭력성을 중심으로」, 『일본학보』 제98집, 한국일본학회, 2014.

김웅희, 「한일기본조약의 의의와 한계: 한일관계 50년의 성찰」, 『日本硏究論叢』 제43집, 현대일본학회, 2016.

김지연, 「'동경재난화신' 속의 일본, 일본인 그리고 조선」, 『일본학보』 제108집, 한국일본학회, 2016.

김지영, 「재일코리안의 뿌리의식과 호칭 선택」, 『한국사회학』 제49집 제5호, 한국사회학회, 2015.

김효진, 「"문화이해"와 "혐한"의 복잡한 관계: 일본 혐한서적의 사례를 중심으로」, 한국일본학회 학술대회, 2016.

中西新太郎, 「현대 일본의 국가주의 감각」, 『황해문화』 제48권, 새얼문화재단, 2005.

노윤선, 「노사카 아키유키(野坂昭如)의 『반딧불이의 무덤(火垂るの墓)』 고찰: 가족애와 B-29기를 통한 전쟁 가해 희석」, 『일본문화연구』 제70집, 동아시아일본학회, 2019.

_____, 「『요코 이야기(竹林はるか遠く)』고찰: 일본인관과 조선인관을 중심으로」, 『일본근대학연구』 제62집, 한국일본근대학회, 2018.

_____, 「햐쿠타 나오키(百田尚樹)의 『영원한 제로(永遠の0(ゼロ))』와 『해적이라 불린 사나이(海賊とよばれた男)』고찰」 『일본문화학보』 제78집, 한국일본문화학회, 2018.

_____, 「일본지진을 통해 바라본 혐한(Anti-Korea(n) Sentiment)과 혐오 발언(Hate Speech)에 대한 고찰: 간토대지진과 동일본 대지진을 중심으로」, 『일본근대학연구』 제60집, 한국일본근대학회, 2018.

_____, 「일본군 '위안부' 문제와 일본 언론에서의 혐한(嫌韓) 담론의 출현 연구: 『문예춘추(文藝春秋)』 1992년 3월호를 실마리로」, 『일본근대학연구』 제56집, 한국일본근대학회, 2017.

_____, 「일본 신문에서 나타나고 있는 혐한(嫌韓) 기사 분석과 혐한의 해소방안: 혐한 최초 기사와 최근 기사를 중심으로」 『일본근대학연구』 제54집, 한국일본근대학회, 2016.

_____, 「한·일 수교 50주년, 혐한(嫌韓)에 대한 재인식: 혐한 현상과 혐한 인식의 전개를 중심으로」, 『일본문화연구』 제59집, 동아시아일본학회, 2016.

다와라기 하루미, 「일본 신문에 나타난 「혐한」 언설의 의미 고찰: 1992년부터 2015년까지의 아사히신문(朝日新聞)과 산케이신문(産経新聞)을 중심으로」, 『일본근대학연구』 제50호, 한국일본근대학회, 2015.

박수옥, 「일본의 혐한류와 미디어내셔널리즘: 2ch와 일본 4대 일간지를 중심으로」, 『한국언론정보학보』 제47권, 한국언론정보학회, 2009.

박해영, 「혐오표현(Hate Speech)에 관한 헌법적 고찰」, 『公法學研究』 제16권 제3호, 한국비교공법학회, 2015.

손종업, 「『요코 이야기』가 불편한 몇 가지 이유」, 『창작과 비평』 2007년 여름호.

송정현, 「아베정권의 과거와 현재 -제1차 정권과 현 정권 간의 비교분석-」, 『동북아 문화연구』 제41권, 동북아시아문화학회, 2014.

신혜봉, 「재일한국인의 인권문제에 관한 고찰」, 『일본공간』 제17집, 국민대학교 일본학연구소, 2015.

안영순, 「다카하타 이사오의 리얼리즘 연구: 『반딧불의 묘』를 중심으로」, 『외국문학연구』 제27호, 한국외국어대학교 외국문학연구소, 2007.

이규수, 「일본의 전쟁책임문제와 네오내셔널리즘」, 『아시아문화연구』 제29집, 가천대학교 아시아문화연구소, 2013.

이기용, 「아베의 역사수정주의와 새 한일관계의 정립모색: 일본역사인식의 본질과 해법으로서의 독일역사인식」, 『일본사상』 제34호, 한국일본사상사학회, 2018.

이 성, 「일본의 '전후' 부정 움직임과 재일코리안: '혐한(嫌韓)'의 적자 재특회(在特會)가 꿈꾸는 세계」, 『내일을 여는 역사』 제56권, 서해문집, 2014.

이승희, 「간토대지진과 일본군 헌병대: 재일조선인학살과의 관련성을 중심으로」, 『일본학보』 제91집, 한국일본학회, 2012.

이연식, 「해방 후 한반도 거주 일본인 귀환에 관한 연구: 점령군·조선인·일본인 3자간의 상호작용을 중심으로」, 박사학위논문, 2009.

정장식, 「'혐한(嫌韓)'의 이유」, 『人文科學論集』 제46권, 청주대학교 인문과학연구소,

2013.

정현백·송충기, 「통일독일의 과거청산: 강제징용 된 외국인 노동자에 대한 배상」, 프리드리히 에베르트재단 주한협력사무소, 2000.

조관자, 「일본인의 혐한의식: '반일'의 메아리로 울리는 '혐한'」, 『아세아연구』 제163호, 고려대학교 아세아문제연구소, 2016.

조양현, 「아베정권의 우경화와 동아시아 국제관계」, 『독도연구』 제16권, 영남대학교 독도연구소, 2014.

진명순, 「전쟁을 통해 본 가정의 재인식: 『반딧불의 묘』를 중심으로」, 『한일군사문화연구』 제20집, 한국군사문화학회, 2015.

표세만, 「일본 대중문화의 반전(反戰) 이미지: '반딧불의 묘'의 변신」, 『일본어문학』 제34집, 일본어문학회, 2007.

한영균, 「일본 내 '혐한류' 현상의 실체」, 『일본문화연구』 제48권, 동아시아일본학회, 2013.

함동주, 「일본 역사수정주의의 내셔널리즘과 타자 인식」, 『일본 역사연구』 제17집, 일본사학회, 2003.

홍성후, 「일본 아베 정부의 보수 우경화 원인 분석: 동아시아 정책을 중심으로」, 『한국동북아논총』 제70권, 한국동북아학회, 2014.

황봉모, 「재일한국인문학연구」, 『외국문학연구』 제55호, 한국외국어대학교 외국문학연구소, 2014.

□ 국내 신문기사

「일본의 혐한, 그냥 넘어가면 안된다」, 『경향신문』 오피니언 31면, 2018년8월27일.

「'전쟁가능 국가' 일본과 '혐한'」, 『경향신문』 오피니언 29면, 2018년1월17일.

「위안부와 '혐한'의 고리」, 『경향신문』 오피니언 28면, 2017년9월27일.

「일본 '교육칙어'의 속내」, 『동아일보』 오피니언 A32면, 2017년9월20일.

「일본군 '위안부' 지칭 용어 정확하게 사용해야」, 『세계일보』 오피니언 A25면, 2018년6월28일.

「침략전쟁 미화 日소설, 과거사 청산 방해할 뿐」, 『세계일보』 오피니언 A25면, 2017년9월1일.

「4만여 사할린 동포, 이렇게 방치할 것인가」, 『조선일보』 오피니언 A29면 , 2018년2월13일.

「"바퀴벌레" "몰아내자"…일본 혐한세력 '혐한 입' 국제사회 경고장」, 『경향신문』, 2014년8월24일.

「"일본 전철에 한글, 구역질 난다" 유명 소설가의 트윗」, 『국민일보』, 2019년4월23일.

「일본회의 광복절 앞두고 또 망언…"대동아전쟁은 스스로를 지키기 위한 것"」, 『국민일보』, 2015년8월12일.

「트럼프의 '미국산 구매' 압박, 日방위산업 직격」, 『뉴스핌』, 2018년12월10일.

「日총리 유력, 아소 다로 간사장은 누구?」, 『머니투데이』, 2008년9월2일.

「日 '헤이트 스피치 시위' 최근 3년간 1152건」, 『문화일보』, 2016년3월31일.

「소녀시대 혐한류 파문, 혐한류는 숙명이다」, 『미디어스』, 2010년11월8일.

「불황·패배중의가 낳은 '젊은 우익', 국가주의 부추겨」, 『부산일보』, 2011년8월22일.

「가미카제 소재 영화감독, 동경올림픽 개폐막식 연출」, 『연합뉴스』, 2018년7월31일.

「〈한일수교 50년 전문가 제언〉 ③오타 교수 "청산, 진실규명부터"」, 『연합뉴스』, 2015년3월 8일.

「일본 혐한시위 근절 첫 걸음은 차별금지기본법 제정」, 『연합뉴스』, 2014년12월21일.

「일본 가이낙스는 왜 극우 애니메이션을 방영했나」, 『오마이뉴스』, 2013년7월27일.

「[현장보고] 위험수위 넘은 일본인의 혐한(嫌韓) 의식」, 『월간중앙』2015 09호, 2015년8월 17일.

「한국학교 백지화 방침 재확인, 고이케 동경지사 "일본 땅은 우리가 주체가 돼 판단…반대 서명자 2500명이나 있다"」, 『조선일보』, 2016년8월6일.

「동경 한국문화원에 괴한 放火시도」, 『조선일보』, 2015년3월27일.

「일본도 '헤이트 스피치'로 골치: 줄지 않는 극우세력의 혐한 시위…보수진영에서도 "법으로 금지" 목소리」, 『주간경향』, 2015년1월13일.

「일본, 항공모함 보유국 된다: 함재기로 F-35B, 국방예산 GDP 1% 미만 원칙도 파기」, 『주간동아』, 2018년12월10일.

「새 일왕 "세계평화 간절히 희망"…평화헌법 언급은 없었다」, 『중앙일보』, 2019년5월1일.

「日 1만엔권 지폐에 이토 히로부미 '절친' 시부사와 넣는다」, 『중앙일보』, 2019년4월10일.

「"한국TV 당장 빼라" "관세 300% 매겨라"…심상찮은 혐한」, 『중앙일보』, 2019년3월21일.

「아베 내각 접수한 극우 대본영 '일본회의'」, 『중앙일보』, 2014년9월4일.

「아차산의 워커…그의 꿈은 과연 좌절되었나?: [프레시안 books] 정경모의 〈시대의 불침번〉」, 『프레시안』, 2010년10월29일.

「특집 다큐멘터리: 과거의 그림자, 일본군국주의는 부활하는가?」, 『EBS』, 2006년8월14일.

「[단독] '혐한 보도' 日 산케이, 31년 전 사죄 방한」, 『YTN』, 2019년4월8일

「[취재후] 급성장한 日 '혐한' 세력, 그래도 희망은 있다!」, 『KBS』, 2015년2월22일.

「이제는 말할 수 있다: 6·25, 일본 참전의 비밀」, 『MBC』, 2001년6월22일.

「[월드리포트] '혐한세력' 황당한 대동단결?…유력 여권후보 조직적지지 '파문'」, 『SBS』, 2016년7월21일.

□ 사이트 □

「'요코 이야기' 사태에 대한 문학동네의 입장」, 2007년1월24일, 문학동네 사이트.

□ 기타 □

2012년 5월 24일 대법원판결: 한일 기본 조약에 대한 위헌소송(2012. 5. 24. 선고 2009다 22549 판결 (손해배상(기)등)).

혐한의 계보

ⓒ 노윤선

1판 1쇄 2019년 12월 6일
1판 2쇄 2020년 8월 13일

지은이 노윤선
펴낸이 강성민
편집장 이은혜
마케팅 정민호 김도윤 고희수
홍보 김희숙 김상만 지문희 우상희 김현지

펴낸곳 (주)글항아리 | 출판등록 2009년 1월 19일 제406-2009-000002호
주소 10881 경기도 파주시 회동길 210
전자우편 bookpot@hanmail.net
전화번호 031-955-1934(편집부) 031-955-2696(마케팅)
팩스 031-955-2557

ISBN 978-89-6735-668-2 03900

이 도서의 국립중앙도서관 출판예정도서목록(CIP)은 서지정보유통지원시스템 홈페이지
(http://seoji.nl.go.kr)와 국가자료종합목록 구축시스템(http://kolis-net.nl.go.kr)에서 이용하
실 수 있습니다. (CIP제어번호 : CIP2019033901)

잘못된 책은 구입하신 서점에서 교환해드립니다.
기타 교환 문의 031-955-2661, 3580

geulhangari.com